# メスト・エジル自伝

Mesut Özil

and Kai Psotta

メスト・エジル
＋カイ・プソッタ
小林玲子 訳

TOYOKAN BOOKS

兄ムトゥル（左）とは子どものころから仲がいい。今はエルクト・ソウトと一緒に代理人を務めてもらっている。
(Privatarchiv Mesut Özil)

ユニフォームも何もなかったけれど、こんなふうに試合をしたおかげで僕（手前）はしっかりした基礎を身につけた。
(Privatarchiv Mesut Özil)

ヴェストファリア04、Fユースチームのみんなと。僕は前列右端。隣は初めてのドイツ人の友だちファビアン・マラウン。
(Fabian Maraun)

母ギュリザルは子どもたち全員に無償の愛を注いでくれた。両親とも自分の道を行くよう勇気づけてくれた。
(Privatarchiv Mesut Özil)

ドイツ代表を選ぶ。ベルリンで行われた2010年欧州選手権の予選の相手は、こともあろうにトルコだった。
(AFP＝時事)

シャルケで獲得した初のビッグタイトル。2006年、バイエルン・ミュンヘンを破ってＡユース選手権で優勝する。
(Ullstein bild-Firo)

シャルケで幸せだったころ。ファビアン・エルンスト（8番）たちとハリル・アルトゥントップ（19番）の得点を祝う。
（Getty Images / Martin Rose）

僕の得点とチームの勝利を祝福するドイツ首相アンゲラ・メルケル。僕は上半身裸だった。
（AFP ＝時事）

ベルリン開催の2009年 DFB ポカール決勝戦を制し、喜びにひたるブレーメンの選手たち。僕は決勝点を奪う幸運に恵まれた。
（AFP ＝時事）

ヴェルダー・ブレーメンに移籍して心機一転。監督トマス・シャーフの歓迎を受ける。
（dpa）

レアル・マドリード移籍が決定し、メディアに囲まれる。注目を浴びるのはあまり好きではない。　(Getty Images / David R. Anchuelo)

チームの絆。南アW杯オーストラリア戦の得点を祝うケディラ、僕、ポドルスキ、シュバインシュタイガー。
(Getty Images / Steve Haag)

移籍の決め手はクラブの栄光の歴史ではなくジョゼ・モウリーニョだった。ただし監督にはよく叱られた。
(AFP＝時事)

リオネル・メッシとバルセロナでチームメイトになっていたかもしれない。でも結局クラシコで対戦することに。
(AFP＝時事)

2012年スーペルコパで宿命のライバルを倒す。優勝パレードでクリスティアーノ・ロナウドと喜びを分かち合う。 (AFP＝時事)

サミ・ケディラとセルヒオ・ラモスに支えられてスペインでの生活になじんだ。
(Getty Images / Angel Martinez)

メッカ巡礼。ハッシュタグ「聖なる都市」「イスラム」「祈り」をつけてツイッターに投稿した写真。 (Privatarchiv Mesut Özil)

ヨルダンの大規模な難民キャンプ「ザータリ」の子どもたちと。強烈な体験だった。スポーツ選手の世界とは百八十度違う。
(Privatarchiv Mesut Özil)

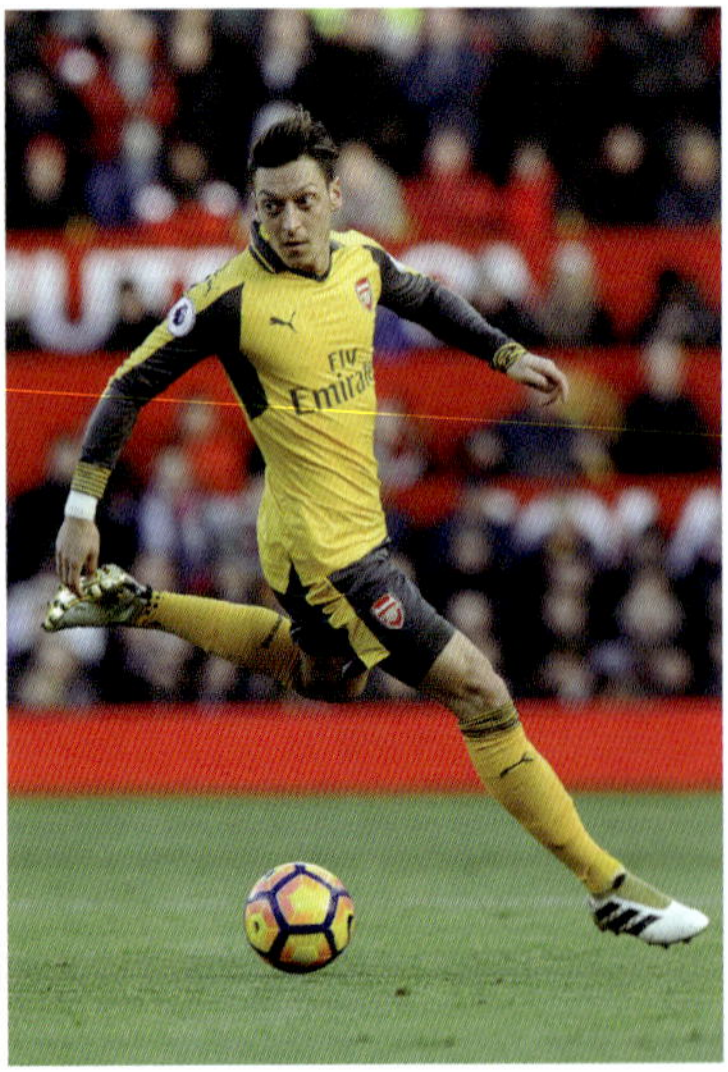

移籍期限最終日までかかったクラブ間のタフな交渉の結果、2013年にアーセナルに加入する。 (Getty Images / David Price)

入団に際してエミレーツ・スタジアムでアーセン・ヴェンゲルと写真撮影。ヴェンゲルと出会って4年目のことだった。
(Stuart MacFarlane / Privatarchiv Mesut Özil)

ドイツ代表の仲間ペア・メルテザッカー（左）とルーカス・ポドルスキ。2人のおかげでアーセナルに溶けこめた。
（Getty Images / Stuart MacFarlane）

今も昔も試合前には祈りをささげて、神のご加護を求める。
（Getty Images / Stuart MacFarlane）

ルーカス・ポドルスキとの思い出の1枚。北ロンドンでの優勝パレードの最中、2014年ＦＡカップ優勝杯を掲げる。
（Getty Images / Stuart MacFarlane）

W杯優勝！姪っ子を抱きあげるくらい気をつけて優勝杯を抱える。
(Getty Images / Lars Baron-FIFA)

ヨアヒム・レーヴとは100%信頼しあっている。監督以上の存在だ。W杯優勝は一流監督レーヴにふさわしいタイトルだった。
(Dennis Brosda)

またしても上半身裸。ミシェル・プラティニに決勝戦で着たユニフォームを求められたのだ。レジェンドの願いは断れない。
(Dennis Brosda)

私はメスト・エジルの大ファンで、すべての面で彼に心から敬意を抱いている。代表チームに欠くことのできない存在で、私が監督として指揮するほとんどの試合に出場してきた、どんなときも信頼できる選手だ。あの独特なプレースタイルで、いつもピッチに特別な瞬間をつくりだしてみせる。サッカーの試合では、往々にしてそんな瞬間が勝利の鍵となるのだ。適応力も高く、ハイレベルなサッカーIQをそなえている。異なるポジションで柔軟に起用できるので、監督としてはなんともありがたい選手だ。抜群のチームプレイヤーで、そんな選手が代表チームにいることには感謝するしかない。

ドイツ代表監督　ヨアヒム・レーヴ

# 目次

父と母に。あなたたちがいなければ僕という人間はいなかったし、今日この場にもいなかった。僕は世界を違うまなざしで見ていただろう。
自分の信じる道を行くよう、いつも励ましてくれたふたりに。愛しているよ。

——メスト・エジル

# ジョゼ・モウリーニョからの言葉

私はつねに若い選手の台頭に目を光らせるようにしている。そうしているうちに、ヴェルダー・ブレーメンでメスト・エジルという逸材を見つけた。野心と魔法のようなパスセンスをそなえていて、軽々とドリブルをし、アシストや得点もできた。

だが、当時の彼にトップチームでプレーする準備ができていただろうか。おそらく精神的にはできていたが、肉体的にはまだだった。技術面は文句なしだった。私は心のなかで、この青年を獲得の最優先リストに載せた。

レアル・マドリードの監督に就任したとき、私は魔法のようなパスが出せる選手がチームに欠けていることに気づいた。すばらしいワンタッチで攻撃のスイッチを入れられる選手だ。そんなときメストのことを思いだした。

二〇一〇年のW杯でメストが大きなプレッシャーに耐えられることがわかったので、ついに獲得を決意した。移籍の手続きがすみ、チームにはすばらしいコンビネーションが生まれた。ロナウドとディマリアの後ろにベンゼマまたはイグアイン、そしてエジルだ。

メストとともに獲得したタイトルや記録については、じゅうぶん満足している。だが私の記憶に残るのは、サッカー選手としてのずば抜けたクオリティだ。あの美しいパスやトラップ、得点は忘れられない。

サンチャゴ・ベルナベウの観客はメスト・エジルを愛した。数多くのチームメイトが、彼といっしょにプレーするのを楽しんだ。敵にしても、ときにはその美しいドリブルに息をのんでいたのではないか。

私は監督としてメストに何かをしてやれただろうか。ただそうであったことを望むだけだ。だがメストのような選手は監督がつくるものではない。あれは生まれつきだ。

ほかに何を言うべきだろう。メストと離れることになって寂しい。彼は私の友人だ。スターになっても自分の原点を忘れないし、いつまでも試合を楽しみつづける男だ。

メストはW杯を制した世界チャンピオンというだけではなく、人生においてもチャンピオンだ。これまでさまざまな試練を乗りこえてきた。そんな彼の物語の一部であることを誇りに思う。

ジョゼ・モウリーニョ

# プロローグ　人生最大の叱責

あとひとことでも言われたら、僕は爆発する。あとひとことだ。だいたい、この人は僕に何を求めているのだろう。なぜ、こんなふうにケチをつけるんだ。おかしいじゃないか。頭がどうかしている。まったく、何が不満なんだ。どんな事情があるにしても、あまりに理不尽だ。

ちょうどハーフタイムで、僕はレアル・マドリードのロッカールームのベンチに腰をおろしていた。隣には誰もいない。普段そこにいるカリム・ベンゼマは、後半から出場するためウォームアップに行っていた。サミ・ケディラはうわの空でスパイクをもてあそんでいる。クリスティアーノ・ロナウドはぼうっとしている。そして監督のジョゼ・モウリーニョはまくし立てている。べらべら、べらべら。標的はほとんど僕ひとりだ。いや、ハーフタイムが始まってからの文句の嵐はそっくり僕に向けられていた。

だけど僕は全力で走っていたじゃないか。出来はとてもよかった。本当だ。調子が悪ければ僕は素直に認める。チームはデポルティーボ・ラ・コルーニャ相手に三対一とリードしていた。前半十六分に先制点を奪われながら、逆転に成功したのだ。二十一分間でクリスティアーノ・ロナウドが二点決めて、アンヘル・ディマリアが三点目を加えていた。

フォーメーションは両サイドがロナウドとディマリア、トップがゴンサロ・イグアインで、中央でケディラとルカ・モドリッチが守備的ミッドフィールダーを務め、僕の背後をフリーにしてくれていた。すべて順調だ。ところが賞賛の言葉のかわりに、またしても僕は大目玉を食らっていた。ここ数週間、モウリーニョからはずっとそんな扱いを受けていた。ラージョ・バジェカーノ戦ではベンチ要員にまわされた。黒星に終わるセビージャ戦ではハーフタイムで交代させられた。ただし、そのときの監督の判断はよく理解できた。開始数分でピョートル・トロホウスキに先制を許し、栄光の試合とはいかなかったのだから。

でも、今日は違う。選手はみんな力を発揮していた。僕も冷静にプレーできていたし、パスもうまく通っていた。

わかった、認めよう。ハーフタイムの笛が鳴る数分前、僕はちょっとだけ手を抜いた。ほんのちょっとだけ。それは事実だ。おまえは集中を欠いたと監督に言われても、その点では反論できない。フルスピードで戻らなければいけない場面で一度か二度、僕は機敏さを欠いた。全速力の八十〜九十パーセントといったところだ。でも出来が悪かったわけではない。チームメイト全員の前で雷を落とされるほどのことだろうか。

僕はセルヒオ・ラモスと目くばせをかわした。大親友のラモス。本当にいいやつだ。モウリーニョの罵声がロッカールームに響きわたるなか、僕はまた物思いにふけりはじめた。

ロッカールームという場所はあまり好きではない。どこへ行ってもそうだ。古くて伝統があろうと、超モダンな作りだろうと関係ない。スタジアムのなかだろうと、練習場だろうとおなじだ。世界中のサッカーファンがロッカールームに魅せられているのは知っている。磁石のようなもので、誰もがクラブの神殿の内部をひとめ見たいと思っている。スタジアムツアーの途中でクリスティアーノ・ロナウドやリオネル・メッシのロッカーが見られるならどんなに高い金を払ってもいい、というファンも大勢いる。

でも僕にとっては、ロッカールームなど何の神秘も魔法も感じられないし、特別なところでもない。ロッカールームは司令本部だ。空港の管制塔みたいなもので、飛行機の流れを指揮する管制官のように監督が仕事をしている。ここは聖なる場所なんかではない。試合前やハーフタイムのロッカールームは檻《おり》と変わらない。自由を求めるトラのように、一刻も早く出たくてたまらなくなる。でもロッカールームのなかで時間はのろのろと過ぎる。後半が始まるまでの十五分は、いつもひどく長く感じられる。早くピッチに戻って、試合を続けたくてしかたがない。

ロッカールームはただの準備の場所で、僕の舞台はピッチの上だ。緑の芝に立つと電流が走る。そここそ僕の居場所だ。ピッチに一歩踏みだすと僕は解放される。私生活では悩みをかかえることもあるし、誰かと喧嘩したり、話しあったり、気持ちがすれ違ったりすることもある。でもピッチに出たら何の悩みもない。ここでの九十分間は——延長戦になればもっと長い——僕にとって平和と純粋な楽しみを意味する。芝がきれいに刈られていなくてもかまわない。きっちりと白線が引かれていなくてもいい。完璧になじんだスパイクを履いていなくてもいいのだ——ただ、ボールを蹴ることさえできれば。僕が幸せを感じるのはピッチの上であって、ロッカールームではない。なんて狭苦しい部屋なのだろう。六十メートル四方、よくて八十メートル四方くらいの場所だ。早く檻から出たい。とりわけ、こんな屈辱的な目に遭わされているときは。

モウリーニョは部屋の中央に仁王立ちして、延々とまくしたてている。ほとんど怒鳴っているといってもいい。メストはあれがよくない、これがよくない、全然だめだ。

僕は心のスイッチを切ろうとする。このまま非難の声を受けとめていては、怒りが噴きこぼれそうだ。

「二本パスが通ればいいと思っているんだろう」と、モウリーニョがわめく。「タックルをするにはお上品すぎるというわけか。俺はうまいから五十パーセントの力を出せばじゅうぶんだと思っているんだろう」

小休止。モウリーニョがこげ茶色の瞳で僕を見つめる。僕もにらみ返す。第一ラウンドを前に視線をからませるふたりのボクサーのようだ。

監督はいっさい感情を見せずに、ただ僕が反応するのを待っている。この瞬間、僕はモウリーニョが憎くてしかたない。本当は心から慕っているのだけれど。

二〇一〇年にヴェルダー・ブレーメンからレアル・マドリードに移籍したのは、ただモウリーニョのためだった。クラブではなく、人間を選んだのだ――ジョゼ・モウリーニョという男を。ほかの誰でもなく、この人のもとでプレーしたかった。

熱い気持ちが芽生えたのは二〇〇八年だった。ちょうど十月初旬、僕はヴェルダー・ブレーメンの一員としてジュゼッペ・メアッツァ・スタジアムでインテル・ミラノと対戦した。開始直後、アドリアーノが僕たちのボックス内で宙に舞い、体を横倒しにしてシザーズキックを放った。ボールはティム・ヴィーゼの守るゴールをかすめていった。つづけざまにズラタン・イブラヒモビッチのシュートがサイドネットを襲う。前半十四分にマイコンのゴールで先制を許した。

インテルは強く、プレーは計算しつくされていた。試合の流れが止まると僕はモウリーニョのほうに目をやり、どんなふうにチームを指揮しているのかうかがった。タッチライン際で、熱をこめてチームを鼓舞する姿が見える。モウリーニョは選手に対してつねにポジティブだった。僕は心を奪われた。

六十六分に僕は左サイドを突破し、中央のクラウディオ・ピサロにどんぴしゃりのクロスを合わせて一対一の同点弾をお膳立てした。ふたたびモウリーニョを盗み見ると、たいそう感心したような表情だった——僕がそう思っただけかもしれないけれど。試合後、モウリーニョは僕に握手を求め、肩を叩いて誉めてくれた。僕はもうこの人のとりこだった。その夜、当時の代理人レザ・ファゼリに告げた。「いずれジョゼ・モウリーニョのもとでプレーしたい」

モウリーニョのどこがそんなに気に入ったかといえば、話しかた、身のこなし、スマートな装いだ。つねに冷静で、自信に満ちているように見えた。当時の僕は、そんなカリスマ性を持つ監督にはまだ会ったことがなかった。

二年後、二〇一〇年南アフリカW杯のあとでモウリーニョは実際僕に誘いをかけてきた。インテル・ミラノを率いてチャンピオンズリーグを制したばかりで、その後レアル・マドリードの監督に就任することが発表されていた。

当時の僕は五つのクラブを移籍先として考えていた。アーセナルを皮切りにマンチェスター・ユナイテッド、バイエルン・ミュンヘン、バルセロナ、レアル・マドリードから誘いを受けていたのだ。

代理人のファゼリはバイエルン・ミュンヘンを訪れて、僕の成長をどう支え、どう試合で使うつもりか首脳陣に訊いてきた。つづいてほかのクラブともおなじ話しあいをした。でも二〇一〇年当時のバイエルンはレアル・マドリードとバルセロナに遠く及ばなかった。ルイ・ファン・ハール監督のもと、マドリードでおこなわれたモウリーニョ率いるインテルとのチャンピオンズリーグ決勝にのぞんで敗れていたのだ。客観的に考えても、世界的な流れのなかで判断しても、ふたつのスペインのクラブのほうが規模が大きく、優れているのははっきりしていた。こうして僕に残された選択肢はふたつになった。

その直後、マジョルカ島で従兄《いとこ》のセルダル、兄のムトゥル、バルシュやラマザンといった親しい友人たちと短い休暇を過ごしていると代理人から連絡があった。ジョゼ・モウリーニョが電話で話したがっているという。

モウリーニョが待っていると聞かされたとき、頭がくらくらしたことは今でも覚えている。ただの会話ではなく、決定的な意味をもつ会話が始まるのだった。

僕はあまり口数の多い人間ではないし、やたらと注目を集めたり、僕の一言一句にみんなが夢中で耳をかたむけたりすることに喜びを感じるわけでもない。そもそもポルトガル語もイタリア語も話せないし、英語も流暢ではなかった。

だからモウリーニョと直接やりとりをするのは不可能だった。それでも訊きたいことは山ほどあったし、電話がかかってきたというだけで目が回りそうだった。幼いころ、好きな女の子にはじめて電話をしたときくらい緊張した。

代理人と僕はコテージの奥にある部屋に引きあげた。すると電話が鳴った。モウリーニョが非通知でファゼリの携帯電話にかけてきていたのだ。「もしもし」につづけて名前を言われると、僕ははじめ何も言えなかった。プレシーズンにインターバルランを二十本終えたときよりもっと心臓が激しく打っていた。

携帯電話をテーブルに置き、スピーカー設定にすると、相手の声が響いた。ファゼリがモウリーニョと交渉を始める。僕はモウリーニョの声に耳をかたむけ、なんとか話の内容を理解しようと、意味もわからないまま断片的に単語だけ拾っていた。ときどきファゼリは会話を中断して、それまでのやりとりをまとめて通訳してくれた。

会話を聞いていると、頭がどうにかなりそうだった。ふたりは中断なしに長いことやりとりしたり、笑い声をあげたりしていた。ファゼリをつついて、何の話をしているか教えてほしいと頼んでも、待っているように言われるばかりだった。

四十五分ほどで電話のやりとりは終わった。僕は胸を高鳴らせながら部屋を歩きまわった。「本当に僕のことをほしがっているんだ。聞いただろう？　モウリーニョが、僕を自分のチームにほしがっているんだよ！」

その数日後、僕たちはレアル・マドリードが手配したプライベートジェットに乗りこんでいた。ハリウッドスターのような気分だ。そんな贅沢な移動手段が使えるなんて夢にも思わなかった。それまでは遠くからプライベートジェットを見たことさえなかった。それが今では、マジョルカ島の専用のターミナルでチェックインしていて、列に並ぶことも、荷物の預け入れの順番を待つこともないのだった。二〇一〇年のあの夏の日まで、僕はそんな世界には無縁だった。

マドリードでは運転手が待っていて、リムジンで当時のレアル・マドリードのスポーツディレクター、ホルヘ・バルダーノの自宅へ連れていってくれた。バルダーノは完全無欠な紳士で、過去には僕のいちばんの憧れのジネディーヌ・ジダンや、クリスティアーノ・ロナウド、デイヴィッド・ベッカムの獲得に貢献した人物だ。着ていたシャツは純白で、ネクタイは正確に真ん中で締められていた。でもそれ以上のことは覚えていない。はじめて対面するジョゼ・モウリーニョのことで頭がいっぱいだったからだ。やがてモウリーニョがあらわれた。ポルトをリーグとチャンピオンズリーグ優勝に導いた男。チェルシーでプレミアリーグとFAカップを制した男。インテル・ミラノで国内外の栄冠を総なめにした男。

モウリーニョはレアル・マドリードのトレーニングウェアを誇らしげに身にまとっていて、胸のエンブレムに僕の目は釘づけになった。黄金の王冠。鮮烈な色づかい。想像のなかで光景が広がる。僕はレアル・マドリードの本拠地、サンチャゴ・ベルナベウに足を踏みいれている。そう思い描くだけで圧倒されて、最初しばらくモウリーニョの話が頭に入らなかった。

やがて僕は我に返った。空想の世界から現実に引きもどされる。この伝説的なチームは、僕にとってまだ荷が重いのではないか。ヴェルダー・ブレーメンからレアル・マドリードに行く？　ブンデスリーガの中堅チームから、世界最高のクラブに移籍する？　だいたい僕は何者なんだ。レアル・マドリードのスター選手たちにくらべたら、知名度はゼロに等しい。世界のひのき舞台における無名の男というわけだ。

僕は世間知らずではなかったし、自分の力を過信しているわけでもなかった。当然、失敗というシナリオも考えた。それを考えないのは無謀というものだろう。若い選手は、いいプレーをできるというだけでは足りない。試合開始の笛が鳴るやいなや、過去の実績は何の意味も持たなくなる。

今のサッカー界では、十試合ほどそこそこのプレーができてもすぐ忘れられる。選手としての保証は何もなく、ひとつふたつ冴えない出来の試合があっただけでアウトだ。また一からやり直さなくてはいけない。僕には本当にレアル・マドリードで成功するチャンスがあるのだろうか。その質問が頭のなかを回っていた。

「そうだ、きみにそのチャンスを与えよう」と、モウリーニョが言っている。「正真正銘のチャンスだ。しっかり練習して、プレーするんだ。意志が伝われば、きみを私のチームの一員にしよう。上達したいのなら手を貸す。レアル・マドリードはきみにとって決して大きすぎるステップアップではない。私を信じてくれ。きみをレギュラーに育てよう。そうしたらあらゆる可能性の扉が開く。きみは世界に実力を見せつけられるのだ。そしてきみには、とてつもない才能がある」

その言葉は僕の疑いを吹きとばし、前向きな気分にさせてくれた。大きな変化に向けて勇気を奮いおこすために、まさに必要な言葉だった。

話しあいのあとは全員でサンチャゴ・ベルナベウに向かい、ホルヘ・バルダーノに「白い巨人《ロス・ブランコス》」（レアル・マドリードの愛称）の聖なる殿堂を案内してもらった。長い歴史のなかでレアル・マドリードが獲得したトロフィーがずらりと並んでいる。鏡のように磨きこまれた表面に、僕の顔が映っている。魔法のような光景に僕はうっとりする。メッセージが伝わってきた――勝者のクラブへようこそ。ここは王者のクラブ、タイトル獲得を義務づけられたクラブだ。

視界の端に、僕を見つめるレアルの首脳陣の姿が映る。もっとクールに振る舞いたかった。優勝皿やカップ、ガラスの置物の前を歩きながら、これくらいなんでもないというふりをしたかった。でも僕は興奮を隠しきれなかった。トロフィーが輝き、僕の顔はほころんでいた。

その直後にバルセロナを訪問したけれど、収穫はまったくなかった。本拠地カンプ・ノウの案内もしてもらえなければ、マドリードとおなじく背すじがぞくっとしただろう勝利の証を見せてもらうこともなかった。レアル・マドリードと違って、バルセロナは僕の心に何の印象も残さなかった。スタジアムさえ見せてもらえなかったのだ。練習場に案内されることもなかった。彼らのプレースタイルには感銘を受けたものの、バルセロナ訪問はどこか冷たい空気のなか終わった。

何よりがっかりしたのは、レアル・マドリードの至高のライバルを率いる監督が僕と顔を合わせる時間をつくってくれなかったことだ。

現地に足を運ぶ前は、自分はバルセロナに移籍するものだと思っていた。すくなくともそう望んでいた。当時、世界で彼ら以上のサッカーをするチームはなかった。魔法のようなコンビネーションを見ていると胸が高鳴った。二十～三十本のパスをつなぎ、磨きあげた演技のように軽々と正確にプレーしてみせるのだ。

けれど僕はペップ・グアルディオラの不在にとまどっていた。代理人とふたりでバルセロナを去ったあとは、おなじ質問を繰りかえした。「どうして監督がいなかったんだ?」ファゼリの答えは決まっていた。「休暇中なのさ」数日が過ぎても、グアルディオラが電話を掛けてくることはなく、メールの一通も届かなかった。僕を獲得したいという意思の表示はなかった。こうしてバルセロナに対する僕の熱意はじわじわと冷めていった。

ふたつのメガクラブを見学したのち、僕は代理人と向きあった。「メスト」と、代理人が言う。「きみの選択肢はこれだけある。五つの扉をくぐることができるんだ」それから僕たちは学校で教わったように、メリットとデメリットを一覧表にした。

たとえばバルセロナのメリットの欄には「サッカーの質」、また「チームメイト——シャビ、イニエスタ、メッシ」と書かれていた。最終的に、バルセロナについては十のメリットを書きだしたと思う。でもデメリットの欄に書かれたたったひとつの点が、バルセロナを移籍候補から外すのにじゅうぶんだった。「ペップ・グアルディオラ——そもそも僕を求めているのか？　僕は彼の望むような選手なのだろうか？」どうしても疑いをぬぐえなかった。

最後のところで、僕がバルセロナに移籍しなかったのはペップ・グアルディオラの振る舞いのせいだった。そして、モウリーニョが僕を獲得しようと本気になっていたせいだった。彼の意思は本物で、熱意に満ちていた。バルセロナの監督の正反対だ。こうして僕はジョゼ・モウリーニョとレアル・マドリードを選んだ。

そう、今この瞬間、僕を八つ裂きにしている男を選んだのだ。ハーフタイムのうち十分間が過ぎた。それなのにモウリーニョの小言はまだ終わらない。もうたくさんだ。

「いったい俺に何を求めているんだ」と、僕は食ってかかった。それから口調を変えてラモスに言った。「気が変になりそうだよ。さっさと黙ってほしいんだ。いつも不満ばかりなんだから」

「おまえのベストのプレーを見たいだけだ」と、モウリーニョが声を荒らげる。「男らしくタックルするんだ。自分がタックルをするときの姿がわかっているか？　いないんだろう？　俺が見せてやる」

モウリーニョはつま先立ちをして、両腕をだらりと垂らし、口をとがらせてロッカールームをしゃなりしゃなりと歩いた。「おまえのタックルはこうだ。『怪我をするのは嫌だわ。服が汚れるのも絶対に嫌』」そうやって「『エジル式タックル』」の真似をしながら怒鳴る。

モウリーニョはますます興奮していく。心拍数は百八十近いだろう。僕は間違いなく二百だ。もう限界だった。これ以上耐えられない。ドイツ南部出身者の血が煮えくりかえっている。「そんなにうまいなら、あんたが出ていってプレーすればいいじゃないか」と、僕はわめき、ユニフォームを脱ぎすてて監督の足もとに叩きつけた。「ほら、着ろよ。さっさと行け」

モウリーニョは意地悪く笑うだけだった。「ふん、投げだすというわけか。弱虫が」そう容赦なく言って、僕の目の前に立ちはだかる。「何がしたいんだ。温かいシャワーに飛びこむのか？ 髪をシャンプーするのか？ ひとりになるのか？ チームメイトや外にいるサポーターや俺に、自分の力を示したいのか？」

モウリーニョはいつのまにかひどく静かな口調になっていた。激情の嵐は去って、落ちつきはらっている。よけいに腹が立った。僕が理性を失いそうなのに、どうしてこんなに冷静なんだろう。はらわたが煮えくりかえる。頭にシューズを投げつけてやりたい。話をやめさせたい。そろそろ解放してほしい。

「わかるか」と、全員に聞こえるようにモウリーニョが言う。「泣きたいなら泣け。涙を流せ。おまえは赤んぼうだ。シャワーを浴びてこい。おまえのようなやつは要らない」

僕はのろのろと立ちあがってサッカーシューズを脱ぎ、タオルをつかんで監督の前を通りすぎ、無言でシャワールームに向かった。監督とは一度も目を合わせなかった。するとモウリーニョが最後の一撃を放った。「おまえはジネディーヌ・ジダンなんかじゃない。ジダンのはずがない。世界が違う！」

喉にかたまりがつかえたようだった。最後の言葉は心臓へのひと突きだった。モウリーニョはよくわかって言っている。僕がジダンに心から憧れていることを知っているのだ――本当に尊敬するたったひとりのサッカー選手だと。

「おまえはジダンなんかじゃない!」モウリーニョの言葉はいつまでも頭のなかで響いていた。ロッカールームには僕ひとりしかいなくなっていた。チームメイトはピッチに戻っていて、カカが僕に代わって出場していた。あとになるまで知らなかったのだけれど、セルヒオ・ラモスはこっそり僕のユニフォームを拾い、自分のユニフォームの下に着ていたという。黒字でプリントされた背番号10が透けて見えていたそうだ。

ぺぺとロナウドが後半それぞれ得点し、デポルティーボには五対一で勝利したが、僕はシャワーを浴びながら物思いにふけっていた。あんなふうに監督に叱責されたのははじめてだ。自分の意識を揺さぶられたのもはじめてだった。あれは何だったのだろう。偉大なモウリーニョはどうして僕に赤っ恥をかかせたのか。何を伝えようとしていたのだろう。

その夜――二〇一二年九月三十日、午後九時ちょっと前、僕は今までしたこともない大きな問いを自分に向けて発するようになった。それから何週間も自問自答した。僕は何者で、どこへ行きたいのだろう。その問いに答えるため、僕は自分の人生を振りかえりはじめた。

# 第1章
# ネズミだらけの地下室——僕の子ども時代

地下室につづく階段のいちばん上に立つと、足もとには暗がりが見えた。思いだせないくらい昔から、手すりの上の電気スイッチは故障している。僕の生まれた家、つまりゲルゼンキルヘンのブルムケ＝ヒュレン地区ボルン通りにあるこのアパートは、ありとあらゆるものが壊れていた。たとえば正面玄関はすっかり歪《ゆが》んでいて、子どもは全体重をかけないと開けられなかった。玄関を開け閉めするたびに金属がこすれて、床は傷だらけだった。鉄でできた灰色の郵便箱は古ぼけていた。

表には建物の番号をあらわす金属の数字さえなかった。たぶん盗まれたか、何十年も雨風にさらされるうちに落っこちて、面倒だから誰も直さなかったのだろう。そのかわり「30」という数字が、緑のペンキで正面の白い壁にスプレーされていた。

僕は地下室から自転車を出したかったのだ。でもひとりでは嫌だった。子どもたちは誰も、あんな気味の悪い場所にひとりで下りていこうとはしなかった。死ぬほど臭いので息を止めて全速力で往復しなければいけなかったのだ。とにかく小便臭いのだけれど、住人の誰かがそこで用を足しているのか、地下室に山ほどいるネズミのせいなのかはわからなかった。

そう、地下室は肥えた気持ちの悪いネズミの巣窟で、数は毎年増えるいっぽうだった。年上の子どもたちからは、ネズミに咬《か》まれて大怪我をした隣人たちの話を聞かされた。ネズミの縄張りに入りこんだら襲われて嫌というほど咬まれるんだぞ、と僕たちは教えこまれた。

でも自転車を表に置いておくわけにはいかなかった。そんなことをしたら盗んでくれと言っているようなものだ。そして自転車は僕の宝物だった。幼いころの僕はたいした財産を持っていなかった。自転車は両親がくたくたになるまで働き、貯金してようやく買ってくれたものだ。つまり自転車に乗ろうと思ったら、そのたびにネズミのいる恐ろしい地下室に踏みこむしかないのだった。友だちとふたりだったとしても、すり減った急なコンクリートの階段をおりる勇気はなかなか出なかった。なんとか地下室に入れたのは、兄のムトゥルがついてきてくれたときだけだ。それ以外のときはだいたい五人の子どもがいっしょになって大声を張りあげ、足を踏みならしてネズミを追いはらいながら行くのだった。

僕たち一家は最上階の四階に住んでいた。小さなアパートで、妹のネシェとドゥイグがふたりで寝室をひとつ使い、僕はムトゥルといっしょの部屋だった。兄はベッドで寝ていたけれど、僕の寝床はマットレスで、朝になると遊び場所を作るため片づけた。自分の空間なんてものはなかった。でも僕はこの家が気に入っていた――たとえ気味の悪い地下室があっても。両親は僕たちができるだけ快適に過ごせるよう気を配ってくれていた。

けれど何年かしてロートヴァイス・エッセンに入団し、地域の子どもたちを送り迎えするシャトルバスに乗るようになると、僕は自分の家が恥ずかしくなった。仲間にはびっくりするようないい家に住んでいる連中がいた。庭までついている、小ぎれいな家だ。自分のアパートが嫌でたまらなくなった僕は、クラブにはべつの家の番号を伝え、ボルン通り三〇番からバスに乗るかわりに、ちょっと先まで歩いて道路の反対側で待つようにした。そこはすくなくとも窓ガラスの割れていない建物の前だった。

けれど嫌だと言ったところで、子どもがそれぞれ個室をもらえるような大きな家に引っ越したり、洒落た建物に住んだりするのは無理な相談だった。

母は限界まで働いていた。あのころは学校の清掃員で、朝七時から夕方四時、夜七時から十時という一日に二回のシフトをこなしていた。子どもたちのために身を削っていたのだ。母が愚痴をこぼすことはなくても、疲れきっているのはわかった。ときどき誰も見ていないと思って、酷使した腰に手を当て、背中をそらし、伸びをしていることがあった。

朝から晩まで清掃。母は家族のために自分を犠牲にしていた。すべては一家が食べていくためで、人生を楽しめないことを気にもしていないようだった。趣味に使う時間もなければ、忙しくて子どもの相手をする暇もなかった。僕が学校から帰っても、机の上に昼ごはんが並んでいることはなかったし、にっこり笑いながらドアを開け、僕の頭をなでて、学校はどうだったの、と聞いてくれる母もいなかった。宿題がわからなくても、そこに母はいなかった。

母は祖父母に言われて九年生が終わると学校をやめ、そのあとは家族のために働かなければいけなかったという。祖父母にも両親にも、子どもたちにちゃんとした教育を受けさせる余裕はなく、僕たち子どももも金がないせいで苦労した。僕が幼稚園に行かなかったのもそのせいだ。単純に、それだけの余裕がなかったのだ。大きくなってからも、僕やきょうだいに家庭教師がつくことはなかった。

学校から帰ると、身の回りのことは自分でしなければいけなかった。ちゃんと宿題をしたかとたずねる人も、寝る前に本を読んでくれる人もいなかった。父も金には苦労していた。最初は革工場で働き、次に喫茶店をやり、そのあとキオスクを開いた。つづいてビリヤードホールをやり、それから自動車メーカーの〈オペル〉に働き口を見つけてきた。父は繰りかえしゼロから出直して、家族の暮らしを守っていた。失業していた時期もあったけれど、いつもがんばって新しい仕事を探してきた。

アパートでは全部で十組の家族が暮らしていて、そのうち九組は移民だった。ボルン通りを見わたしても、ドイツ人はほとんどいなかった。僕たち外国人は——子どものころ、僕は自分のことをそう思っていた——ごく狭い世界で暮らしていた。そこではドイツ人と外国人はいっしょに暮らしていたというより、別々の生活をしていたのだ。

四歳になるまで僕はトルコ語しか話せなかった。家のなかではいつもトルコ語だったし、アパートの外に出ても、ドイツ語にふれることはまるでなかったのだ。幼稚園にも行かなかったから、どうしてもドイツ語を覚えなければいけない状況にもならなかった。

そんなわけで「地下室《ケラー》」のことは「ボドゥルム」と言っていた。「暗い《ドゥンケル》」は「カランルク」。「怖い《アングスト》」は「コルク」。とりわけ「スチャン（ネズミ）」のせいで「コルク」だった。朝、台所に行ったときは「おはよう《グーテンモルゲン》」ではなく「ギュナイドゥン」と言った。空き地でいっしょにサッカーをしたレバノン人の子どもたちは、数で上回る僕たちにあわせてトルコ語で話した。

小学校に上がる前はプリスクールに一年間通った。いわゆる幼稚園から小学校への移行にそなえる学校で、学校そのものに慣れていない子どもたちを支える場でもあった。

プリスクールの生徒は九十九パーセントが移民系だった。授業ではドイツ語が使われていたけれど、休み時間や帰り道にドイツ語を話す子どもはもちろん誰もいなかった。つまり僕は、そこでもほとんどドイツ語を使わずにすんでしまったのだ。話すのは先生に当てられたときくらいだった。生まれた国の言葉を身につけるにはおそろしく時間がかかった。せっかく四時間ドイツ語を勉強しても、その三倍トルコ語を話すことで帳消しにしてしまっていた。

おまけにドイツ語の響きときたらなんとも変てこで、荒っぽくて、耳ざわりだった。音の高低や抑揚のつけ方も、トルコ語とはまるで違うのだ。トルコ語では「Z」を「S」のように発音するなど、いくつかの文字の発音が違うのにも僕は混乱した。

僕のドイツ語の文法はでたらめだった。救いようがないと言ってもよかったかもしれない。長いこと句読点なしに文章を書いていたくらいで、宿題が添削されて返ってくるといつも腹が立った。山のように赤が入り、単語の下には線が引かれ、ノートの端には間違いを指摘するコメントがぎっしり書きこまれているのだ。書き取りもおなじだった。冠詞とは何か、いつまでたっても飲みこめなかった。ドイツ語の「犬」が男性名詞か、女性名詞か、中性名詞か、僕が理解するのは相当あとになってからだ。

授業中に教科書を音読するのは拷問そのものだった。難しすぎて手も足も出なかった。大人になった今思えば、とても残念なことだ。今の僕には勉強の大切さがよくわかる。妹のドゥイグには高校の卒業試験をちゃんと受けるよう、いつも言い聞かせている。それができたらエジル家で初だ。

妹にはこんなことも繰りかえし話している。「今どきはただ試験を受けるだけではだめだぞ。クラスの上位にいなきゃいけないんだ。しっかり身を入れて勉強するんだぞ」

妹には是非とも大学に行ってほしいと思っているし、もちろん学費は僕が出す。今、僕の代理人は兄とドクター・エルクト・ソウトのふたりなのだけれど、エルクトにもドゥイグと真剣に話しあって、勉強の大切さを伝えてもらっている。大学生活はこんなに楽しいという話もしてもらっている。僕自身が熱弁をふるったところでしかたない。大学の建物に足を踏みいれたこともない僕が、進学するよう勧めても説得力はないだろう。でもエルクトならいい。決して豊かではない家庭から身を起こし、法律を勉強して、有名な弁護士になった人だ。僕がまくし立てるよりずっと妹の心に響くはずだ。

両親が幼い僕たちにドイツ語を教えなかったのも、今では残念に思う。ただ、家ではトルコ語を話すことに決めたのを責めるつもりはない。悪意があってしたことではないし、子どもたちにハンデを負わせようとしていたわけでもないだろう。なんといってもトルコ語は、両親にとっていちばん安心できる言葉なのだ。友だちや近所の人とおしゃべりをするときに使うし、自分の気持ちをきちんと表現できる。それにも増して、トルコ語は祖父母の言葉だった。両親もトルコ語にかこまれて育ったのだ。

僕の祖父はふたりとも一九六〇年代半ばにドイツにやってきた。どちらも黒海沿岸のゾングルダクという町の炭鉱夫で、稼ぎはわずかしかなく、必要がなければ声が掛からなかったという。仕事の口はすくなく、とりわけ地方では就職が難しかった。そんなときドイツが出稼ぎ労働者に目をつけ、数万人のトルコ人を正式に受けいれる協定をトルコ政府と結んだのだ。僕のふたりの祖父も、よりよい生活という言葉に惹かれた。アルマニア。職のある土地。豊かな土地。ひとつ上の暮らしができる土地。ドイツ人は祖父たちを求め、こうしてふたりは未知への旅に乗りだした。妻と子どもたちは置いていくことになり、とてもつらかったそうだ。働いて、金を貯め、豊かになって祖国に戻る――それが祖父たちの心づもりだった。右も左もわからない土地で間違いを犯さないよう、ふたりはわざわざ小冊子まで渡されたという。〈イシュチ　オララク　アルマンヤヤ　ナスル　ギディリル？（ドイツで労働者になるには）〉というのが、トルコ政府の発行した小冊子の題名だった。「一生懸命働き、知らないことは何でもすぐに学ぼう。職場の規則をしっかり守ろう。時間厳守。やむを得ない場合をのぞき休みは厳禁」と、そこには書かれていた。

祖父たちはそれらの言いつけを胸に刻んで、まじめに一心不乱に働き、文句ひとつ言わなかった。仕事は契約によるもので、風邪を引いても腰を痛めても休まなかった。給料は一切むだづかいしないで貯金にまわした。家族と、よりよい暮らしという夢のためだ。ドイツ政府は出稼ぎ労働者を集めたものの、言葉を学ぶための金は出さなかった――すくなくとも、僕の祖父たちに対しては。職場で指示が出されるときは、通訳があいだに入って説明したという。祖父たちも身銭を切ってドイツ語を学ぼうとは思わなかった。どのみち長居するつもりはなかったのだ。必要なのはトルコで豊かに生活する金を稼ぐことで、使ってしまっては意味がなかった。

のちに祖父たちはそれぞれ妻を呼びよせた。妻たちは子どもを連れてきた――僕の母、そして二歳だった父だ。

祖父たちは家の外で聞こえる波の音や、カプスとウズンクムの浜辺、鍾乳洞「ギョクギョル・マーラス」への散歩をなつかしんだ。港に到着する船の霧笛をなつかしんだ。カモメの甲高い鳴き声。自分の手で獲ってきた新鮮な魚。古くからの友人たち。慣れ親しんだ暮らし。でも汗水たらして稼いだ金がもたらす生活の保障は、ノスタルジーよりずっと価値があった。

こうして祖父母たちは子どもといっしょにドイツに残った。年ごろになった父と母は、祖父たちの取り決めどおり結婚した。自然に出会うという幸運には恵まれなかったわけだ。はじめてのデートの思い出もなければ、父が母を口説くこともなかったという。当時の慣習どおり、あらかじめ決められた相手だったのだ。それでも僕の両親はずっと愛しあい、仲よく過ごしてきたと思う。

両親はたがいに支えあい、それぞれの両親とも親しくした。そばにはトルコ人の友人や隣人がいて、どこかへ出かけるときはいつもトルコ人といっしょだった。つまり、ほとんどドイツ語なしでも生活できたのだ。そんなわけでおそらく両親は、ムトゥルとネシェ、ドゥイグ、そして僕にもドイツ語は必要ないと思ったのだろう。

あのころ多くの親が、生まれ育った国の言葉をきちんと子どもたちに教えないというあやまちを犯した。たぶん知識不足のせいだろう。

長いこと、ドイツ語の授業はどれも僕にとってハードル競争のようなもので、自信をもって挑戦することができなかった。ハードル一台ごとに僕はつまずくか、どこへ向かえばいいのかわからなくなった。ただ足を引っかけるだけではなく、このままでは絶対ゴールにたどり着けないと思うこともたびたびだった。

そうしたわけで、よその国に移住しようという人に対しては、もともと暮らしていた国に関係なくこんなふうに声を掛けたいと思う。新しい言葉を学ぶチャンスを生かそう。その国の人間と友人になろう。まわりの様子をよく見よう。孤立した生活をしてはいけない。そして何よりも、本を読もう。

ＴＶ司会者のナーザン・エジケスは、トルコ系ドイツ人の女性としての経験を本に綴《つづ》っている。僕もインタビューという形で協力した〈おはよう、西洋〉という本で、こんなすばらしい文章がある。「わたしの心臓にはドイツとトルコのふたつの血が流れている」僕はこの文章にとても共感できる。僕はドイツ人らしい思考回路をしているけれど、感覚はトルコ人なのだ。

今まで生きてきた短い時間のなかで、おまえは何者なんだ、と僕は何度となくたずねられた。トルコ人なのか？　ドイツ人なのか？　自分をトルコ人だと思うか？　ドイツ人としての気質をより強く感じるか？

そうやって二者択一を迫られるのは好きではない。僕はどちらかいっぽうというわけではないのだ。大切なトルコ人の友人たちがいるけれど、おなじように絆で結ばれたドイツ人の友人たちもいる。七歳のころ、ヴェストファリアでプレーしていたときにできた最初のドイツ人の友人はファビアンといって、チームのキャプテン兼ゴールキーパーだった。

幼いころの僕はレバノンから来た子どもたちと遊び、サッカー選手としてはロンドンとマドリードに住み、いろいろな国の人間と仲よくなった。カリム・ベンゼマはフランス、セルヒオ・ラモスはスペイン、クリスティアーノ・ロナウドはポルトガル出身だ。

ドイツとトルコ、ふたつの文化のいちばん優れたところを自分のものにできた僕はとても運がいい。これまで両方の国の慣習を経験してきた。

たとえば子どものころ、僕の家ではクリスマスを祝わなかった。トルコでは公式な宗教行事とされていないのだ。学校に通いはじめるまで、ドイツでは十二月五日に長靴を玄関の外に出しておけば朝にはお菓子でいっぱいになっているのも知らなかった。そんなことは一度もやったことがなかった。

実家では十二月二十四日を祝うこともなかった。けれど二十代半ばになってから、当時の恋人マンディのおかげで、絵に描いたようなクリスマスを楽しむという経験ができた。いっしょに選んだクリスマスツリーを飾りつけ、プレゼントと家族みんなで食べる料理を用意したのは大切な思い出だ。

一家そろってのディナー、そして陽気さと敬虔《けいけん》な空気をあわせもつクリスマスは、子どものころ家族と祝ったトルコの宗教的行事のひとつ「砂糖祭り」にちょっと似ている。「砂糖祭り」は三十日間の断食明けにおこなわれる行事で、親戚が集まって数日いっしょに過ごし、ラマダンの終わりを祝うのだ。

今の僕は断食できない。個人的に、サッカー選手という職業と両立するのは難しいと思っている。とりわけ夏のあいだ、日の出から日没までものが食べられないと、トップレベルのスポーツの負担には耐えられないのだ。水やそれ以外の飲料を口にしてもいけないことになっているけれど、それは難しすぎるだろう。もちろん、ラマダンをおこなっているすべてのスポーツ選手のことは心から尊敬している。

ラマダンは（トルコ語では「ラマザン」）、必ず十日ずつ繰りあがるので、毎年違う時期におこなわれる。僕が十四か十五のころ、断食をするのは冬だった。太陽は朝七時ごろまでのぼらず、午後五時には沈んでいた。十時間を辛抱するほうが、夏のあいだの十六時間よりずっと楽なのは当然だろう。たとえば二〇一六年のラマダンはフランスで開催された欧州選手権の最中で、ゲルゼンキルへンの両親の家では午前五時半に日の出を迎え、日没は夜九時過ぎだった。

ティーンエイジャーのころは何度か断食した。子どもの好奇心というやつだ。一日じゅう何も食べないのはどんな感じなのか知りたかったし、もちろんちょっと一人前の気分にもなってみたかった。いろいろな動機があったというわけだ。子どもは普通に食事をしていいことになっているので、断食をしたら大人の仲間入りということで格好よかったし、まわりの目も気にしなくてよかった。ラマダンの期間は、午後になると友人や親戚と長い時間を過ごす。誰もが辛抱しているのに、自分ひとりだけ腹がふくらんでいたらバカみたいだろう。

両親から断食するよう言われたことはない。どうしたいかは自分で決めさせてくれた。僕は二、三回やってみた。一度は五日間がんばり、別の年はまる十日間耐えた。

はじめて断食をしたとき、疲れきった体で起きだして台所まで這《は》っていったのはよく覚えている。食卓にはずらりとご馳走が並んでいた。両親が世界チャンピオン並みに料理の腕をふるってくれたおかげで、僕たちは日の出前の食事「サフール」ですっかり満腹することができた。

ラマダン中はただものを食べないだけではなく、悪態をついたり倫理的ではない振る舞いをしたりするのも厳禁だ。断食のあとの食事は「イフタール」と呼ばれ、そのときのしきたりは決まっている。短い祈りを唱え、ナツメヤシを食べて水を飲むのだ。

僕はラマダンができないことを言い訳する羽目におちいったことはない。トルコの人々から批判された覚えはまったくないし、断食にのぞむイスラム教徒をバカにするドイツ人に出会ったこともない。

振りかえれば僕は異なる文化のはざまでいろいろな経験をしてきたけれど、選手としてのキャリアに決定的な影響をおよぼしたのは子ども時代だった。たとえまわりと慣習が違っても浮き足だたず過ごすようにしてきたおかげで、クラブを移るときに避けられない環境の変化にも適応できた。

　僕の人生においてとりわけ大きな存在なのが母だ。母の働き者ぶりにはいつも頭が下がった。ドイツという異国の地で子どもたちがきちんと生活できるよう、自分のすべてを投げだした。その日その日を懸命に乗りきりながら、子どもたちに優しく接してくれた。深い愛情をくれた母に、必ず恩返ししたいと僕は思っている。僕がりっぱに成功することで、母には自慢に思ってほしいし、こう声を掛けたい――お母さん、あなたの厳しい労働は無駄ではなかったんだよ。

# 第2章 メストは要らない、マティアスをくれ ——挫折と出会い

子どものころ、僕のサッカー選手としてのキャリアは順風満帆ではなかった。理由のひとつが人種的な背景だ。あからさまに差別的な言葉を投げつけられたことはないけれど、極右政治団体のドイツ国家民主党《NPD》スポークスマン、クラウス・バイアーに「書類の上だけの」ドイツ人と呼ばれたことがある。その発言は人種差別的だと非難を浴びた。でも僕はユース選手だったころにも外国人嫌悪を経験していて、むしろそっちのほうが傷は深かった。十歳から十二歳にかけて、僕はシャルケ04のユースチームに入りたくて何度かトライアルを受けた。若い才能を伸ばすだけの資金のない小さなクラブと違って、シャルケでは中身の濃い育成プログラムが用意されていたのだ。

はじめてトライアルを受けたのはテュートニア・シャルケでプレーしていたときで、ＤＪＫファルケ・ゲルゼンキルヘンに移ってからも挑戦した。計四回のチャレンジで、毎回僕は闘志を燃やしていた。

僕はスラロームポールのあいだをするするとドリブルで通過した。ゴールキーパーの耳もとをか

すめるシュートを放った。試合が終わるまで、ほとんど失敗らしい失敗もなかったと自分では思っていた。ところが僕は、どの年齢別のユースチームにも選ばれなかった。選ばれるのはいつも、僕よりずっと下手な「マティアス」や「マルクス」や「ミヒャエル」なのだ。落とされるのは名前のせいなのだろうか。シャルケは「メスト」がほしくないのだろうか。僕が外国人なのがいけないのだろうか。すくなくとも僕にはそうとしか思えなかった。

父もおなじ気持ちだったようだ。ある日、またしても不合格になって暗い表情で家に帰る途中、これ以上どうすればよかったのかと僕はたずねた。「父さん、何が悪かったのか教えてよ」父はこう言うだけだった。「何も悪くない。父さんと母さんがつけた名前を、おまえはどうすることもできないのさ」

僕の足を引っぱっていたのは名前だけではなかった。金がないのも不利に働いたのだ。ファルケ・ゲルゼンキルヘンの次にプレーしたロートヴァイス・エッセンで、僕はその問題に悩まされた。僕が加入する前、チームはいつも地元のライバルのシュヴァルツヴァイス・エッセンに負けていた。ロートヴァイス・エッセンがこてんぱんにやられるのは、最初からわかりきったことだった。けれど二〇〇〇年に僕が入団して事情は変わった。はじめて出場したダービーで、僕はライバルから七得点して、ロートヴァイス・エッセンの八対一の勝利という番狂わせを演出した。僕のダービー初勝利だ。

ところが次の試合、僕はベンチをあたためていた。なぜ、手柄を誉められるかわりに冷たくあしらわれたのだろうか。すべてはあるチームメイトの両親のせいだ。のちにわかったのだが、その少年が僕のポジションでプレーしたのは、父親がロートヴァイス・エッセンに寄付していたからだった。勝利をもたらす得点より金というわけだ。ただ、幸いにも問題は長く続かなかった。数週間後、監督は寄付金を使ってしつらえるユニフォームより得点のほうが重要だと言ってくれた。

クラブのレジェンド、ヴェルネル・キックにもずいぶん目をかけてもらった。一九六〇年から七〇年にかけてロートヴァイス・エッセンで二百九十三試合に出場し、クラブの「今世紀のベストイレブン」にも名をつらねる選手だ。キックは僕にはじめての本格的なサッカーシューズを買ってくれた。それまで履いていたのは安物の靴ばかりだった。底がすり減り、穴が開いた運動靴では足もとがおぼつかなくてしかたない。そんな状態だった十二歳の僕が、本物のナイキのシューズを手に入れたのだ。心の底からうれしくて、宝物がひとつ増えたと思った。それまでいちばん大事にしていたのは、八歳の誕生日にもらった革のサッカーボールだった。毎晩、皮革用の保護クリームを塗って何時間も磨いたものだ。ひっかき傷がつくたびに胸が痛んだ。そしてボールにはたくさん傷があった。なぜなら「猿の檻」、つまりゲルゼンキルヘンで僕たちがプレーしていた空き地は地面が砂利で、昔ながらの粗い革にはダメージが大きかったのだ。傷が増えてくると僕は一枚ずつそっと革のパネルをはがし、中身の牛の膀胱《ぼうこう》を使ってプレーした。

シャルケで外国人選手への偏見らしきものを味わったことは、長いあいだ僕という人間に影を落とした。けれどロートヴァイス・エッセンでの三年目、僕はシャルケのユースチームのコーチ、ノルベルト・エルゲルトに出会った。エッセンからは既にプロ契約を打診されていた。わずか十五歳にして契約を結び、二部リーグ所属のチームの一員としてプレーするという話になっていたのだ。記憶が正しければ月四千ユーロほどだったと思う。僕と家族にとっては大金だった。一晩で暮らしがすっかり変わるほどの額だ。それまで僕は月に百五十ユーロしか稼いでいなかった——それでもじゅうぶんだったのだけれど。おまけにヴェルネル・キックは僕がまだ十三歳のころから、練習場までの二十キロの距離をマイクロバスで通えるよう手配してくれていた。普通こんな配慮を受けられるのは十六歳以上の選手だけだ。運転手のひとりはクラブが僕を特別扱いする理由がわからず、しばらく不平を言っていた。「幼稚園児を送迎しなければいけないのか」

けれど僕と父はプロ契約を断った。ノルベルト・エルゲルトのためだ。当時僕はシャルケのスタジアムの目と鼻の先のベルガーフェルト中等学校に通っていた。クラブの練習場は道路の向かい側で、その立地を生かすように学校はサッカー選手の育成に力を入れていた。週に三回、サッカーの素質がある生徒は数学や英語、美術のかわりに朝の特別練習を受けられるようになっていた。時間割も柔軟で、午後になると補助の教師のもとで勉強して授業に追いつくことができた。

ベルガーフェルト中等学校の優秀なサッカー選手たちは、ほとんどがシャルケの年齢別チームのどれかでプレーしていた。ロートヴァイス・エッセンでプレーする僕のような選手は、ごく例外的だったというわけだ。学校での練習はノルベルト・エルゲルトが指揮していた。二〇〇四年の夏休み明け、エルゲルトは小さなピッチを使って僕たちをシャルケのユース選手との三対三のゲームにのぞませた。

いっしょにプレーしていた学校の仲間ふたりの名前は残念ながら思いだせない。けれど三人でシャルケのユース選手をこてんぱんにしたことはよく覚えている。トレーニングを終えて校舎に戻ろうとしたとき、エルゲルトに脇に呼ばれた。

「どこでプレーしているんだ」と、エルゲルトが単刀直入に訊く。

「ロートヴァイス・エッセンです」と、僕。

「家はどこだ」

「ゲルゼンキルヘンです」

「来年、きみはシャルケのユースでプレーすることになるぞ」

そのとき僕はまだ、エルゲルトの言葉を半分聞きながしていた。シャルケに移籍するなんて思ってもみなかったのだ。四度も不合格にされていたのだから。シャルケは四度も「マティアス」や「マルティン」、「マルクス」を選んだ。せっかくロートヴァイス・エッセンでうまくいっていたのに、あのときの屈辱を許す理由などなかった。

ところが次の練習のあと、またエルゲルトに声をかけられた。「お父さんと話をさせてほしい。きみには必ずシャルケに来てもらうぞ」エルゲルトの希望を父に伝えると、一度きちんと話を聞いてみるべきだということになった。何はともあれエルゲルトは正直で公平な男に見えたのだ。話しあいの場所はゲルゼンキルヘンのブーアマーケットにあるパブ〈クロンスキ〉に決まった。そこへ向かう途中、僕と父はあまり話をしなかった。交渉の戦略は何もない。ただエルゲルトの言葉に耳をかたむけるだけだ。どのみち僕たちには、どんな話が飛びだしてくるのか見当もつかなかった。シャルケに対しては過去のいきさつのせいで冷めていたので、甘い夢を見るつもりもなかった。

注文をすませて料理を待っていると、エルゲルトが父に向かって切りだした。「息子さんはまだひどく粗削りだが、並はずれた才能を持っている」僕と父は目くばせをかわし、先をうながした。

「シャルケユースでの一年目からレギュラーになると保証はできない。そのうちトップチームでプレーするとも約束できない。ドイツ代表選手になるとも言えない。私が約束できるのはひとつだけだ。メスト、私はあらゆる角度からきみを徹底的に鍛える。テクニック、戦術眼、試合の理解、サッカーIQ、運動能力、思考のスピード、感情のコントロール、チームスピリット、規律。それ以外には何ひとつ約束できない。私にできるのは、つねに全力を注いできみを育てることだけだ。シャルケに来たら、きみは夢に近づく大きな一歩を踏みだす」

僕たちは心を動かされた。エルゲルトの話は、代理人やスカウトの多くが口にする出まかせとは違っていた。けれどシャルケに対しては相当な警戒心があった。「シャルケは『メスト』を求めていない」と、父が冷ややかに言い、過去のいきさつを明かす。エルゲルトは真剣に耳をかたむけ、ちょっとだけ考えてから言った。「わかった。それではもうひとつ保証しよう。私のもとで、息子さんは百パーセント公平なチャンスを与えられる。ほかの選手とおなじだ。私にとって意味があるのは選手としての能力だけで、あとはどうでもいいんだ」

話しあいのあと、僕と父はそれぞれ考えにひたりながら家に帰った。もちろん、たった一度の会話がトライアルで何度も味わった苦さを帳消しにしたわけではない。不公平な扱いをなかったことになどできなかった。

その手の拒絶を受けたとき、何と言っても僕はまだ十歳から十二歳だった。屈辱をぐっと飲みこむことなどできない年齢だったのだ。選ばれなかったのは実力が足りないせいだ、と受けいれるのだってじゅうぶん難しい。けれど人一倍の才能があるのに、出来がいいだけではだめで、成功するかどうかは自分の生まれしだいだと思い知らされるのはとても残酷なことだった。

エルゲルトは賢明だった。話しあいのあと、練習が終わるたびに駆けよってきてしつこく迫るような真似は決してしなかった。次の話しあいの席がもうけられたのはしばらくしてからだ。今度はスタジアムのすぐ隣の〈マリオット・コートヤード・ホテル〉だった。

「これだけは聞いてほしい」と、エルゲルトは僕たちの感情的なしこりを避けるようにしながら父に言った。「私はそんなに器用な男ではない。でも私は人間の扱いがうまいし、サッカーについてはそこそこ知っている」

エルゲルトは自身の哲学を披露した。「私の役目は若い選手をトレーニングし、成長を後押しすることだ。シャルケが若手を育てるいちばんの理由は、ユースチームがタイトルを取るためではない。ひとりでも多くのプロ選手を輩出するためだ」

父の顔を見ながら、エルゲルトは自身の立場を説明した。「もちろん選手たちは、プロサッカーとは結果がすべてだと学ばなければいけない。でもユース年代の選手に、とにかく勝たなければ意味がないと教えこむのは間違いだ。そんなことをしたら若者たちは焦り、視野を狭め、神経をすり減らすだろう。トレーニングの目的は今日より明日、一歩成長していることだ。それを心に刻んだ選手は、黙っていてもいつか優勝杯を手にするだろう」

エルゲルトは父にもうひとつ約束をした。「私は慎重な人間だ。息子さんを急いでプロにするつもりはない。そのときが来るまで、選手たちは私のもとで過ごす。すべて準備ができてからようやく送りだすんだ」

僕たちはエルゲルトの言葉を信じた。彼の哲学にも納得できた。そこでクラブへの敵対心はいったん脇に置き、父がたずねた。「息子には本当にシャルケでプレーするほどの才能があるのか」

「レギュラーを約束することはできない。メストには肉体的な欠点があるんだ。華奢《きゃしゃ》すぎるんだよ。右足とヘディングの訓練も必要だし、ボールを奪う練習もしなければいけない。でもこういったことをすべて克服できたら、きっとすばらしい選手になるだろう」

別れぎわに僕たちは、シャルケ行きについて考えてみると約束した――既にロートヴァイス・エッセンからプロ契約を提示されていて、年俸にも魅力があったのだけれど。はじめて僕は、サッカーをすることで金持ちになれるのだと実感していた。けれどシャルケに行けばキャリアの可能性が大きく広がるのは明らかだった。

ロートヴァイス・エッセンの選手としてロウアー・ライン・カップに出ていたとき、タッチライン際にエルゲルトがいるのがわかった。僕が目をやると、いつでも向こうは僕を見ていた。最後に僕はロートヴァイス・エッセンの当時の監督、ミヒャエル・クルムにアドバイスを求めた。監督が僕の立場ならシャルケのオファーをどう受けとめるか知りたかったのだ。すると迷いのない答えが返ってきた。「やってみろ。きっとその甲斐があるぞ」

数週間後、エルゲルトは僕と父をユース選手の寮に招き、「エルゲルトの」シャルケを見せてくれた。こうして僕たちはついに納得した。エルゲルトはとことん公平な男だ。ここまで骨を折ってシャルケに勧誘したからには、僕のなかに何かを見ていたのだろう。僕がメストだろうとマルクスだろうと、この人には関係なかった。興味の的はあくまで僕の能力で、僕の人種的背景ではなかった。こうして二〇〇五年、僕はロートヴァイス・エッセンを去り、シャルケのユースチームに加入した。

第3章

# 地に足をつけて生きる――シャルケユース時代

プロへの第一歩を踏みだしたあとは、DVDプレーヤーを倍速再生モードにされたような日々だった。たくさんの新しい発見。たくさんの新しいできごと。短い時間でたくさんの変化。シャルケ04のユースに加入すると、僕の世界はがらりと変わった。最初の六ヶ月は一ヶ月くらいにしか感じられなかった。

二〇〇五年の夏、本拠地から七十キロ離れたビラーベックで合宿があり、僕たちはホテルに滞在した。はじめて見る世界だった。ホテルは公園の真ん中の丘の上で、街をながめることができた。

部屋に荷物を置いたあと、監督のノルベルト・エルゲルトに呼ばれて全員が会議室に集まった。「本当ならば、きみたちにはユースホステルでじゅうぶんだ」エルゲルトが口を開くと、たちまち部屋が静まりかえった。「こんなところに泊まる必要はまったくない。U-19の選手にこんな贅沢は必要ないだろう。だが我々はわざときみたちをここへ連れてきた。プロの生活とはどんなものか見せるためだ。プロになれば何が手に入るのか。ひたむきに練習に打ちこめば、いずれどんな暮らしができるのか。私の家族は一生懸命に働いて、こんなホテルに泊まれるようになった。プロとして成功すれば、きみたちにもそれができる。だがいちばん大事なのは感謝することだ。我々の意図を正しく理解してほしい。これが当たり前だと勘違いしたりするな。ホテルのスタッフには礼儀正しく接しなさい。ただひとりでも高飛車だった、傲慢だった、不愛想だったという話が私の耳に入ってくるようでは困るぞ。清掃係に挨拶をしないなどもってのほかだ。謙虚に振る舞うように。サッカー選手という身分は医者や新聞記者、掃除のおばさんと何も変わらないんだ。相手に敬意をはらい、ここに泊まるチャンスを得たことに感謝しなさい」

エルゲルトからはあとふたつアドバイスがあった。「たとえ両手を空に伸ばして星をつかもうとするときも、両足はちゃんと地につけておけ」そして「見習いは一歩ずつ地道に進んでいくしかない、というのがシャルケの信念だ。選手は見習いとして一歩を踏みだし、やがて職人になり、気が遠くなるほど練習してようやく名人になるんだ」

ロートヴァイス・エッセンでもミーティングは何度もあった。でもこんな話を聞くのはまったくはじめてだ。ここへ来てよかった。いつの日かこんなホテルに泊まれるかもしれないというのも気に入った。僕にとっては人生初のホテル滞在だった。今までこんな世界とは無縁だった。とにかく余裕がなかったから、夏の家族旅行などしたことがなかったし、ほとんどゲルゼンキルヘンを出たこともなかったのだ。いちばん遠くに行ったのはミュールハイム・アン・デア・ルールに住む祖父母を訪ねたときで、車で二十九キロの旅だった。昔の僕はゲルゼンキルヘンを大都市だと思っていた。街はどこまで行っても果てがないほど大きく感じられた。合宿初日、その考えはもちろん変わった。

子どものころは夏休みが終わって登校すると必ず半円になって座り、夏のあいだいちばん楽しかったことをクラス全員の前で発表させられた。同級生がひとりずつ話をする——スペインのホテルに泊まった話、フランスやトルコのリゾートで過ごした話。僕が聞いたこともない国に、両親に連れられて飛行機で行ったという同級生もいた。あいにく僕には、話せるようなことなど何もなかった。すくなくとも贅沢な旅行や、ホテルに泊まった話はできなかった。

ミーティングのあとでノルベルト・エルゲルトから課題が出された。チームの心がまえについて話しあい、全員で何を達成したいか、どんなふうにプレーするか、一枚の紙に書きだすのだ。「罰則」の一覧表を作るようにも言われた。「団体には必ずルールがある」と、エルゲルトは言った。「私に指示されるのではなく、自分たちで決めてほしい。大事にしたい行動規範を自分たちで定めるんだ」

完成した一覧表を見て、エルゲルトは腹をかかえて笑った。僕たちは十五〜二十の規範を考えだし、それぞれに罰金を科していた。すね当てを忘れたら罰金二十ユーロ。練習に遅刻したら、僕の記憶が間違っていなければ罰金百ユーロ。金額については、揉めることもなくすんなり決まっていた。けれどエルゲルトは言った。「本気でこんな罰金を取るつもりじゃないだろうな。きみたちが月に数百ユーロ受けとるのは、学生生活と練習のあいまに仕事をしたりしないで、サッカーに集中するためなんだぞ。金を貯めて運転免許を取る一度きりのチャンスだ。仲間が遅刻したからといって、本気で百ユーロ取りたてたいのか？　いくらなんでも高すぎる。たちまち財布がすっからかんになるぞ。罰金の額を半分にしたらどうだ。それでもじゅうぶん打撃だろう」

数日後、僕はエルゲルトとの一対一の面談に呼ばれた。合宿に参加していた選手たちは全員、どこかの時点でそんな機会を与えられていた。エルゲルトは人間としての僕をもっとよく知り、どんな夢や野心を抱いているか聞きたいと言った。あとになって言われたのだけれど、二〇〇五年夏の時点での僕の答えはこうだったらしい。「僕はシャルケでプロ生活のスタートを切ります。そのうちスペインのバルセロナかレアル・マドリードでプレーします」

大きな夢を描くのはいいことだ、とエルゲルトは言った。「気に入った。きみは今から、私の大きな期待を背負う覚悟をしておけ。レアル・マドリードやバルセロナでプレーしたいという選手は、注意深く見守ることにしている。きみには才能がある。だが、それだけでは戸口までしか行けない。実際に戸をくぐるには正しい方向性と意識が必要だ。頭を使って、しっかり練習するんだ」エルゲルトは付け足した。「今どきの選手がよくないのは、みんな成功したがるくせに、そのための努力を惜しむところだ」

オーディション番組〈ドイツはスーパースターを探している〉を観たことがあるか、とエルゲルトはたずねた。その時点ではまだ二シーズンしか放映されていない、歴史の浅い番組だった。「一度いいパフォーマンスができたら、挑戦者たちは天にも昇る心地になる。たった一度うまくいっただけで、いきなり自分は最高だと思いこむんだ。だがその成功に土台はない。輝かしいキャリアを築こうと思ったら、それだけは絶対に忘れるな。成功という大空の彼方《かなた》では、ありとあらゆることが待ち受けている。地に足をつけていてはじめて、安定した成功が手に入るんだ。だから私は選手のひとりひとりに、成功の階段はゆっくりのぼれと説いている。もちろん、才能があるなら一段飛ばしでのぼってもかまわない。それはじゅうぶん可能なことだし、邪魔をするつもりなどない。だが最上段まですっ飛ばすような真似はするな。早く軌道に乗れば乗るほど、墜落するのもあっという間だぞ」

僕はうなずいた。エルゲルトが伝えようとしたことはよくわかった。けれど成功したいなら自信を持てともしょっちゅう言われていた。ふたつのことはどう折りあいがつくのだろうか。エルゲルトにたずねると、こんな答えが返ってきた。「びくびくしている人間にチャンスは訪れない。だがどれほど自信があっても、現実的に自分を見つめなければだめだ。自分が雄牛のように強いと思うのは結構だが、それでも自分に酔うのではなく、能力を正確に見極めなければいけない。謙虚さと野心は矛盾しないんだ。成功の鍵はゆっくり先を急ぐことだ」

僕が今言われたことを噛みしめるあいだも、エルゲルトは話を続けた。「すぐに野心が満たされないからといって若い選手が諦めてしまうとしたら、それはバカげたことだ。でも自分が成長していないことに意識を向けず、『まあ、そのうち野心は実る』とだけ思っているとしたら、それもバカげたことだ」

その言葉は心に深く刻まれた。エルゲルトはまぎれもない僕の恩師だ。ほかの誰も気づかなかった何かを僕のなかに見出し、つねに僕にとってベストのことを望み、どんなときも支えてくれた。僕はエルゲルトからあらゆることを学んだ。昔の僕は試合に飢えていて、いつでも自分はもっとできると思っていた。ところがいざピッチに立つと、首のない鶏のようにむやみやたらと走りまわるばかりだった。エルゲルトに出会ってようやく、戦略というものが存在するのを知った。たいていの人間がバカバカしいと否定するだろうが、エルゲルトはジョゼ・モウリーニョによく似ている。歯に衣着せない物言いをするし、つねに上のレベルを求めるのだ。エルゲルトのおかげで僕はもっとも大事なことを学び、プロとして一歩を踏みだす準備ができた。たとえばシャルケのU-19に入って最初の数週間、エルゲルトには自陣に戻るのが遅いと文句を言われどおしだった。「ちゃんと戻るようにしないと、控えのベンチに座らせるぞ」

僕のキャリアを開拓しようとしていたのは、エルゲルトだけではなかった。特にプロへの一歩を踏みだしたころは、会ったこともない男たちが派手な計画書をひっさげてつぎつぎとやってきた。プロサッカーという複雑な世界において、誰を頼るべきか教えてやろうというわけだ。クラブを移るべきかアドバイスしてやるという男たちもいた。若いころはとりわけ、支援の手を差しのべ、耳に心地よい約束をする人間が大勢あらわれるものだ。でも上昇を急ぐと、何も達成できないうちに燃えつきてしまう。人生はハリウッド映画と違って、誰も永遠の成功など約束されていない。どのオファーを受けいれ、どれを断るか、若い選手はつねに細心の注意をはらって決めなければいけない。

二〇〇六年一月、僕はシャルケ04の一員としてジンデルフィンゲンを訪れ、一九九一年から毎年開催されている若手のための大会メルセデス・ベンツ・ジュニアカップに出場した。会場にはドゥンガ、ハイコ・ヘルリッヒ、ラルフ・ラングニック、ギド・ブッフヴァルトといった往年の名選手たちが顔をそろえていた。ヨアヒム・レーヴもその場にいて、ピッチを駆けまわる僕を見ていた。ジンデルフィンゲンには世界中のチームが集まっていて、ベトナムのチームまでいた。選手たちは雪を見たことがなかったようで、バスを降りて白い世界のただなかに出ていくのをずいぶんためらっていた。

大会が始まる前、各国のチームはみんな市庁舎を訪れた。オリンピックの入場行進のように、アフリカ人のミュージシャンたちがドラムを叩き、フラッシュが焚《た》かれるなか、僕たちは建物に入っていった。

僕の背番号は11番だった。細い肩からシャツが垂れさがっている姿は、ユニフォームを着ているというより袋をかぶっているように見えたかもしれない。

グループステージではイスタンブールのガラタサライ、ブラジルのポルト・アレグレ、ヴェルダー・ブレーメン、ボルシア・ドルトムントと戦い、一敗も喫することなく首位に立った。準々決勝では南アフリカU-19代表を、PK戦のスコア六対四で下した。準決勝ではふたたびPK戦でヴェルダー・ブレーメンに勝利した。決勝ではバーゼルを三対〇で破り、チャンピオンになった。チームメイトのラルフ・フェールマンが大会最優秀選手に選ばれた。五得点の僕は得点王で、試合後に人生初のインタビューを受けた。「優勝できてすごくいい気分です。五点取れてよかったです。うれしいです」たったこれだけでも、インタビューなのは間違いない。

僕は大会をとおしてマスコミに注目されただけでなく、よそのクラブの視線も集めた。たとえば一九九六年の欧州選手権の優勝メンバーで、元バイエルン・ミュンヘンのトマス・シュトルンツからは、僕の父に連絡があった。ヴォルフスブルクの監督に就任したばかりで、是非とも僕を獲得したいという。そこで父はヴォルフスブルクに行き、シュトルンツから話を聞いてきた。スタジアムの二階にある監督のオフィスで話しあったそうだ。窓からはスタジアムの駐車場、ミッテルラント運河、ベルリンに向かう線路が見えた。でもそこは夢や理想を感じさせる場所ではなかった。どうにもピンとこなかった、と帰ってきた父は言った。数年後、レアル・マドリードに行ったときとは大違いだ。スペインのメガクラブと契約を結んだ部屋の窓からは、サンチャゴ・ベルナベウが一望できた。

シュトルンツはバイエルン・ミュンヘンで五度優勝を飾った。それ以外にもドイツ杯とUEFA

カップ（現ヨーロッパリーグ）を制し、その勝者のメンタリティをヴォルフスブルクに植えつけようとしていた。「メストのような逸材を手に入れて、このクラブの新しいアイデンティティを作りたいんだ」と、シュトルンツは言った。「ヴォルフスブルクはトップリーグに昇格してまだ八年だが、もうブランドを確立し、品格と安定性を評価されている。UEFAカップに一度、UEFAインタートトカップに四度参戦し、降格の危機にさらされたことは一度もない」これは驚くべき成長だ、とシュトルンツは強調した。「レバークーゼンがこのレベルに達するのにどれだけかかっただろうか」

父は耳をかたむけていたが、心は動かなかった。そのあたりの事情はもうすっかり知っていたのだ。それでもシュトルンツの自信に満ちた話しぶりは気に入ったという。

「ヴォルフスブルクは今季、八節にわたってリーグ首位の座に就いた。シャルケとシュツットガルトに大勝もした。このチームの選手は腰を低くする必要などない」クラブには無限の可能性がある、とシュトルンツは言った。「メストが加入してくれたら、いろいろなことが実現するだろう。リーグ五位やそれ以下で満足していてはいけない。我々にはもっと大きな夢があり、それは実現可能だ。高い目標を設定してこそ、そこに到達できるんだ」

シュトルンツは僕がまだ手にしたことのなかったプロ契約をその場で提示した。父にヴォルフスブルクでの職も斡旋してくれるという。さらに家族全員でヴォルフスブルクに引っ越さないか、と提案した。もちろん、引っ越しの費用はクラブが負担するそうだ。

かなり条件のいい話で、僕たちは全員でオファーを吟味した。でもその時点では、僕はシャルケを離れたくなかった。僕にとってノルベルト・エルゲルトはそれだけ大事な存在だったのだ。ゲルゼンキルヘンは僕の故郷だ。ここで生まれ育ち、プロ選手としての一歩を踏みだしたいと思っていた。僕はシャルケを愛していた。ドイツのクラブで断トツのお気に入りだった。そんなわけで僕たちはオファーを辞退した。

それからの数ヶ月、父は第二、第三のトマス・シュトルンツと何度もおなじような会話をする羽目になった。シャルケのU‐19で試合に出るようになったこと、ジンデルフィンゲンで大会に参加したことで、僕のもとには将来のアドバイスをしようとする連中が殺到していた。父には代理人たちから引きも切らず連絡があり、僕がずば抜けた才能の持ち主で、自分の言うとおりにすれば大成功をおさめられるとみんな口をそろえて語った。

見知らぬ人間がアパートにやってきて居間に陣取るたびに、僕はなんともいえない気持ちになった。スーツ姿で、アパートの真ん前に巨大な車を停める連中もいた。いたずらされなきゃいいけどな、と僕はときどき思った。嫉妬心から車にひっかき傷をつける隣人がいてもおかしくない。この近くに住んでいる子どものあいだでは、傷をつけてこいとけしかけあうのもめずらしいことではなかった――僕は弱虫なのでできなかったけれど。警察につかまるのが怖くてしかたなかった。

「私が代理人になれば」と、訪問者のひとりは大げさな口調で言った。「三年のうちにメストはバイエルン・ミュンヘンでプレーしているだろう。そのほかのどんなクラブでもお望みしだいだ。私は息子さんをどこへでも連れていける」代理人たちの約束はどれも似たりよったりだった。それぞれが世界の一流クラブに最強のコネを持っていると主張した。居間に座っている、見ず知らずの他人たちは全員、文句のつけようがないほど弁舌巧みだった。この連中はほら吹きなのだろうか。「ハーメルンの笛吹き」のような人さらいなのだろうか。あるいは本当に影響力と実績があるのだろうか。

　その判断は難しかった。僕は巨大な車や、連中がわざとらしく袖をまくって見せつける大ぶりな腕時計をながめた。いろいろなクラブの名前が飛びかった――「マンチェスター・ユナイテッドに行こう」、「アーセナルに行こう」、「明日はバイエルン」、「明後日はレアル・マドリード」

　そんなわけで僕は父に判断をゆだねた。僕たちは是非ノルベルト・エルゲルトに代理人を務めてほしいと思っていたが、シャルケの仕事と兼任はできないという理由で断られていた。残念ながら別の人間を探すしかなかった。

　あるとき興奮した父が家族を集めた。新しい代理人候補に会ったところ、僕のキャリアを世話させてくれれば五万ユーロ払うと言われたらしい。倫理的に問題のあるオファーだったけれど、無視できない金額だった。僕たち一家は決して裕福ではなかった。五万ユーロ手に入れば、一瞬で人生が変わる。両親は六年分のアパートの家賃を払うか、新車を買うことができた。母が五万ユーロ稼ごうと思ったら数年のあいだ、一日十二時間働かなければいけなかった。

　けれど結局僕たちはそのオファーを断った。言ってみれば「息子を売る」というアイデアに、父が違和感をおぼえたのだ。その代理人にキャリアをゆだねていたら、どんなプロ生活を送っていただろうか。僕のためを思って動いてくれたのか、自分の懐がうるおう移籍だけ勧めてきたのか、僕に知る由はない。

　短いあいだロジャー・ヴィットマンが僕の代理人を務めた。でも本気で大事にしてもらっているという感覚は持てなかった。つづいて当時のドイツ代表主将ミヒャエル・バラック、おなじくドイツ代表のベルント・シュナイダーとオリヴァー・ノイヴィルの代理人をしていたミヒャエル・ベッカーに世話を頼んだ。ベッカーの信念は「平凡は悪だ」で、僕と父の方針に合っていた。けれど関係は長続きしなかった。ベッカーからミヒャエル・バラックのユニフォームを渡されて、僕はヴィットマンのときとおなじような気分を味わったのだ。なんのための行為なのかさっぱりわからない。バラックのユニフォームをどうしろと言うのだろう。そんなものはほしくなかった。僕はバラックのファンではないのだ。ミヒャエル・ベッカーには僕自身のニーズを聞き、アドバイスを与え、輝かしいキャリアを築く手助けをしてほしかった。そのためにはバラックのユニフォームではなく、僕自身を見ている代理人が必要だった。

僕はキャリアを通じて何度か代理人を替えてきたけれど、それは悪いことではないと思う。人間は成長する——ひとりの男としても、サッカー選手としても変化し、成熟するのだ。三、四度顔を合わせたくらいでは、目の前にいる代理人が適任だと思うこともあるだろう。けれど五回目に会ったあとでは、たとえ関係が良好でもこのままでは進展がないと気づくかもしれない。たった一度の選手生活を、間違った判断で台無しにするわけにはいかない。だから僕たちはミヒャエル・ベッカーとの契約を比較的早く打ち切った。

将来に関する交渉が進むなか、僕にできるのはベストのプレーをすることだけだった。シャルケユースでの一年目は終わりに近づいていた。二〇〇六年の夏の始まり、僕たちはドイツU‐19選手権の準決勝にのぞんでいた。相手は僕の将来の親友イェロメ・ボアテングを擁するヘルタ・ベルリンだ。僕たちは初戦に二対〇で完敗し、優勝の夢は砕け散りかかっていた。ここを切り抜けるには、ホームでの第二戦に三対〇で勝つしかない。けれどベルリンで叩きのめされたせいで、誰もそんなことができるとは思っていなかった。

ロッカールームで準備を終えたとき、ドアが勢いよく開いてノルベルト・エルゲルトが入ってきた。手に持っていた黄金のダンベルを部屋の真ん中に投げおとす。「よく聞け」エルゲルトに視線が集中する。「おまえたちに物語を聞かせてやろう。本当にあった話だ。かつて私はフィットネスインストラクターとしてＦＩＢＯ（ケルンで開催される世界最大規模のフィットネス展示会）を訪れた。そこで開催されていた非公式な全独フィットネス選手権に参加したんだ。ベンチプレス、ベンチジャンプ、腹筋、懸垂、三分のサイクリングのフィットネス五種競技だった。参加者は五十人で、上位の十人が決勝に駒を進める仕組みだった。私は十一位で、脱落寸前だったよ。懸垂用のバーにぶらさがりながら考えていたんだ。『これ以上は一回もできない』腕《うわて》の筋肉は焼けつくようで、脳は命令していた。『諦めろ。勝ち目はないぞ。ほかの連中のほうが上手だ』でも私は聞かなかった。内なる声と闘ったんだ。自分にひたすら言い聞かせた。『俺は諦めないぞ。諦めてたまるか！　こん畜生！』」エルゲルトはあと一回、懸垂をやってのけたという。そして二回、三回。「自分の内なるバカ野郎の尻を蹴りあげてやったんだ」僕たちは固唾《かたず》をのんで聞いていた。「私が何位になったかわかるか」選手のひとりを肘でつついてエルゲルトがたずねる。

「二位ですか」と、その選手はおずおずと言った。

「まさか！　私は優勝したんだ。ライバルを残らず叩きのめしてやった」

ふいにドアをノックする音がした。主審が入ってきて、ピッチに出るよう催促する。「試合が始まるぞ」

でもエルゲルトは相手にしなかった。「まだだ」と叫び、主審の鼻先でドアをぴしゃりと閉める。「主審も敵に回してしまったぞ」と、エルゲルトは楽しそうに言ってから、僕たちのほうに向きなおった。「なぜこんな話をしたかわかるか。信念さえあればなんだってできると伝えるためだ。私は脱落寸前のところから優勝してみせた。おまえたちにもできる。ベルリンで二対〇で敗れたからといって、自分たちの力を疑う必要などない。敗戦をバネにするんだ」エルゲルトは例の黄金のダンベルを拾いあげた。「これが今日の私たちのシンボルだ。やるぞ！　決勝に進出するんだ！さあ行け、おまえたち！」

こんな話を聞いたあとでは、負けるわけなどない。僕は全身に力がみなぎっていた。チーターのように身軽だった。ジネディーヌ・ジダンのように完全無欠だった。エルゲルトが情熱に火をつけてくれたおかげで、僕たちはヘルタを三対〇で下し、バイエルン・ミュンヘンの待ち受ける決勝に進出することができた。バイエルンはフライブルクを準決勝で破って決勝に上がってきていた。ゴールキーパーはトマス・クラフト、ディフェンスにマッツ・フンメルス、前線にはサンドロ・ヴァーグナーがいた。僕たちのチームにはラルフ・フェールマン、ベネディクト・ヘヴェデス、セバスティアン・ボエニシュがいた。

バイエルン・ミュンヘンが自信たっぷりにウォーミングアップをするのを見たエルゲルトは、僕たちを呼び集めた。「円形でのスライディングタックルをやるぞ」そこで僕たちは直径十五メートルの円を作り、たがいにタックルを仕掛けた。円の中央にひとりが立ち、選手たちに向かってダッシュして、スライディングタックルをする。選手たちはぎりぎりまで待ってから、ジャンプして攻撃をかわす。僕たちは体を動かしながら大声を出して、まわりの注意を引きつけた。僕たちがたがいのすねを砕こうとしているのを見た連中は――もちろん、実際そんなことはしていなかったのだけれど――どこかおかしくなったと思ったことだろう。エルゲルトのアイデアは効果抜群だった。

僕たちの闘志が高まったのはもちろん、バイエルンは本気でおじけづいたのだ。

　前半三十四分までに、僕たちはピサノとボエニシュの得点で二対〇とリードしていた。バイエルンは一点を返すのがやっとだった。シャルケはドイツU−19選手権の王者だった。

　僕の初タイトルだ。そのあとは初の本格的なパーティだった。まずスタジアムのそばの〈コートヤード・ホテル〉で祝い、それからクラブに移動するという。ディスコに行くのも生まれてはじめてだ。父は午前一時までなら遊んでもいいと言ってくれていた。僕が門限についてチームメイトに自慢すると、全員吹きだした。「一時からやっと始まるんだぜ。それまではただのお遊びだ」

　夜遊びのルールを知らなかった僕は、自分のバカさ加減にあきれた。もっと遅くまで外出させてほしいと頼みこんだけれど、父は譲らなかった。「午前一時が限度だ。それ以上遅くなったら、やっかいなことになるぞ」僕はうなずいてディスコに向かった。もちろん、午前一時になっても帰るつもりなどいっさいなかった。僕たちは陽気に騒ぎ、踊り、酒を飲んだ。時間のことなどすっかり忘れていた。腕時計を見ると二時で、朝になったらひと騒動持ちあがるのがわかった。まあいいだろう。こうなったら六時に帰ってもおなじだ。オヤジにしたら僕が一時間遅くなろうと、四時間遅くなろうと変わらないはずだ。

　僕はパーティ好きの人間ではない。友人たちもプロのサッカー選手になるのが夢だった連中ばかりで、たがいに遊びに誘うこともなかった。全員、サッカー中毒だったのだ。一日のほとんどをピッチの上で過ごし、それ以外の時間はウェイトリフティングやランニングに費した。僕はエルゲルトに言われたとおり、キャリアを左右する基礎の強化に励み、女の子やパーティなど目もくれなかった。父もそれをよく知っていて、おかげで翌朝の説教もそれほどきついものではなかった。

# 第4章

# ドイツとトルコの板挟み——十代の僕が下した大きな決断

僕はドイツで生まれたにもかかわらず、ずっとトルコのパスポートしか持っていなかった。当時のドイツには二重国籍というものが存在しなかったのだ。もちろん、子どものころはそのことを気にしたりしなかった。自分のパスポートをじっくり見つめ、両親の国籍について話を聞こうとする子どもなどたぶんいないと思う。それはそうだろう。普通の子どもが移民政策に興味を持ったりするだろうか。暇な時間に国籍法について勉強したりするだろうか。すくなくとも僕はしなかった。けれど大人に近づき、どうやらサッカー選手として成功しそうだとわかると、その問題から逃げるわけにはいかなくなった。僕は何者なのか。あるいは何者になるのを望んでいるのか。まずは書類の上ではっきりさせなければいけなかった。もしチャンスが訪れたら、ドイツとトルコ、どちらの国の代表としてプレーしたいのか。

数分間であっさり決められるような問題ではない。なにしろ友人と動物園か映画館のどちらに行くか、プレイステーションのサッカーゲームでレアル・マドリードとバルセロナのどちらを選ぶのか、ピザ店でマルゲリータとハワイアンのどちらを注文するか、というようなささいな話ではないのだ。それは僕のキャリアを左右する判断だった——ほかの誰でもない、僕自身のキャリアを。

何はともあれ、まず家族とじっくり話しあい、それぞれの意見に耳をかたむけた。十六歳だろうと十八歳だろうと、若者が自分ひとりで決着をつけられる問題ではない。みんなが正直な意見を聞かせてくれたのはとてもうれしかった。たとえ家族の一員でも、客観的なアドバイスをくれるとはかぎらない。国の反対側でもっといい仕事が見つかりそうなのだけれど行くべきか、と息子に訊かれたら、たいていの母親はなんとかして反対しようとするだろう。息子が遠くに行ってしまい、めったに会えなくなるのが嫌だからだ。それは自然なことだろう。だからこそ、家族のみんなが本音を伝えてくれたのには感謝している。

母のギュリザルは、僕がトルコ代表としてプレーすることを望んだ。「忘れないでちょうだい。トルコはあなたのルーツなのよ。お祖父ちゃんとお祖母ちゃんはトルコから来たでしょう。そこがわたしたちの原点なの。母さんがあなたならトルコ代表を選びます」おじのエルドアンもおなじ立場で、ゾングルダクを訪れるといつも胸がいっぱいになると言った。行くとすぐ地元の雰囲気になじむそうだ。僕は昔からおじの意見を尊重していたので、真剣に話を聞いた。でも共感することはできなかった。なんといっても僕は十七歳になるまで、ゾングルダクに二度しか行ったことがなかったのだ。雰囲気は好きでも、自分の家だという感じはどうしてもしなかった。海辺に立って深呼吸をしたところで、ふるさとに帰ってきたとは思えなかった。

父もおじには反対だった。「メストはドイツで生まれてドイツの学校に通い、ドイツのクラブでサッカーを練習したんだ。代表はドイツを選ぶのが筋だろう」兄のムトゥルの意見には、つい笑ってしまった。居心地悪そうにソファに座って、年上の人間たちが話すのを聞いていた兄は、ようやく自分の番がくると大声で言ったのだ。「メストはドイツ代表になるんだ。トルコ代表の過去最高の成績を知っているだろ。二〇〇二年日韓W杯の三位だぞ。ドイツは一九五四年、一九七四年、一九九〇年の三度、世界王者になっている」僕は兄の言葉に耳をかたむけ、よくよく考えてみた。家族会議の晩には妹のネシェも僕のところにやってきた。午後いっぱい、みんなが何かを話しあっているのに気づいていたようだけれど、たぶん本当には理解していなかったのだろう。「あたしはトルコ代表のユニフォームのほうが好き」と、ネシェは満面の笑みを浮かべて言った。

そんなわけで、家族全員の意見を総合すると二対二だった（ネシェはのぞく）。僕自身はどうなのだろう。本当ははじめから父とおなじ意見だったのだけれど、いきなりそう言うことはできなかった。何週間もかけて僕は自問自答した。あわてて間違った判断をくだすのはごめんだ。夜、ベッドに横になり、ドイツ代表のユニフォームを着てスタジアムに入場する自分の姿を思いえがくこともあった。楽しい想像で、いつも頬がゆるんだ。幸せな気分だった。とはいえトルコ代表としてプレーすることを考えると気持ちが沈んだというわけではない。

取り返しのつかない選択をするというプレッシャーに気が遠くなることもあった。誰のことも怒らせたくないし、がっかりさせたくもない。「明日決めよう」と、決断を先送りするたびに僕は自分に言った。自分自身に対する時間稼ぎだった。でもやがて、それはほかでもない僕自身にとってよくないと気づいた。とっくに決着をつけていなければいけない問題から逃げまわっていたのだ。ドイツ代表を選ぶことで利害が対立する相手の反応を恐れていたのかもしれない。僕は自分に言い聞かせた——これは僕の人生、僕のキャリア、僕の意思なのだ。

二〇〇六年春、とうとう家族に自分の決断を告げた。その年のうちに、パスポートを返納するため父とふたりでミュンスターのトルコ総領事館を訪れた。ドイツのパスポートを取得するのに必要な手順だった。

僕にとってトルコのパスポートは、ラミネート加工された台紙に名前と顔写真が印刷された単なる書類だった。母とおじを落胆させたのはとても申し訳なかったけれど、パスポートを返納することには何の感情もなかった。トップクラスのサッカー選手になるという夢に必要な一歩だとしか思っていなかった。

総領事館に入ると、そこはトルコの自治領土だった。そして職員に訪問の目的を告げた瞬間から、ものすごい憎悪の目で見られた。なぜトルコ人が自主的にパスポートを返納しようとするのか、相手にはわからなかった。わからなかっただけではなく、侮辱的な行動への怒りを隠そうともしなかった。「あっちで待て」と、その男は待合室を指さして大声で命じた。僕と父は言われたとおりにした。

待合室の人々はつぎつぎと事務室に呼ばれ、用事をすませていく。毎回おなじことの繰りかえしだった――名前が呼ばれ、誰かが立ちあがって事務室へ行き、しばらくすると出てきて家に帰る。いつになっても呼ばれないのは「エジル」だけだった。僕たちのずっとあとにやってきた連中が先に呼ばれていく。一時間以上経ち、たまりかねた父は足音も荒く事務室に入っていった。「俺たちの番はまだか。いつまで待たせる気なんだ」でも脅したところで効果はなかった。職員にとって、僕たちは非常識な要求をしている連中に過ぎなかったのだ。「順番が来たら呼ぶ」と、その男は言った。

こういった場所では時間の感覚がすっかり麻痺《まひ》するものだ。二時間ほど経ったころ、コートを着た職員が出てきて事務室の戸に鍵をかけた。

「すまんが、何が起きているんだ」と、父が怒りもあらわに言った。「俺たちの番はどうした」「明日もう一度来い。今日はあんたたちに付きあっている暇がないんだ」

ひどい話だけれど、どうしようもなかった。僕たちはパスポートを持ったまま、ゲルゼンキルヘンまでの八十キロをすごすごと引き返した。

それでも翌日、僕たちはふたたび総領事館を訪れた。待って、待って、ひたすら待った。ついに父が僕を引きつれて、事務室の戸を乱暴に開けて怒鳴った。「息子がパスポートを返納できるまで帰らないぞ」

それからは大荒れだった。ほかの連中とおなじ扱いをしろ、と父が要求する。「ほかの連中はトルコのパスポートを返納したりしない」と、例の男が怒鳴りかえす。

きっと僕たちの決断を自分への侮辱だと受けとったのだろう。本当は何の関係もないというのに。その男はさんざん嫌味を言いつのった。「自尊心のかけらもないんだな」、「トルコを愛していないんだろう」、「トルコ人コミュニティを去ろうとする人間はみんな裏切り者だ」バカバカしいにもほどがある。最後にようやくそいつは僕たちの要求を呑んだ。

話はここで終わらなかった。二〇〇六年九月、十七歳十ヶ月と二十一日で僕はドイツU-19代表としてはじめて国際試合にのぞんだ。十試合出場してからディーター・アイルツ率いるU-21代表に昇格した。FIFAの規則では、ユース世代の国際試合はA代表の資格に影響しないことになっている。つまり僕にとっては「ドイツかトルコか」問題はもう片がついていたけれど、ほかの大勢の人間にとってはそうではなかったのだ。

いつのまにか僕は全方面から小突きまわされていた。きみにとって何がよくて何がまずいのか知っている、という連中が押しかけてきた。僕のことをろくに知りもしないのに、人生を左右するアドバイスを与えるというのだ。

トルコサッカー協会欧州支部の強化部長で、当時はドルトムントに拠点を置き、のちにケルンに移動したメティン・テキンも、どこかのトライアルで僕に目を留めて父と連絡先を交換していたらしい。トルコ代表を選ばせようと、だしぬけにトルコA代表の合宿に僕を招待してきた。当時の代表監督ファティ・テリムからも電話がかかってきた。最低でも二〇〇九年二月のコートジボワール戦で出場機会を与えるという。ともにトルコ代表を選択したハミトとハリルのアルトゥントップ兄弟も、協会の依頼を受けて説得にあたってきた。

気がつくとあっちでもこっちでも僕の名前が口にされ、僕がくだした決断が議論の種になっていた。僕自身に責任はないけれど、ドイツとトルコの公式ないさかいの種になっていたというわけだ。でも間違ったことは何もしていない。必要な決断をしただけだ。誰を侮辱したわけでも、足蹴《あしげ》にしたわけでもない。まわりの話をよく聞き、焦って何かを見落とさないよう注意し、誰も怒らせないように振る舞っていただけだ。それでもしばらくは「ドイツ」と「トルコ」のふたつのフリッパーのあいだを行き来するピンボールのような気分だった。

激動のこの時期、僕はブレーメンに所属していた。トルコの黒海沿岸でおこなわれた合宿には現地のジャーナリストが押しよせて、プレッシャーをかけてきた。トルコ代表の助監督のムフィト・エルカサップも、話をしようとわざわざイスタンブールからやってきた。僕は誰とも言葉をかわさなかった。言うべきことは一切ないし、何を言っても揚げ足を取られるだけなのはわかっていたからだ。騒がれるのはごめんだった。

これ以上マスコミの注目を集めるのは嫌だった。ところが以前フレンドリーな会話をかわしたドイツ代表監督ヨアヒム・レーヴが、僕をA代表のノルウェー戦に招集したあとでは、ドイツの政治家まで口を出しはじめた。ひとりは言った。「この国で育ったトルコ系の選手たちがドイツ代表のキャリアを選択することを、私は積極的に支持したい。メスト・エジルのような選手が前例をつくるのは非常に重要なのだ。数年もたてばトルコ系ドイツ人やほかの移民系の選手がドイツ代表を選択したところで、何の議論も起きなくなるはずだ」

でも僕には前例をつくるつもりなどなかった。ドイツとトルコのいさかいの種になるのも嫌だった。ドイツ代表を選択したせいで、とりわけマスコミがこんなふうに大騒ぎするとは思ってもみなかった。マスコミは一九九九年にドイツ代表で二度プレーしたムスタファ・ドガンに、エジルはどんな思いをしているのだろうかと訊いた。ドガンもトルコ系ドイツ人で、ドイツ代表を選択していた。「決断するまで眠れない夜を過ごしたはずだ」という答えだったけれど、それは間違っていた。ふだんから僕は寝つきが悪いほうではない。思い悩みながらベッドに入ったりしないのだ。眠れずに何時間も天井を見ながら悶々《もんもん》と過ごしたりしない。眠れなくなるのは試合のあとだけだ。チャンピオンズリーグの試合が終わって帰宅したあとは、興奮を冷ますのも一苦労だ。九十分間、限界まで体を使ったあと、さっさとベッドにもぐりこんで寝るなどという芸当はできない。終了の笛が鳴って何時間経っても、体はパワーモードのままだ。いつも朝の三時か四時まで疲れを感じることがなく、そのあとようやくひと眠りしようかと思うのだった。

けれど代表選択の決断のせいで眠れなくなることはなかったし、身を引きさかれるような思いもしなかった。せいぜい漠然と複雑な気持ちになったくらいだ。物心ついたあとでドイツに来ていたら話は違っていたのかもしれない。そうしたらおじの意見にもっと納得できたし、ゾングルダクを訪れるたびにおなじ感情を味わっていたのだろう。

トルコサッカー協会欧州支部代表のハカン・エセログルは、大衆紙〈ビルト〉のインタビューに答えて、いささか僕に振りまわされたと言った。「メストは好青年だが、彼をあやつっている人間がいる」それは的外れもいいところだった。

国際試合でA代表デビューを飾る直前は、一部のやっかいな連中がひどく侮辱的な書き込みをするので、何度か公式サイトを閉鎖しなければいけなかった。ハンドルネームの陰に隠れられるせいで、非難の言葉はトルコ総領事館の職員に投げつけられたものよりはるかに強烈だった。

みんな都合よく忘れてしまったようだけれど、僕はドイツ代表を選んだからといってトルコを拒絶したわけではない。片方を選んだせいでトルコへの愛情をなくしたりするものか。トルコやその国の人々と距離を置こうとしていたわけではない。

二〇〇九年二月十一日、その日がやってきた。二十歳三ヶ月二十七日でのドイツA代表デビューだ。僕はティム・ヴィーゼ、トマス・ヒツルスペルガー、ジモン・ロルフェスたちと並んでベンチスタートだった。年が明けてから最初の親善試合で、六週間後にはW杯予選が再開しようとしていた。

ハーフタイムに監督は何枚か交代のカードを切り、ペア・メルテザッカー、アンドレアス・ヒンケル、ミロスラフ・クローゼを下げてセルダル・タスキ、アンドレアス・ベック、パトリック・ヘルメスを送りだした。どうにも落ちつきを欠く試合で、ドイツ代表は混乱し、プレスをかけられずにいた。やがてクリスティアン・グリンハイムにコーナーキックから得点され、ノルウェーに先手を許してしまった。

デュッセルドルフのスタジアムの雰囲気は冷えきっていた。ヨアヒム・レーヴは追加で交代を指示し、マリオ・ゴメスに代えてシュテファン・キースリンク、トルステン・フリンクスに代えてマルコ・マリンを送りだした。そして七十八分、ピョートル・トロホウスキが交代し、僕はピッチ上で十二分間を与えられた。

ピッチに駆けだしていくと一瞬だけ観客の口笛がやみ、控えめながらしっかりと拍手まで起きた。けれどあいにく、はじめてA代表のユニフォームを着てピッチに出ても、背すじがぞくぞくすることはなかった。そんな状況ではなかったのだ。サポーターは失望していたし、チームはリズムをつかめずにいたし、試合の結果は間違っていた。もちろんヨアヒム・レーヴが信頼してくれたのはうれしかった。でも単純に、浮かれている場合ではなかったのだ。一九三六年のベルリンオリンピックで二対〇の黒星をくらってから、ドイツはずっとノルウェーに負けていなかった。前年十一月にイングランド代表に敗れていたという事情もあって、この敗戦のあとではマスコミの集中砲火を浴びた。ドイツ代表がホームで二連敗したのは一九五六年以来だった。

ミックスゾーンを通ってスタジアムを去ろうとしたとき、「今夜の結果ではドイツを選んだことを後悔したのではないか」と記者のひとりに訊かれた。まさか、そんなはずがない。あまりにくだらない質問で、答える気もしなかった。そもそも、あの十二分間の出場は僕のドイツ代表入りを決定づけるものではなかった。ノルウェーとの親善試合は、A代表選択についてのFIFAの規定に抵触しなかったのだ。二〇〇九年のアゼルバイジャン戦に六分間出場したことで、ドイツとトルコによる僕の取り合いは（もともとそんな話ではなかったはずにしても）ついに決着した。でも僕の決断をめぐる議論は終わらなかった。

最高潮に達したのは二〇一〇年十月、欧州選手権出場をめざしてベルリンでトルコとの予選にのぞんだときだ。僕の選択について、マスコミはあらためて盛りあがっていた。シュピーゲルTVはドキュメンタリーを放映し、この試合を「移民の融和という議論が影を落とすサッカーの祭典。三日月（トルコの国旗の図柄）対黒・赤・金（ドイツの国旗のカラー）」と表現した。ドイツとトルコ、両方の国の人々のインタビューが流れた。シュピーゲルTVはもちろん、僕の決断をひどく根に持っている人間も見つけてきた。「あいつはトルコ人だ。ドイツ人じゃない。ドイツを誇りに思うわけがないだろう」別の連中は「エジルはまっとうなトルコ人じゃない」とけなした。理解できない態度だった。

いつのまにか、話は試合と勝ち点三にとどまらなくなっていた。試合後には僕のシューズの色まで話題になった。ある新聞は、赤の地色に白があしらわれたシューズを選んだのは僕の意思のあらわれで、代表入りを拒絶しても心は近いところにあるとトルコのサポーターに示すためではないか、と論評した。そんなつもりはいっさいなかった。はっきり言って、シューズなんてどうでもよかったのだ。メッセージを送ろうとはこれっぽっちも思わなかった。僕はそんな芝居がかったことはしない。

それにしてもマスコミは、この話題にしつこく時間を割いていた。南ドイツ新聞のクリストフ・クニーア記者は、あらゆる議論がずっしりとのしかかるだろう僕の華奢な肩について心配していた。「これだけ注目を集めた話だ。遅かれ早かれ誰かが、なぜドイツ代表を選択したのかとフィリップ・ラームに訊くだろう」

もちろん誰もフィリップ・ラームにたずねたりしなかった。けれどラームはあの白熱の一戦で決定的な役割を果たした。七十九分、僕にパスを出したのだ。気がつくと僕は、ほとんどフリーの状態で敵のゴールキーパーと向きあっていた。左足で相手の股間を抜く。ドイツが二点のリードだ。でも喜びをあらわにはしなかった。ナーザン・エジケスの文章をもう一度借りるなら、僕の心臓には「ドイツとトルコのふたつの血が流れている」からだ。

終了後はまっすぐシャワールームに向かい、そのあと軽い治療を受けた。試合中から太ももに軽い違和感をおぼえていたので、理学療法士《フィジオ》をつかまえて筋肉のマッサージを頼んだのだ。ベルリンのオリンピック・スタジアムでは、マッサージ台は専用の治療室に置かれているので、ロッカールームの様子にはまったく気づかなかった。さすがに疲労を感じながら、サンダル履きに上半身裸という姿でロッカールームに戻ってようやく気づいた。

アンゲラ・メルケル首相がロッカールームの真ん中に立っている。まわりにいるのは政府報道官のシュテフェン・ザイバート、大統領のクリスティアン・ヴルフ、その娘のアンナレーナだ。僕は顔から火が出そうで、部屋から飛びだしたかった。オフシーズンで、Tシャツなしで気軽に女性に近づけるビーチにいるのなら話はべつだけれど、なんといってもそこに立っているのは国の最重要人物にして最高権力者なのだ。あわててあたりを見まわし、羽織れるものはないかと探す。メルケル首相と上半身裸で対面するわけにはいかない。けれど振りむいた首相は微笑んでいた。僕はようやくタオルを一枚見つけたところだったけれど、肩にかける間もなく握手を求められていた。

「勝利おめでとう、メスト。もちろん、得点もすばらしかったわ」首相に下の名前で呼ばれるとは思わなかった。「簡単な試合ではなかったでしょう。でもボールを持つたびに口笛を吹かれても、あなたは落ちついていたわね」

おだやかでフレンドリーな口調だった。首相が僕の目をじっと見つめる。「もっと難しい試合を経験していますから」と答えてから、僕はつけくわえた。「得点しても喜ばないようにしたのは、誰も不快にさせたくなかったからです」

「いい判断だったわ」

そのまましばらく会話を続けた。敵の選手たちの振る舞いにはとても感心した、と僕は言った。「試合のあとでトルコのキャプテンがやってきて、ユニフォームの交換を求められました。とてもうれしかったですね。僕がドイツ代表を選んだことについて、向こうが不満をかかえているようには見えませんでした」

首相官邸のカメラマンがいたおかげで、その場の光景はたちまち世界中に広まった。写真の公開についてはドイツサッカー協会の了承ずみだった。やがて友人たちから冗談のメールが送られてきた。「おまえ、首相とそういう仲なのか」

当然ながら、その写真はまたマスコミで大きく取りあげられた。〈ツァイト〉は僕のことを「移民の手本」と呼んだ。どこかで移民についての議論が起きるたびに、僕の名前が持ちだされた。バイエルン州のヨアヒム・ヘルマン内相は僕のことを念頭において「我々の社会に優れた技能で貢献する者は、この国であらゆる機会を得る」と語った。TV番組〈ハルト・アーバー・フェア〉では、僕が実際どこまでドイツ人なのかと議論された。アメリカ人作家のヘザー・デ・ライルは、エジルはドイツ人なのでうまくいった移民の例とはいえないと主張した。ありとあらゆる意見が飛びかっていた。ポジティブな視点もあった。ひとことしゃべるたびにドイツ語の文法を間違えるエジルが手本なものか、と冷笑する連中もいた。あいつはサッカー以外何もできないじゃないか、というわけだ。

僕はどんな議論にも加わらなかった。自分がまわりより優れていると思ったり、人を見下したりしたことは一度もない。よく考えたすえにドイツ代表を選び、チームに貢献していただけだ。僕は生まれ育った国で幸せだった。でもトルコにいても幸せだった。マドリードやロンドンでも楽しい時間を過ごした。マスコミはよく、無理やりひとつの答えを選ばせようとする。「さあ、教えろ。おまえは誰なんだ？　ドイツ人か、トルコ人か？　どっちの国にいたいんだ？　二者択一だぞ。片方に忠誠を誓うんだ。両方なんて許すものか。世の中には白か黒しかない。トルコかドイツか、ふたつにひとつだ」

僕はどちらの代表でプレーするか選ばなければいけない立場だった。理屈からしても、片方を手ばなすしかなかった。それ以外の選択肢はなかった。そのことで、あんなふうに小突きまわされるのは心外だった。ふたつの文化とつながるのは不可能でもなんでもない。もちろん、ふたつの文化を誇りに思ってもいいはずだ。ひとつの心臓にドイツとトルコ、二種類の血が流れることだってある。ドイツ人らしい思考と、トルコ人らしい感性。それが移民の融和というものだ。一流のサッカークラブに、たがいを尊重する空気が息づいているように。

プレッシャーに負けずドイツ代表を選んだことを僕は誇りに思っている。そして、トルコを一度も自分の人生から締めださずにこられたのも幸せなことだ。

第5章

# プロ一年目で準優勝する――失敗を恐れない

二〇〇六年、僕はシャルケとプロ初契約を結んだ。U‐19選手権で優勝したあとトップチームに昇格したのだ。第3章でも書いたように、その十二ヶ月はわずか数週間のように感じられた。そして狂騒曲は続き、監督のミルコ・スロムカが、いきなり僕をDFBポカールのバイエル・レバークーゼン戦に起用した。そんなことになるとは思ってもいなかったから、家族の誰にも連絡できなかった。兄のムトゥルは家族とトルコにいて、弟のシャルケ公式戦デビューはTVで観戦したという。試合に勝利してロッカールームに戻ると、携帯電話にはもう兄からメールが届いていた。「おい！　カルステン・ラメロウを股抜きしたじゃないか。よくやった！」

そのあとすぐ〇六～〇七シーズンのブンデスリーガが開幕した。初戦のアイントラハト・フランクフルト戦を前にミュンスターのチームホテルに向かっていたとき、突然リンコルンが話しかけてきた。「メスト、今夜は早く寝ろよ。さっさと目を閉じて眠るんだ」何を言われているのかさっぱりわからなかった。面食らって相手の顔を見ると、リンコルンは笑みを浮かべて父親のように僕の肩に手を置いた。「秘密を教えてやろう。でも俺から聞いたとは言うなよ。内緒の情報だからな。おまえは明日、試合に出るんだ。スタメンというわけにはいかないが、監督は必ずおまえを起用する」

僕は跳びはねたかった。大声で叫びたかった。拳を突きあげ、リンコルンや監督や、世界中の人間に抱きつきたかった。本物のブンデスリーガの試合に初出場するのだ。

はじめて出場したリーグ戦のことを忘れてしまう選手などいるはずがない。頂点をめざす最初の一歩なのだから。ユースチームでは数えきれないほどの才能豊かな仲間たちとプレーした。この中から何人も一流の選手になっていくのだと思った。でも将来のキャリアよりガールフレンドが大事になったり、パーティ通いがやめられなくなったり、自己管理や規律に嫌気がさしたりする選手たちもいた。

世界中の何百万人という子どもたちが、人生で一度はブンデスリーガでプレーすることを夢見ている。僕はその夢に手が届こうとしていた——ひとまずリンコルンの言葉を信じるなら。でも、どこで聞いてきたのだろう。僕をからかって、笑い者にしようというのではないか。

「本当ですか？　明日になるまで監督は先発メンバーを公表しないはずですよ。ねえ、どうして知っているんですか？　教えてくださいよ」

リンコルンは思わせぶりに笑っただけだった。「誰にも言うなよ。ちゃんと準備を整えておけ」

早めにベッドに入ってぐっすり眠るかわりに、僕は一晩じゅう寝返りを打っていた。うつぶせになったり、あおむけになったり、顔にまくらを乗せてみたりしたけれど、どれもうまくいかない。僕がじたばたしているせいで、ルームメイトのハリル・アルトゥントップも眠れずにいた。

「どうした、心配事でもあるのか。明日のことか?」

アルトゥントップも知っているようだ。そこで僕は打ち明けた。

「失敗したらどうしよう。監督の期待どおりにプレーできなかったら……」

本来の僕は、弱気の虫にとりつかれるような人間ではない。いつも揺るぎない自信に支えられてきた。でもあの夜だけは違った。

アルトゥントップが自分のブンデスリーガデビューの話をしてくれたおかげで、ずいぶん気が楽になった。三年前、カイザースラウテルンの一員としてケルン戦に出場すると知ったとき、おなじような考えが頭のなかを駆けめぐったという。「俺も似たようなことを考えたよ。でも、失敗したっていいんだぞ。俺たちがついている。おまえがボールを失ったら奪い返しに行ってやるよ。普段どおりにプレーしろ。自分を信じるんだ。とにかく、失敗を恐れて横パスばかりするのはよせ。おまえはそういう選手じゃない。いつもやっているようにリスクを負うんだ。無難なパスでごまかすな。さあ、もう寝ろ。エネルギーが必要になるぞ」

その言葉のおかげでだいぶ落ちついたけれど、やっぱり深く眠ることはできなかった――ただの一秒も。ナイトテーブルに置かれたラジオ兼目覚まし時計を見ると、朝の三時だった。二十分ほど経ったと思っても、時計に目をやると五分しか過ぎていなかった。三十回ほど見てもまだ四時だ。夜はいつまでも明けなかった。

ミルコ・スロムカが朝食のあと配ったスタメン表に、僕の名前はなかった。リンコルンに言われたとおりだ。けれど監督は、途中で僕を起用するとはひとことも言わなかった。そこで僕はマヌエル・ノイアー、ラフィーニャ、セバスティアン・ボエニシュと並んでベンチに座った。はたして今日、僕の夢はかなうのだろうか。

試合が始まった。アルトゥントップがケヴィン・クラニーのアシストから先制点を決める。一時間ほど経っただろうか……いや、まだ三十分だ。なんて時間の過ぎるのが遅いのだろう。チームはうまくプレーしていた。戦術が機能して、パスは正確に味方の足もとに落ちた。得点表だけが、プレーの内容を反映していなかった。どうやら僕たちの日ではないようだ。チームが今シーズンの目標にふさわしい戦いを見せていたのとは裏腹だった。「必要なのはタイトルだ。我々は非常に強くなっている。優勝を狙わないわけにはいかない」と、ミルコ・スロムカもはっきりと口にしていた。

ハーフタイムに監督が指示を出すあいだ、僕は自分の名前が呼ばれるのをまだ期待していた。でも、そうはならなかった。

後半はそれまで同様、シャルケが主導権を握る形で始まった——五十一分までは。ケヴィン・クラニーがファウルを受けて、ＰＫを獲得する。キッカーはレバン・コビアシビリのはずだったけれど、決める自信があったらしいリンコルンがボールを奪いとった。ところがリンコルンのキックは相手ゴールキーパー、マルクス・プレールの腕のなかにおさまった。とたんに試合の流れが変わり、シャルケの優位は失われていた。

ようやく僕がウォームアップを始めたとき、目の前でヨアニス・アマナティディスにフランクフルトの二度目の決定機をとらえられ、ヘディングを決められた。同点だ。サポーターの非難の口笛が響きわたる。そして五時少し過ぎ、僕は監督に呼ばれ、出場の準備をするよう言われた。ブンデスリーガでプロデビューを飾るまであとちょっとだ。

サポーターの口笛が鳴りやまないなか、ミルコ・スロムカは僕を落ちつかせるように肩を抱いた。大げさな言葉は何もなく、戦術上のヒントだけいくつか与えられた。ハミト・アルトゥントップと交代させるという。監督は最後にこれだけ言った。「楽しんでこい」

この試合までの数週間、監督に対してはマスコミから僕に関する質問がたびたび投げかけられていた。スポーツディレクターのアンドレアス・ミュラーも同様だ。「メストは非常に才能のある選手だ」と、ミュラーは以前も言っていた。「賢く、変幻自在な選手で、いつも直観的に正しいプレーが選択できる。驚くべきサッカーIQの持ち主だ」それを聞いていると少し気恥ずかしかった。もちろん、いい気分ではあったけれど。

ゲラルド・アサモアがケヴィン・クラニーにパスを出し、ペーター・レーヴェンクランズからリンコルンに渡る。僕はボールが行き来するのを見つめた。時計の針は七十九分を指している。パス一本ごとに僕の出場時間は減っていく。右へ、左へ、前へ、後ろへ。「頼むよ」と、心のなかの声が叫んだ。「さっさとボールを外へ出してくれ」

ブンデスリーガでの第一歩が待ち遠しくて、僕はすっかり焦れていた。自分をコントロールできない。いいから早くピッチで走らせてほしい。かなりひどい状況に身を投じることになるのはわかっていた――迷いをかかえ、せっかくの優位を棒に振ったチームに加わるのだ。理不尽にも流れを失い、誰も責任を負いたくないと思ってプレーしている試合に入るのだ。

それでも僕は小さな子どものように興奮していた。ブンデスリーガでプレーするのはどんな気分なのか、仲間たちとは何度も話しあっていた。それまで出場した最大の試合はレバークーゼン相手のＤＦＢポカールだ。六月、ゲルゼンキルヘン＝ハッセルのリュッティングホフ・スタジアムで

U‐19選手権を制したときの観客数は六千五百二十八人だった。その十倍近い観客が見守るなか、僕は本物のブンデスリーガの試合に出ようとしている。あらゆる練習はこのときのためだった。シュートもドリブルも、すべてこの瞬間に向けた準備だった。

タッチライン際に立って交代の指示を待ちながら、スタジアムに目を走らせる。味方のゴールを守るのはフランク・ロストだった。

ロストにはさんざんな思いをさせられてきた。一九九九年、ヴェルダー・ブレーメンの一員としてDFBポカールを制した選手だ。PK戦にもつれこんだバイエルン・ミュンヘンとの決勝戦ではローター・マテウスのシュートを止め、自分で一本決めてスコアを六対五にした。UEFAカップにも出場してアーセナルのような強豪と対戦し、ドイツ代表のゴールを守ったこともある。

僕は痛い目を見ないようにいつも極力ロストを避けていた。ロストの若い選手への敵意はあからさまだった――このろくでなしども、というわけだ。うっかり近づくと歯を剝きだされ、恐ろしいうなり声まで聞こえるようだった。

ある日トレーニングを終えてマッサージを受けていると、そのころ三十三歳だったロストがやってきて、出ていけという手つきをした。当時はマッサージ台もフィジオもすくなかったのだ。

「おまえ、何歳だ」と、ロストがぶっきらぼうに訊く。

「十七歳です」

「今週末、試合に出るのか」

「いいえ」

「だったら場所をゆずれ」

二〇〇五年はそんな空気だった。上下関係は今より厳しく、年長の選手たちが仕切っていた。若い選手たちはおとなしく一歩ずつ出世していくしかなかった。あのころはそれが当たり前で、僕はそれが歪んでいたとも、悪いことだったとも思わない。

今思えば、若い選手にとってはいい環境だった。フランク・ロストのような選手に口答えしていいはずがない。年長の選手に気に入ってもらい、クラブ内での序列を上げていくのはモチベーションになった。

少し時間が飛ぶけれど、僕がヴェルダー・ブレーメンに加入したときも空気は似たようなものだった。トマス・シャーフと助監督のヴォルフガング・ロルフは、よく選手たちの「鳥かご」練習に加わった。ロルフがUEFAカップを制したのは十八年前だったので、さすがにボールテクニックは衰えていたし、反射神経も若いときほどではなかった。それでもロルフは、自分のパスがカットされても絶対真ん中に立とうとしなかった。トマス・シャーフもボールを追う役割をずいぶん渋った。ときどき気まぐれで若い選手に（中でもセバスティアン・ボエニシュに）コントロール不可能な鋭いパスを送って、ボールが僕たちの足や腿にコンクリートの壁のように当たって跳ねかえると、笑いながら命じるのだった。「真ん中に立て。おまえのミスだぞ」

僕が若いころ、新米の選手たちはいろいろと我慢させられた。ボールを準備し、ユニフォームを運び、三角コーンを並べ、フランク・ロスト大先生に何か言われても決して口答えしてはならない。今ではプロ一年目の若い選手が甘やかされたガキのように、あるいは三百試合もトップリーグに出場したベテランのように、ふんぞりかえって歩いている姿を見るのもめずらしくない。もう何度もチャンピオンの座に輝いたり、ピッチで酸いも甘いも噛み分けたりしたかのように、生意気な口をきくのだ……。

ボールはまだ外に出ていなかった。グスタボ・バレラがパトリック・オクスにスライディングタックルを仕掛ける。そして、そのときがやってきた。八十分、僕はハミト・アルトゥントップに代わって出場した。ブンデスリーガに最初の一歩を刻んだのだ。

世界中のピッチで五百七十時間超を過ごした今では（そのうち七十時間はチャンピオンズリーグだ）、コーナーキックやスローインのときをのぞいて試合中に観客の様子が気になることはほとんどない。試合開始の笛が鳴ると同時に、リモコンのミュートボタンが押されるようなものだ。ピッチに立った瞬間、周囲の物音はシャットアウトされる。観客の声も、歓声も、敵のサポーターの野次も聞こえない。耳に入るのはチームメイトの声だけだ。背後から敵が近づいてくると、十人の味方が警告を発するのがわかる。パスをよこせ、という声が聞こえる。ボールを持ちすぎだ、という非難の声が聞こえる。それ以外はいっさい耳に入らない。

はじめての試合では、さすがにそうはいかなかった。パフォーマンスの悪さに納得がいかない味方のサポーターの口笛が聞こえる。スタンドを見ると、ひとりひとりの顔まで目に入った。

安全なパスでお茶を濁すな、勇気を持ってプレーしろ、というアルトゥントップのアドバイスを必死に思いだす。失敗を恐れてはだめだ。僕は走り、ボールを要求し、パスを受け、味方に渡した。走って、走って、パスを出す。笛の音だ！　なんだ、もう終わりか。早すぎる。ピッチに二十秒しか立っていなかったような感じだ。あり得ない。主審のヴォルフガング・シュタルクが時間を間違えたのではないか。いや、主審は正しかった。試合はたしかにこれで終わりだった。

あいにく試合を変えることはできなかった。スコアは一対一の同点のままだ。大きな目標のあるチームとしては物足りないし、自分のデビュー戦の出来としてももうひとつ納得がいかなかった。ようやくチームの一員になれたのはうれしかったけれど、優勝候補のシャルケはシーズン開幕戦で二ポイント落としてしまった。

アーヘンでおこなわれた第二節ではベンチスタートだった。そんなこともあるだろう。けれど頭の中ではずっと映像が流れていた。途中出場し、リーグ戦二試合目をプレーする自分の姿が見える。ほかのことは何も考えられなかった。全身の血がたぎり、僕はベンチでじりじりと身動きした。けれど四十五分が過ぎても、ミルコ・スロムカは交代のカードを切ろうとしなかった。五十分が過ぎてもだ。時間はあいかわらずゆっくりと進む。出場の気配もないまま六十分が過ぎた。

若いブンデスリーガの選手は、つねに不安定な状態に置かれている。ある面において、サッカー選手は驚くほど気が短い——すくなくとも僕自身はそうだ。それは悪いことではない。ゆったり構えて、現状に満足しているような印象を与える選手は、たいして出世できないだろう。僕たちがいるのはタフで、おそろしく競争の激しい世界だ。テクニックと戦術眼が優れているだけでは足りない。肝っ玉も必要なのだ。ときには監督に要求を突きつけなければいけない。自分の意思を見せつけ、自分に不利な命令は絶対に受けいれない、という姿勢を示すのだ。

そのいっぽうで、とりわけデビューしたばかりのころは、先を急ぐあまり自分を見失ってはいけない。いい監督は若い選手をブンデスリーガになじませる方法を心得ている。いつ、どれだけ出場時間を与えればいいか、よくわかっているのだ。燃え尽き症候群におちいったり、マスコミの渦に巻きこまれて失敗したりしないよう、若い選手を守るすべも知っている。

中には新顔の選手にとんでもなく低い評価をつけてやろうと待ちかまえている記者もいる。デビュー戦の緊張のせいでいくつかミスをしただけなのに、「トップリーグの素材ではない」と決めつけるのだ。もちろん、その評価のことは若い選手の耳に入るだろう。両親やきょうだい、祖父母、学校の友人が記事を読んでいるのだから。そして経験が浅いから、うまく受けながすことができない。せっかくデビューを飾った喜びも台無しだ。不安にさいなまれ、次の試合ではひとつもミスをするまいと肩に力が入る。あれこれ考えすぎて、あらたなミスを犯してしまう。

旅行会社だろうと屋根の修理会社だろうと、どんな職場でも新人がミスをするのは当然のはずだ。ホテルで研修中の新人がコンピュータの扱いに困ったら、いらだつ客を受付で待たせて助けを呼ぶだろう。若い研修医は一発でうまく採血できず、めったやたらと注射針を突き刺すかもしれない。格好悪いのは確かだ。でも結局のところ、それが当たり前なのだ。ところがサッカーだけは、最初から完璧なプレーを求められる。ジャーナリストの場合、文章が気に入らなければ削除して書き直すこともできるけれど、一度パスをしたら取り消すわけにはいかない。最悪の場合は敵の足もとに落ち、そのまま失点につながる。するとたちまち「惨劇」、「最悪」、「悪夢」、「赤っ恥」といった単語が躍るのだ。厳しい評価を書き散らしているジャーナリストは、その言葉の影響などろくに考えてもいないのだろう。

ミルコ・スロムカはアーヘンでの試合で僕を使わなかった。ヴェルダー・ブレーメン戦でも起用しなかった。十分間のブンデスリーガ出場のあとは二百六十分の控えだ。やっと途中出場できたのはヘルタ・ベルリン戦で、もう二対〇で負けている状況だった。二点ともクリスティアン・ヒメネスにやられた。レーヴェンクランズがプレーを続けられなくなり、僕が出場したのだけれど、スコアに変化はなかった。

またしても思いどおりにいかない試合の結果、僕たちはリーグ六位に沈んだ。スロムカは苦い顔をしていて、サポーターも僕も不満だった。

次戦の相手はヴォルフスブルクだった。スタジアムの雰囲気は悪く、前半サポーターからは容赦ないブーイングが浴びせられた。得点は生まれなかった。このままではまずい。エンドが交代した後半、スロムカに途中出場を命じられた僕は、今日こそ仲間と勝利を祝うと自分に誓った。六万人の観客の前でいい試合をする高揚感を味わいたかった。

僕はいつものように右足からピッチにあがった。ベッドから出るときも右足から床に立つし、左利きだけれど食事は右手でする。すべて宗教的な理由だ。イスラム教において右手は清らかな手で、左手は不浄なものを片づけるのに使う。たとえば僕は、歯を磨くときは左手を使う。左足からピッチに出たら、うまくプレーできないだろう。

キックオフの直前には祈りをささげる。それも僕の習慣のひとつだ。開始の笛が鳴るまで唱える祈りの文句はいつもおなじで、トルコ語ではこんなふうに聞こえる。

アッラーム　ブギュンキュ　マチュムズ　イチン　ビズレレ　ギュチ　ヴェル　ヴェ　オゼルリクレ　ベニ　ヴェ　タクム　アルカダシュラルムズ　サカトゥルクラルダン　コル。

アッラーム　セン　ブ　ルズク　ヘム　ヴェレン　ヘム　デ　アランスン。ビズレリ　ドール　ヨルダン　シャヤシュルトゥマ。アミン

翻訳すると意味はこうだ。

アッラー、今日の試合のために力を授け、私と仲間たちを負傷から守ってください。アッラー、あなたは私たちの道（成功）を開くことも、閉じることもできます。私たちが正しい道を外れないようお導きください。アミン。

これは僕が試合前に捧げる三番目の祈りだ。ウォーミングアップの最中にはまずアラビア語で祈る。

ビスミッラーヒッラフマーニッラヒーム　アルハムドゥ　リッラーヒ　ラッビルアーラミーン　アッラフマーニッラヒーム　マーリキ　ヤウミッディーン　イッヤーカ　ナァブドゥ　ワ　イッヤーカ　ナスタイーン　イヒディナッスィラータルムスタキーム　スィラータッラズィーナ　アヌ　アムタ　アライヒム　グェイリルマグズービ　アライヒム　ワ　ラッズアーリーン

意味はこうだ。

慈悲深く、恵みあまねくアッラーの御名において、すべての賞賛は全世界の支配者アッラーに属す。慈悲深く恵みあまねき審判の日の主宰者。我らは主のみを崇拝し、主にのみ助けるを求める。我らを正しい道へ導いてください。主が恵みを与えた人々の道を。主の怒りを買い、道に迷った人々ではなく。

続いて、ピッチに出る直前のロッカールームではアラビア語でこんなふうに祈る。

ビスミッラーヒッラフマーニッラヒーム　クル　フワッラーフ　アハドゥ　アッラーフッサマドゥ
ラム　ヤリドゥ　ワ　ラム　ユーラドゥ　ワ　ラム　ヤクッラフ　クフワン　アハドゥ

意味はこうだ。

慈悲深く、恵みあまねくアッラーの御名において、言え、彼はアッラーであり唯一である。アッラーは独立し、皆アッラーに嘆願する。彼は産まず、生まれもしない。そして彼に等しい存在はない。

祈りの言葉は子どものころ両親から教わった。朝起きたときや食事のあとも唱える。それくらいイスラム教徒の毎日に深く根ざした祈りで、だからこそ試合前のルーティンにも取りいれることにしたのだ。子どものころでさえ、試合の前にピッチで祈った。今日までその習慣を守っているのは、祈りをささげると勇気と自信がみなぎってくるからだ。

スロムカは後半から僕を出場させた。ケヴィン・クラニーのゴールで先手を取った十一分後、フルタイムの直前にリンコルンが追加点を奪う。〈南ドイツ新聞〉はこんな論調だった。

前半が終わるころ、スタジアムにはこの世の終わりのような空気が漂っていた。スタンドの観客はみじめな表情を浮かべていた。しかし後半、監督は選手交代とフォーメーションの変更で、沈んだ観客の心に火をつけた。ペーター・レーヴェンクランズに代わって登場した十七歳のメスト・エジルは中盤を活気づけ、リンコルンがぐっと調子を上げるきっかけを作った。やがてコンビネーションが噛みあい、威風堂々としたシャルケが戻ってきた。サポーターはスタンドで歌い、踊り、あたりにはミュージカルのように温かな空気が満ちていた。

それこそ僕の求めていた体験だった。六万人の観客が歌っている。歓声をあげている。僕たちのプレーに興奮し、喜びを爆発させている。ピッチを歩きながら観客に拍手を送っていると、数センチ背が伸びたような気がした。背が高くなって、たくましくなったような気分だ。サポーターの歓声ときたら、地下のロッカールームに引きあげたあとも耳鳴りがしていたくらいだった。

続く二試合は途中出場したものの、それから四試合はベンチから観戦するだけだった。マインツに四対〇で勝った試合では十四分の出場で、エネルギー・コットブスとボーフム相手の試合ではたいした活躍ができなかった。ビーレフェルト戦に二十三分出場したあとはスタジアム全体でも最悪の場所、つまり控えのベンチで三百六十分過ごした。

もちろん、控えに回るのはサッカーというスポーツの約束ごとだ。どんな選手でも永久にピッチに立ちつづけることはできない。当然ながら監督はローテーションをし、戦術を変更し、不出来な試合を立て直そうとする。僕はそれを受けいれている。けれどベンチに座っておだやかな笑みを浮かべ、楽しいサッカー観戦の午後を過ごすことはできない——たとえベンチからの眺めが最高で、チケット代もかからないにしても。試合に出場したい。チームの力になりたい。ベンチに座っているあいだは、自分の体が半分になってしまったような気がする。シェフ見習いだってじゃがいもの皮をむくだけでなく、料理を作りたいと思うはずだ。それから数ヶ月、我慢を重ね、ようやくスタートから出場する機会に恵まれた。二〇〇七年三月十日、ミルコ・スロムカはとうとうハノーファー戦で僕に信頼を示した。

たぶんグスタボ・バレラ、ペーター・レーヴェンクランズ、クリスティアン・パンダー、ゲラルド・アサモアが負傷していたせいもあったのだろう。ロドリゲスとリンコルンも出場停止中だった。僕はケヴィン・クラニー、ハリル・アルトゥントップと並んでスリートップの一角を務めた。チームは自信に欠けていた。第二十節でヴェルダー・ブレーメンに勝ってリーグ首位に立っていたものの、それからのヴォルフスブルク、レバークーゼン、ハンブルクの三連戦では勝ち点一しか取れず、優勝につながる貴重な勝ち点を落としていた。

サポーターとの関係もしばらくぎくしゃくしていた。けれど相手はハノーファー戦を前に気持ちがやわらいだようで、高速道路を使ってニーダーザクセン州に向かうチームバスにいっしょに乗りこんでいた。

開始九十二秒。僕の蹴ったコーナーキックがハリル・アルトゥントップに渡り、先制点が生まれる。

リーグ戦初スタメンが、願ってもない展開だ。けれど初アシストの喜びは長続きしなかった。百八秒後にハノーファーに同点弾を決められてしまったのだ。ヤン・ローゼンタールがコーナーキックのときにマヌエル・ノイアーを妨害し、ミヒャエル・タルナトが足を伸ばして押しこんだ。

落ちつきを欠く試合展開のなか、両軍ともつまらないパスを連発した。中盤で小競り合いが繰りかえされ、細かいファウルのせいで何度も流れが止まった。得点はそれ以上生まれなかった。

これで四試合連続の勝ち星なしだ。試合後、ハノーファーの得点は認められるべきではなかった、と僕たちは抗議した。「ローゼンタールに手で押されたんだ。それがなければボールは離さなかった」と、ノイアーは主張した。スロムカも「明らかなファウルだった」と言った。けれどアンドレアス・ミュラーは「チャンピオンズリーグやプレミアリーグでは、あの程度で主審が笛を吹くはずがない」という意見だった。

結局のところ、得点が認められるべきかどうかは言ってもしかたのないことだった。主審のクヌート・キルヒャーの目には正当なゴールで、僕たちは勝ち点一しか取れなかったというだけだ。試合後の抗議は、僕たちが自軍の出来にいらだったせいで生まれたのだ。こうして僕は不機嫌なまま帰宅した。

シャルケは勝ち点五十でリーグ首位だった。二位のヴェルダー・ブレーメンは四十七で、その下がシュツットガルトだ。四位のバイエルン・ミュンヘンは四十四だった。

監督は優勝争いを左右する次節のシュツットガルト戦でも僕をスタメンに選んだ。その判断が正しかったことを何としても証明しようと、僕は最初から猛烈な勢いでプレーした。開始四分、左サイドを突破し、単独で敵のゴールキーパーのティモ・ヒルデブラントめがけて突き進む。あと十メートル。八メートル。六メートル。四メートル。打て！　けれどシュートはクロスバーをかすめていった。「スィクティル・ラン」と、僕は悪態をついた（トルコ語でいらだちを表現する一般的な言葉で、自分やまわりの人間や世の中すべてに腹を立てているときに使う）。決めなければいけない状況だった。こんなチャンスはめったに生まれない。まったく「スィクティル・ラン」だ。

試合中、僕はよくひとりごとを言う。ミスをして自分に腹を立てているときは特にそうで、自分を勢いづけるためにも言う。実は最初、そのことに気づいていなかった。友人たちがよく見ていて、スカイTVで観戦していると僕がいつも口を動かしているのがわかると教えてくれたのだ。特にフリーキックやコーナーキックの前はそうらしい。

シュツットガルト戦の七十六分もそうだった。パスが出たとき、僕は四歩で追いつける距離にいた。「よし、クロスだ」と、自分に向かって言う。「クラニーの頭に合わせろ」深呼吸して肺に一瞬空気をため、一気に吐きだし、駆けよってボックス内にクロスを放つ。どんぴしゃりとはいかず、クラニーに当たってゴールキーパーのもとに流れたけれど、相手はうまく押さえられなかった。ムラデン・クルスタイッチがすかさず拾ってゴールに押しこむ。一対〇だ。試合はそのまま終わった。

こうして三位のチームと勝ち点七の差がついた。けれどマインツに二対〇で勝利したヴェルダー・ブレーメンが、まだぴたりと背後につけていた。続く六試合はバイエルンとボーフムに負けたものの四勝で、やがてボルシア・ドルトムントとの大一番がやってきた。試合前は勝ち点一の差で首位という状況で、結局二対〇で負けてシュツットガルトに順位を逆転されてしまった。全員、散々な出来だった。誰もがいつもの半分の力も出せない始末だった。

僕のブンデスリーガ一年目、チームは順調に優勝への道を歩んでいた。十三節にわたって首位をキープしていて、一時は二位以下に勝ち点六の差をつけていた。それが今では、シュツットガルトがホームでの試合に勝利したら優勝をさらわれるという状況だ。相手が引き分けに終わっても、僕たちは四点差以上で勝たなければいけない。早い時間にリンコルンとアルトゥントップが得点してビーレフェルトを二対〇とリードしたことで、かすかな希望がよみがえった。シュツットガルトとエネルギー・コットブスの試合の状況が場内スクリーンに映ると、期待はいっそう高まった。コットブスのセルジュ・ラドゥが一点奪っている。うまくいけばチャンピオンになれるかもしれない。けれど希望は八分間しかもたなかった。まずトマス・ヒツルスペルガーが同点にし、サミ・ケディラが勝ち越し弾を決めたところで僕たちの希望は打ち砕かれた。

シュツットガルトが歓喜に沸いているころ、シャルケのスタジアム上空ではドルトムントのサポーターが手配した小型飛行機が旋回していた。たなびく垂れ幕には「万年無冠」と書かれていた。

第6章

# 中傷キャンペーン——成功のためのネットワーク作り

ブンデスリーガでのプロ一年目は十九試合に出場した。そのうち十二試合は途中出場で、九十分まるまるプレーしたのは三試合だ。ざっくり言うなら、全試合にフル出場した場合の二十八パーセントしかピッチに立っていなかった。

ノルベルト・エルゲルトに助言されたとおり、僕はゆっくり先を急ぐようこころがけていた。でも二年目はもっと出場したかった。だからクラブにもそう伝えた。二〇〇七年の夏の終わりごろから、クラブからは二〇〇九年に切れる契約を早めに更新したいと言われていた。一ヶ月の基本給が三万五千ユーロという内容だった。公式戦三十試合以上に出場したら月給六万ユーロに上がり、出場数に達していなかった時期のぶんも支払うという。基本給に加えて勝ち点一につき五千ユーロのボーナスも約束されていた。そしてA代表でデビューを飾れば十万ユーロの特別手当だ。

すべてうまくいけば百五十二万ユーロ入ってくる計算だった。とてつもない金額で、僕は誇らしかった。家族の誰もそんな額の金を手にしたことなどない。誰かがそこまでの給料をもらうなんて想像もできなかった。プロデビューを果たしたばかりのころ稼いでいた月四千ユーロですら、家族の暮らしがたちまち楽になるような大金だったのだ。

前にも書いたように、子どものころは小遣いなんてもらったことがなかった。新聞配達をしたことはあったけれど、兄のムトゥルにピンハネされただけだった。実際に雇われていたのは兄で、三つの地域を引き受けて五十ユーロ稼いでいた。そんなこととはつゆ知らず、僕は兄からそのうちひとつの地域を任され、五ユーロもらって喜んでいたのだ。

着ていた服も、母が知りあいにゆずってもらったお古ばかりだった。着心地がいいとか、しゃれているとか、ブランドものだとか、そういったことは問題ではない。大切なのは身につけるものがあるということだ。子どものころの僕が、女の子用のピンクのセーターを着ている写真がある。母がもらってきたので着るしかなかった。青やグレーではないというだけで捨ててしまうなんて、母には考えられなかった。

学校から帰るたびに僕がつくっていたお気に入りの料理は、カレー味のケチャップをぬった食パンのトーストだった。トーストして売られていたパンは一袋五十五セントくらいだった。ケチャップもディスカウントストアの〈アルディ〉なら一ユーロもしない。それだけで何日もお腹を満たすことができた。

のちにヨルダンの難民キャンプで目にする悲惨な状況にくらべたら、僕の生活はのんきなものだった。でも決して楽ではなかった。余裕のない暮らしとはどういうものなのか、貧乏とは何なのか、僕たち家族は痛いほど知っている。汗水たらして金を稼ぐことの意味を僕はよくわかっている。

とはいえアンドレアス・ミュラーとの契約更新の交渉については、重要なのは金ではなかった。父と代理人がめざしていたのは、僕の将来にとって最大限有利な契約を結ぶことだった。五十万ユーロもらうか、二百万ユーロもらうかという点をめぐって腹の探りあいをしていたわけではない。給料は月並みな額を求めただけだ。問題は僕がどれだけ試合に出られるかということだった。

司令塔のリンコルンがもうすぐ移籍するので出場時間は増えるだろう、とミュラーは言った。僕がその役割を引きつぐのを期待しているという。ところがリンコルンがガラタサライに移籍するのと入れかわりに、シャルケはイヴァン・ラキティッチの獲得を発表した。

ラキティッチは人間的にすばらしく、選手としても一流だ。僕の友人といってもいい。けれどクラブが僕よりラキティッチを優先するつもりだと知って、僕はとまどった。それまでの交渉はじゅうぶんうまくいっていて、クラブの信頼を感じていたし、リンコルンの後釜を獲得するという話などまったく聞いていなかった。

アンドレアス・ミュラーとミルコ・スロムカは僕を信頼し、試合で使ってくれるものだと思っていた。クラブにしてみたら、リンコルンが去ったのだから別の選手を獲得するのは当然だったのだろう。三年間シャルケの中盤をコントロールし、百十三試合三十一ゴール三十四アシストという成績を残したリンコルン。万にひとつ、僕が期待はずれだった場合のために代わりの選手は必要だろう。それでも公平を期して、僕に知らせておくべきだったのではないか。ひそかにライバルを獲得するような真似をしておいて、きみを信頼しているなどと言うのは筋が通らない。そんなやり方は間違っている。

クラブの方針が理解できなくなった僕たちは、早くから口頭で受けいれていた契約書にサインするのをいったんやめた。新しいシーズンの展開と、僕がチームのなかで任される役割を見極めてからにしようと思ったのだ。じゅうぶん理性的な判断だった。アンドレアス・ミュラーとミルコ・スロムカがちゃんと約束を守るか、僕がシャルケでの二年目に大きく成長できるか――すなわちもっと出場時間が得られるか、まず確かめたかった。高い年俸を求めたり、契約内容の変更を迫ったりしていたわけではない。

シュツットガルト戦では先発メンバーに選ばれ、レバン・コビアシビリの先制点をお膳立てした。そしてハーフタイムに交代を命じられた。ドルトムント戦では先発したラキティッチと対照的に、ラスト数分までベンチをあたためていた。ヴォルフスブルク戦とバイエルン戦でもお情け程度にしか出場できなかったけれど、レバークーゼン戦では八十七分間プレーした。つづくアルミニア・ビーレフェルト戦とMSVデュイスブルク戦では招集メンバーに入ったものの、ずっと控えだった。八試合でわずか百八十五分だ。練習中の調子が悪かったとは思えない。おなじ時期、ラキティッチは三倍近い六百十五分プレーしていた。理由のひとつは、クラブがバーゼルに五百万ユーロほど払っていたからだろう。いっぽうの僕はタダだった。

靱帯を痛めてロストック、ブレーメン、ハンブルク戦を欠場したあと、ハノーファー戦で二アシスト、フランクフルト戦で一アシストした。十二月十五日にはニュルンベルク戦で六十一分間プレーした。それがシャルケの選手としてのラストマッチだった。

契約更新にはまだ合意していなかった。どうもすっきりしなかったし、スロムカとミュラーの約束と裏腹に僕の出場時間は増えていなかったのだ。そんな事情なので、シャルケが今でも自分にとって正しいクラブなのか考える時間がほしかった。ところが僕が決めかねているうちに、シャルケは契約更新が事実上すんだものと思っていたらしい。銀行口座を確かめると、もう新しい額の給料が振りこまれていた。まるで契約書のサインがすみ、すべて片がついたかのようだ。すぐ父と代理人に電話をして金のことを伝えると「それには手をつけるな。解決策を考える」という答えが返ってきた。

ふたりがクラブに説明を求めると、握手をして契約更新に合意したではないか、という返事だった。きみたちは当然オファーに納得しているのだろう？　いや、僕たちはしていない。金銭面については じゅうぶんすぎるほどだと思っていた。ただ、サッカーという観点からその契約が妥当か確かめる時間がほしかった。

話しあいの中身についての解釈のずれはともかく、すべてうまくいくと信じて僕はイスタンブールに旅行にいった。けれどうまくいくどころではなかった。だしぬけにマスコミの中傷キャンペーンが始まったのだ。あんなものは後にも先にも経験したことがない。

十二月三十日、ドイツの日曜紙〈ヴェルト・アム・ゾンターク〉がシャルケの僕へのオファーの詳細をすっぱ抜き、わざわざ四ページぶんの契約書の写真を掲載した。「シャルケの逸材（十九歳）、百五十二万ユーロの契約を拒否」という見出しがついていた。記事のトーンは明らかに否定的だった。「ブンデスリーガの出場数わずか三十試合で、まだ得点もない選手には理解できないほどの金額だ」こんなことも書かれていた。「これほど突拍子もないオファーが出たのは、ミルコ・スロムカがエジルを高く評価しているからだ」

僕がその評価を感じることはなかった。どういう経緯で契約書の内容がマスコミに流出したのか、その点がとにかく知りたかった。論理的に考えて、シャルケ自身が公開を望んだとしか思えない。僕たちはそんなことをしても何の得にもならなかったのだから。

次の日も中傷は続いた。新しい記事を出したのは〈ビルト〉で、これまた中立とはいかず、あからさまに僕を標的にしたものだった。「金に目がくらんだ若手スター選手、シャルケと駆け引き」その横には「スターが欲望にまみれるとき」という見出しの記事も載っていた。「残念ながら、クラブから金を搾りとろうとするエジルのようなやり口はめずらしいものではない」

僕はただ呆然《ぼうぜん》としていた。まだ十九歳の若者がさらし者にされていたのだ。そのつらい経験をとおして、プロサッカーの世界で成功するには才能と努力、トレーニングだけでは足りないと学んだ。クラブのなかにネットワークを築き、駆け引きが始まったらすぐさま味方についてくれる人間を確保しておかなければいけないのだ。当時の僕にはそういったものが何ひとつなかった。僕たちは未熟なうえに力不足で、ことの成り行きを把握しきれなかった。

一月上旬、シャルケの練習に行くと、アンドレアス・ミュラーがずかずかとロッカールームに入ってきた。そうやって姿を見せるのはめずらしいことではない。とりわけ大一番を前にチームを勢いづけたいとき、ミュラーはよくやってきた。たぶん後半戦の取り組みについて話があるのだろうと僕は思った。それは大間違いだった。

ミュラーは僕と目を合わせずに言った。「メスト・エジルは今後二度とシャルケでプレーしない。一軍でも、二軍でもだ。ユースチームでさえプレーしない。これからはともに練習することもない」

聞き間違いだろう。どうして二度とシャルケでプレーできないのか？　契約更新にまだ合意していないから？　将来について考えていたから？　思いきって「ノー」と言ったから？

僕が愛想よくうなずいて何でも「イエス」と言っているかぎり、クラブは僕を丁寧に扱い、ありとあらゆる約束をしてくれていた。ところが「ノー」と言ったとたん、キャリアを破壊しようとするモンスターに変わってしまった。僕の世界はがらがらと崩れ、破滅が迫っていた。十九歳にして僕は、サッカー選手とは商品に過ぎず、会長や監督の気持ちに翻弄されるものだとさとった。

僕は途方に暮れてロッカールームを見まわした。この先、どうなるのだろう。一生分のチャンスを棒に振ったような感じだ。その場にはベテランの選手も大勢いたのに、誰ひとりとして僕の肩を持ってくれなかった。選手のロッカーは背番号順に並んでいた。僕の左はのちにバイエルンでプレーする背番号16のラフィーニャ、右は18のダリオ・ロドリゲスだった。百戦錬磨の選手たちが、どうして知らんふりをしているのだろう。マルセロ・ボルドンも、ムラデン・クルスタイッチも、ジャーメイン・ジョーンズも、みんな口をつぐんでいる。僕は何も悪いことをしていないというのに、誰もかばってくれなかった。もう怒りをぶつける相手もわからなかった。黙りこくっているチームメイトか、友人や仲間の前で赤っ恥をかかせたミュラーか。

ボルドンに向かって声を荒らげたかった。「なんとかしてくださいよ。めちゃくちゃを言うのはやめてくれと、会長に言ってください」ボルドンは三十二歳だった。経験豊富で、ロッカールームでも発言力があった。僕をかばってくれるべきではなかったのだろうか。今になって思えば、みんな自分の将来を気にしていたのだろう。あの沈黙の理由もよくわかる。食うか食われるかのプロサッカーの世界では、チームメイトが監督や会長とぶつかったからといって、自分のキャリアを危険にさらすわけにはいかないのだ。でも十九歳の僕は仲間たちにすっかり幻滅した。腹が立ってしかたなかった。

とりわけアンドレアス・ミュラーは許せなかった。言いたいことを言ってほくそ笑む相手に飛びかかりたい気持ちを、ロッカーのへりを強くつかんで懸命にこらえた。こんなふうに人をバカ扱いするのは不公平だし、底意地が悪くて本当に汚い。けれど僕には切りかえすだけの言葉がなかった。不意を打たれたのだから、なおさらだ。いっそ拳にものを言わせてやりたかった。でも僕はチンピラではないし、そんなことをしてますます相手を有利にするほど頭が悪くない。

家に帰った僕は、その朝出かけていった若者とは別人だった。心のなかは乱れきっていた。泣きたい気持ちになったかと思うと、次の瞬間にはこのろくでもない街と、ろくでもないサッカークラブとはおさらばしてやろうと思っていた。世界一のサッカー選手になってやると誓ったそばから、もうプロサッカーは引退しようと考えていた。

けれど僕の人生にそうたくさんの選択肢はなかった。「医学の勉強はうまくいかなかったから、建築士かパイロットになろう」とはいかないように、進路とはそうあっさり変更できるものではない。ゆとりのない暮らしを逃れて成功をおさめる唯一のチャンスが、サッカー選手になることだった。

ミルコ・スロムカとアンドレアス・ミュラーは、僕が自分たちのやり方に従わないというだけでそのかけがえのないチャンスを奪い、よりよい生活という希望を断とうとしていた。人生でいちばんの喜びを失うかもしれないのは恐怖だった。僕が歯向かえるわけなどないのを相手はよく知っていた。僕が何者だというのだ。才能はあるけれど、誰でもない無名の若者だ。このゲームのなかで僕は無力だった。

親友のバルシュ・チフチにはこの時期よく相談に乗ってもらった。毎日のようにおなじ話をしても、バルシュは嫌な顔ひとつしなかった。「ゲルゼンキルヘンを離れたくない」と、僕は言った。「友だちはみんな地元の連中だし、家族といっしょにいたいんだ。ほかのやつらにはクラブを移るなんて当たり前でも、僕にとってはそうじゃない。どうしたらいいんだろう」

つまらないことを言われたくなかったので、練習や試合の出場を禁止されていても毎日クラブに顔を出した。「相手に口実を与えてはいけない」という、父と代理人のアドバイスだった。唯一出入りを許されていたトレーニングルームに通い、伝染病の患者のような扱いに耐えながらバーベル挙げをした。フィジオの治療を受けることさえ拒否された。

ある日ボルドンに訊かれた。「どうしてさっさと契約更新しないんだ。そうしたら何もかも解決するぞ。クラブはおまえが残留するという保証がほしいんだ。更新さえしたらすぐ元どおりになる」でもミュラーのロッカールームでの発言を聞いたあとでは、ものごとはそう単純ではなくなっていた。ゲルゼンキルヘンは僕のふるさとで、シャルケを心から愛していたけれど、何もなかったかのように振る舞い、僕をあんな目に遭わせた雇い主のもとで愛想笑いをしながら働きつづけることなどできなかった。

心ここにあらずのまま、僕は体力の維持に励んだ。何の熱意もなくバーベル挙げを続け、すこしランニングもした。真剣にトレーニングするというより、ただ忙しくしていたかったのだ。夜はひたすら長かった。プレイステーションをしたり、しゃべったり、誰かの家に行ったりして、友人と遅くまで遊んだ。気晴らしがほしかった。さもなければ頭が変になっていただろう。

それはプロにふさわしい生活だっただろうか？　ノー。僕は自分をプロの選手だと思っていただろうか？　ノー。将来について思い悩んでいただろうか？　イエス、まさにそのとおりだ。

僕が生き地獄を味わっているあいだ、アンドレアス・ミュラーは世間のプレッシャーがいっそうきつくなるよう立ちまわっていた。ミュラーはザウアーラントのレトマーテで開かれた、サポーターのための恒例の新年会に出席した。サポーターにとっては憧れの選手を間近で見るまたとない機会だけれど、クラブとしてはあたりさわりのないスピーチをする程度のイベントだ。クラブの方針について発表する場ではないし、監督が移籍の話題に触れることもない。ところが〈ハウス・レンスタイン〉に足を運んだミュラーは、サポーターの僕に対する敵意を煽った。「メスト・エジルは今後二度とシャルケの試合に出場しないと言っている」

それから数日間、マスコミは僕の話題でもちきりだった。僕は「恥知らず」「問題児」と紙面でののしられ、〈スポーツ・ビルト〉紙のサッカー記事の主筆ヨッヒェン・コーネンもシャルケの肩を持った。「よくやった、シャルケ。ようやく必要な手を打って、選手のわがまま放題な振る舞いを食いとめるクラブが出てきた。たしかにメスト・エジルは国内でも指折りの有望株で、偉大な選手になる可能性がある。だが今はまだ何も成しとげていない。これからは『金の亡者』という扱いを受けるだろう。その現実がキャリアをとおして自身を脅かすことをエジルは覚悟するべきだ。自業自得だ」

かろうじて〈フランクフルター・アルゲマイン〉は、シャルケが僕を組織的に追いこもうとしていると指摘してくれた。僕にはどうしようもない、政治的なことなのだと。

約三十試合ブンデスリーガに出場したところで、〈ビルト〉の表現を借りるならエジルはおのれの分をわきまえず、約束を破り、クラブに駆け引きを挑む若きプロ選手という扱いになってしまった。契約の詳細が暴露され、まだ若いエジルはバッシングに遭った。この年齢の選手がこれほどの期間、世間の厳しい目にさらされるのは前代未聞だ。バッシングから利益を得るのは、新聞社をのぞけばシャルケだ。たとえ金に目がくらんだ選手を引きとめられない、あるいは引きとめようとしないにしても、ほかにやりようはないものか。

それから数日間は、街を歩くたびに生きた心地がしなかった。ゲルゼンキルヘンの人々はマスコミとクラブの主張を信じていた。裏で何が起きているのか知らないのだからしかたないし、腹も立つだろう。しまいには僕を脅す連中まであらわれた。家のチャイムを鳴らして呪詛《じゅそ》の言葉を吐いていくのだ。憎悪に満ちた手紙が郵便受けに届いた。

今になると、そういった相手の気持ちも理解できる。世間の目に映った僕は、年俸百五十二万ユーロもらっても満足できない若造だった。もっと金がほしいといって約束を反故《ほご》にした若造。ゲルゼンキルヘンで贅沢とは無縁の日々を送り、いつもやりくりに苦労し、試合の観戦チケットのために一セントでも無駄にできない暮らしをしていたら、そんな態度を許せるわけがないだろう。でも事実はまったく違っていた。

「ここから出してくれ」と、僕はある日代理人に言った。「もう耐えられない」僕は愛するクラブに心を踏みにじられていた。突然の冷たい仕打ちは、はじめての彼女に何の予告もなくふられるようなものだった。その年の冬、僕はシャルケのせいで笑顔を失った。

夜、ベッドに横になったまま、これがキャリアの終わりではないことを祈った。でも心のどこかでは、そうかもしれないと思っていた。兄のムトゥルには何度か弱音を吐いた。「きっと神さまは僕がサッカー選手になることに反対なんだ。どうしようもないのかもしれない。そういう運命なんだ」

けれど幸いにも、シャルケの代わりはすぐあらわれた。マンチェスター・ユナイテッドがレンタルで獲得することを真剣に考えていると言ってきたのだ。当時のユナイテッドはイングランド最強のチームだった。〇六〜〇七シーズンにはクリスティアーノ・ロナウドが十七点、ウェイン・ルーニーが十四点取り、チェルシーに勝ち点六の差をつけてリーグ優勝を果たしていた。優勝メンバーにはパトリス・エヴラ、ライアン・ギグス、ポール・スコールズもいた。

イングランドで二〇一三年に出版された自伝のなかでアレックス・ファーガソンは、僕を獲得しなかったせいでウェイン・ルーニーに非難されたと記している。「ヴェルダー・ブレーメンからレアル・マドリードに移籍したメスト・エジルを獲得しているべきだったとルーニーは言った。誰を獲得するかしないかはおまえの口出しする範囲ではない、と私は答えた。選手の仕事はいいプレーをすることだ。私の仕事はいいチームを作ることだ」

そこには書かれていなかったけれど、ファーガソンは二度僕の獲得をこころみたというわけだ。一度目もただの思いつきではなく、真剣な話だった。けれどマンチェスターで暮らすことを考えると、十九歳の僕はなんとなく怖かった。ゲルゼンキルヘンから車を使えば十時間、列車では八時間、飛行機では二時間。どうやって行くにせよ、家族や大切な人たちから九百キロも離れてしまう。それまでずっと、狭い土地で肩を寄せあって過ごしてきたというのに。

僕にはそれだけ大きな移籍をする精神的な準備ができていなかった。英国に乗りこんでいくには早かった。まだそこまで自立していなかったし、とりわけ言葉のわからない国でやっていく自信はなかった。ほとんど外国に行ったこともなかったのだ。シャルケの一員としてバレンシアを訪れたことはあるし、ナンシーでUEFAカップに出場したこともある（三対一で敗退した）。U－19欧州選手権はオーストリアで開催された。でも外国に行く経験といったらそのくらいだ。当時の僕が本当に安心できるのはノルトライン＝ヴェストファーレン州だけだった。マンチェスターの街は大きすぎるし、わからないことが多すぎるし、遠すぎる。シャルケとのいざこざで少し自信を失っていたせいもあるのかもしれない。ともあれ代理人にはすぐ「ノー」と伝えてほしいと頼んだ。

僕たちが水面下で僕のキャリアを守ろうとしているあいだも、シャルケの攻撃は止まらなかった。形だけはまだ僕の監督だったミルコ・スロムカは言った。「エジルは私かアンドレアス・ミュラーのもとを訪れて、あやまちを認めるべきだ。もし自分で決められるような状況なら、彼は迷いなく残留を選んでいるだろう。だが意思を持つことを許されていないのは明らかだ。彼はあやつり人形だよ」

インタビューに応じたシャルケの会長ヨゼフ・シュヌセンベルクも、僕がまわりにあやつられていると言った。「エジルについてあれこれ言うのは控えたい。今の状況は彼の手にあまる。シャルケに残留したらどんな可能性があったか、わかっていないのだろう。サポーターに愛され、充実したトレーニングをおこない、決して悪くない額の金を手に入れられたというのに。とても残念だよ。彼は非常にいい青年だから、なおさらね。あとは自分に合ったクラブを見つけられるのを望むだけだ。さもなければ今、ドイツでもっとも才能のある選手のひとりのキャリアが絶たれることになりかねない」シュヌセンベルクは僕との信頼関係が「回復不能」だと言い、おそらくはサポーターの支持を集めつつ僕の評判をいっそう落とすためにこう続けた。「要はクラブとしてどこまで許容し、どこで線引きをするかということだ。これからシャルケ04と契約しようという選手への警告でもある」

そのあいだ僕はボーフム、レバークーゼン、ヘルタ・ベルリンと渡りあるいたのちにシュツットガルトに移籍したイルディライ・バシュトゥルクと連絡を取っていた。バシュトゥルクはクラブの様子や街の雰囲気、監督のアルミン・フェーについて教えてくれた。結局、僕自身がフェーと面会することはなかったけれど、代理人はしばらくやりとりをしていた。ハノーファー96の監督、ディーター・ヘッキングとも連絡を取った。チームはシーズン前半戦を終えて五位で、ヘッキングは熱烈な誘いをかけてきた。「きみは絶対にハノーファーに来なければいけない」と、僕の目をひたと見つめて言う。「うちに来たら年三十試合に出場できる。私はきみの味方だ。出場機会を保証するよ。きみは何としても試合に出つづけるべきなんだ。信じてほしい。ハノーファーに来たら、ほかのどのクラブよりも出場機会が得られるぞ」

僕はヘッキングの話しぶりに好感を持った。この人の言葉は口約束ではなく、本物の意思のあらわれだった。それでも僕はバシュトゥルクのおかげでシュツットガルトに大きく気持ちがかたむいていた。味方がいるとわかっているのは心強かった。家族から遠く離れても、バシュトゥルクがいれば安心してやっていけるだろう。

アルミン・フェーも僕を高く評価していると語り、獲得レースに加わっていると公言した。「エジルはドイツ屈指の才能で、年齢をはるかに超えたレベルに達している。あまり誉めるとよそのクラブも食指を動かすだろうから、これくらいにしておこう」会長のマルティン・キントも、クラブに獲得の意思があると認めた。「我々はエジルを獲得したいと思っている。既に話しあいは進んでいる」

そんな記事を読み、言葉を聞くと気持ちが楽になった。少しずつ、失っていた自信がよみがえってきた。ちゃんと興味を示してくれるクラブがあるのだから、キャリアについて心配する必要はないだろう。きっと答えは見つかる。一月いっぱい話しあいは続いたが、逆に僕は落ちついていった。プロサッカー選手という本来の立場を思いだしていた。

シュツットガルト移籍に向けて心の準備をしていたとき、藪から棒に当時ドイツサッカー界のトップクラブだったヴェルダー・ブレーメンから声がかかった。

二〇〇四年、ブレーメンは二冠、すなわちブンデスリーガとＤＦＢポカールの両方を制覇していた。ドイツ版〈アイム・ア・セレブリティ〉で、ブラジル人ストライカーのアイウトンがジャングル探検に挑む何年も前のことだ。アイウトンはシーズン二十八ゴールで、バイエルンのロイ・マカーイをおさえて得点王だった。つづく三年半、ブレーメンはアヤックスやチェルシーといった強豪を倒し、二〇〇六年九月のチャンピオンズリーグではバルセロナをあと一歩のところまで追いつめた。八十九分のリオネル・メッシの同点弾さえなければ勝ち進んでいたのだ。

ヴェルダー・ブレーメンのサッカーは魅力的で、戦術もはっきりしていた。毎週のように胸の高鳴る試合をしていて、欠点といえばときたま守備に甘さが出るくらいだった。けれどサッカーはダイレクトで、狙いがはっきりしていて、エレガントで、スピード感も抜群だった。ブレーメンの試合は純粋におもしろかった。

当時のスポーツディレクターのクラウス・アロフスはインタビューを受けるたびに、ヴェルダー・ブレーメンに優勝を狙う意思はあるのかと訊かれていた。もちろん、答えはこうだ。「我々はタイトルを目標にしている」ブレーメンの選手たちが「チェルシーやバルセロナと互角に戦える」と言っても誰も驚かなかったし、傲慢だとも言われなかった。チームの力に見合った目標だと思われただけだ。

四年近く司令塔を務めたヨアン・ミクーがボルドーに移籍しても、チームはびくともしなかった。代わりに二十一歳のブラジル人、ジエゴ・リバス・ダ・クーニャがポルトからやってきた。ポルトで干されていた選手だ。監督のコー・アドリアーンセとぶつかり、スタンド観戦を命じられていたのだ。代表チームでも成果を出せずにいた。カルロス・アルベルト・パレイラのもと代表デビューし、二〇〇四年のコパ・アメリカまでは出場を重ねていたものの、W杯予選にはまったく出場できず、コンフェデ杯や二〇〇六年ドイツW杯にも出られなかった。

ところがブレーメンに移籍すると、急にうまくいきはじめた。監督のトマス・シャーフとクラウス・アロフスの指導のもと、代表チームへの復帰も果たしたのだ。こうしたことは僕にとっても大事な評価の材料だった。ポルトで行きづまっていたジエゴを復活させ、代表チームへの返り咲きを可能にしたのなら、僕もおなじことを期待したっていいだろう。

しばらくして僕はトマス・シャーフと面会し、そのサッカー観に耳をかたむけた。面会の場所は同席したクラウス・アロフス曰くブレーメンでも一、二を争う歴史あるパブ〈ユルゲンスホフ〉だった。ハーフティンバー様式の建物は、ブレーメンのスタジアムからたった十五分のところにあった。話しあいは個室でおこなわれた。すっかり興奮していた僕は、飲みものに口をつけずグラスだけ握りしめていた。

話しあいの雰囲気はノルベルト・エルゲルトのときとはずいぶん違っていた。ロートヴァイス・

エッセンからシャルケに移籍しようとしていたころは、時間を気にする必要がなかった。僕はまだユース世代の選手だったのだ。でも今回は移籍市場の最終日が迫っていて、僕の将来を方向づける契約を成立させる時間はすこししかなかった。それに目の前に座っているのは、優勝経験のあるスポーツディレクターと監督なのだ。アロフスとシャーフは選手とマネージメントのキャリアをとおして、ふたりあわせて八度のヨーロッパタイトル、四度のブンデスリーガタイトル、八度のDFBポカールとUEFAカップ・ウィナーズ・カップを獲っていた。すばらしい実績だ。そんなわけで僕はふたりの言葉に夢中で耳をかたむけた。

ブレーメンがカウンターサッカーを得意としているのは、もちろん知っていた。TVで何十回も観たことがあった。けれど僕の新しい監督候補は、みずからの理念を手際よく語ってくれた。「私はチームが先にアクションを起こすことを求めている。リアクションサッカーはしたくない。相手が我々にリアクションするんだ。テンポを設定するのは我々だ。スピード感あるパスサッカーを披露したいが、結果を出すことも重視する」

「ティム・ボロウスキはうちに来てから大きく成長した」と、シャーフが続ける。「バイエルン・ミュンヘンがこの夏、獲得を決めたほどだ。ミロスラフ・クローゼもブレーメンでぐんと伸びた。我々は彼がブンデスリーガ得点王になり、ドイツ年間最優秀選手賞を受賞するのを手助けした。つまり我々は、若い選手の育てかたをよく知っている」

面談の席ではシャルケと揉めたこと、中傷キャンペーンのおかげで僕のイメージが悪くなったことも話題になった。「新聞記事に何が書かれていようと気にしない」とシャーフがきっぱり言ったことに僕は安心した。「きみがトラブルを起こそうとしてうちに来るのなら、それは問題だ。サッカーをしに来るのなら、たがいにいいことがたくさんあるだろう」

シャーフの表情は真剣で、確信の強さがうかがえた。ひと呼吸おいて続ける。「私は別格の選手という存在が好きだ。強い個性のある人間が好きだ。そっくりおなじ選手を十一人ピッチに送りだしても、成功するわけがない。その選手にしかないものを私は求めている」話はまだ終わっていなかった。「私はペア・メルテザッカーの落ちつきと意図の明快なプレーを評価している。トルステン・フリンクスの闘志を評価している。ナウドには力強いタックルを求めている。そしてきみには軽やかなタッチ、すばやい足もとの技術、魔法のようなパスを期待したい」

最後にクラウス・アロフスから、あらためて言葉をかけられた。「きみはすばらしい将来性の持ち主だ。その実力を開花させる手助けをしたい。我々のもとで成長を目指さないか。必要な手助けはすべてするし、特に出場時間はたっぷり与える」

ふたりに会ったあとはブレーメン移籍に気持ちが大きくかたむいた。それでも六ヶ月前にブレーメンに入団した元チームメイト、セバスティアン・ボエニシュへの電話はおこたらなかった。膝の故障のせいで十月以降ほとんど試合に出ていなかったものの、ブレーメンはすばらしいとのことだった。シュツットガルトのバシュトゥルク同様、ボエニシュはクラブを選ぶ上で大きな役割を果たしてくれた。

やがて僕は自分が何を望んでいるのか理解した。ブレーメンに行くのだ。トマス・シャーフのチームに加わり、いい加減シャルケの出来事を過去の話にしたかった。

一月三十日、公式にはまだ僕の雇用主だったシャルケ04は、DFBポカールでヴォルフスブルクと対戦した。終了の笛が鳴る数秒前までレーヴェンクランズの得点でリードしていたのに、ラストプレーで同点に追いつかれた。マルセリーノのコーナーキックをカリモフに叩きこまれ、一対一にされたのだ。延長戦でも得点は生まれず、ＰＫ戦になった。全員つぎつぎと決めていったが、ムラデン・クルスタイッチが外してしまった。シャルケはＤＦＢポカールを敗退した。

午後十一時過ぎ、チームバスで帰宅する途中でアンドレアス・ミュラーの携帯電話が鳴った。クラウス・アロフスからで、僕を獲得したいという連絡だった。もちろん、ふたりの会話の詳細は知らない。知っているのは翌日、移籍希望者リストに僕の名前が載ったことだけだ。

その日のうちに僕はシャルケの退団届にサインした。クラブから別れの挨拶はなかった。記念品も、花束も、ねぎらいの言葉も何ひとつない。僕はアルトゥントップ兄弟に短いメールを送り、ブレーメンと契約したのでクラブを去ると告げた。それで終わりだった。四十三試合一ゴール五アシスト。青と白のユニフォームを着ていたのは計三十七時間だった。

正直なところ、見送ってもらえなかったのは残念ではなかった。状況を考えると無理があっただろう。あのころはチームにほんの数人しか友人がいなかったのだし、別れを惜しむ人間がいなくてもしかたない。大げさに送りだされたらむしろ偽善的で、奇異な感じがしたはずだ。

最後はこんなことになってしまったものの、シャルケで過ごした時間はいい人生勉強になった。選手のキャリアは能力だけで決まるのではないと僕は学んだ。ときには力関係と駆け引きが決定打になる。だからこそクラブのなかに自分を支え、世話をしてくれる人間を見つけておかなければいけないのだ。

今アンドレアス・ミュラーやミルコ・スロムカに会ったら、僕はふたりと握手をするだろう。にこやかに振る舞い、あたりさわりのない会話だってかわすかもしれない。それでも個人的な相談や、踏みこんだ話は絶対にしない。信頼していないからだ。

僕は悪童でも、金の亡者でもない。スキャンダルを起こしたことは一度もないし、強欲な真似をしたこともない。シャルケの誰かを裏切ったわけでもない。僕は偉大なサッカー選手という夢に向かって歩む十九歳の若者だったのだ。ひょっとしたら違うやり方があったのかもしれない、と思うことはよくある。あんなふうに衝突するのを避けるすべはなかったのだろうか。ミュラーとスロムカに、僕や父は選手としての将来を考えているだけで、それ以外の何を求めているわけでもないと、もっとはっきり伝えるべきだったのかもしれない。たとえミュラーにロッカールームでひどいことを言われても、もう一度話しあいにのぞむべきだったのかもしれない。でも相手がそれに応じただろうか。何にせよ、ふたりが妨害に走ったのはフェアではなかった。

当時アンドレアス・ミュラーはもう四十五歳で、経験豊富だった。自身も二十年近く選手として活躍していた。どれほど僕のキャリアを脅かしたか、今ならわかってくれないだろうか。若い選手をあんなふうに扱うべきではない。ミュラーとスロムカは僕を守るべき立場だったのに、ふたりで僕をマスコミというサメの餌食にしたのだった。

# 第7章 ブレーメンでひとりぼっち——金で友だちは買えない

はじめてヴェルダー・ブレーメンの練習に参加した日は凍えるほど寒かった。一日じゅう、温度計が四度以上を指すことはなかったはずだ。僕は寒いのが大の苦手だ。いつのまにか暑いところに足が向いているタイプで、熱と太陽がなければやっていけない。雨が降ると肩をすぼめ、部屋にこもりたくなる。けれど二〇〇八年二月二日は違った。たしかに寒かったけれど、何もかも最高な一日だった。

ロッカールームで練習着に着替えながら、僕はしみじみと喜びを感じていた。新しい仲間たちがいるし、まる一ヶ月触れることのできなかったなじみの音と光景がそこにある。痛めた関節を固定しようと、誰かがテーピングを破る音。固い床に反響するスパイクの音。サッカーボールやカラーコーンやゼッケンを見ると、全身が温かくなった。

トマス・シャーフから簡単に新しいチームメイトに紹介され、練習の目的を聞いているあいだも、僕の脚はむずむずしていた。話はもういい。じっと立っているのも飽きた。ボールを蹴り、走り、タックルを仕掛け、パスを出し、得点したい。ひさしぶりに普通のサッカー選手の気分を味わいたい。

練習が始まった。グラウンドはここ数日の雨のせいで重く、ウォーミングアップの最中から今日はきついセッションになるとわかった。かまうものか。足の裏で芝生を感じると心が解きはなたれた。何週間も狭くて暗い小屋に閉じこめられていた動物が、いきなり自由になったようなものだ。僕はボールを追いまくった。どう考えても間にあわないパスにまで食らいついた。きっと練習のあいだじゅう、両親がお菓子を隠した場所をまんまと見つけて中身をあさっている男の子のように、にんまりしていたことだろう。これでようやく毎日のスケジュールが立てられる。生活にリズムが戻ってきた。

僕はいつまででもプレーしていたかった。そのいっぽう、スタミナには限界があった。一ヶ月のあいだ最低限の練習しかできず、将来について思い悩みながらぐずぐず過ごしていたせいで、すっかり体力が落ちていたのだ。心は解きはなたれていても、体は疲れきっていた。頭は陽気なお祭り状態なのに、脚はストライキを起こしていた。それでも僕は全力で走った。

最初のトレーニングが終わったあとはホテルに帰った。住む場所が決まるまで、クラブに部屋を用意してもらっていたのだ。ビュルガー・パークの真ん中にある、ブレーメンでも最高のホテルのひとつ〈パーク・ホテル〉だった。二〇〇六年ドイツW杯の期間中、スウェーデン代表が滞在していたホテルだ。ロビーにはここを訪れた俳優バッド・スペンサーのサイン入り写真も飾られていた。ほしいものは何だって手に入る環境だ。でも僕がいちばんほしいのは家族だった。

契約更新をめぐる報道がまだ世間の記憶に新しいころだったので、ブレーメンの街を歩いたり、ホテルのレストランに行ったりする気にはなれなかった。冷たい視線を浴びるのがオチだろう。僕はルームサービスを使い、部屋で食事をした。子ども時代のお気に入り、カレー味ケチャップのトーストにちょっとだけ似たクラブハウスサンドを毎日頼み、食べおわるとゲルゼンキルヘンの両親やきょうだい、友人たちに電話をかけた。

練習は楽しくてしかたなかったけれど、ホテルに戻ると囚人のような気分だった。今でもホテルはあまり好きではない。もちろん、サッカー選手は世界中の超高級ホテルにしょっちゅう泊まれるし、そのことにはとても感謝している。でも毎シーズン、ホテル暮らしにははやばやと飽きがくる。そこでは自由に生活できない。毎日がひどく退屈だ。長時間、映画やTVドラマを観るくらいしかすることがない。

若いころは何本も立てつづけに映画を観ていた。やがてもう少し話の展開がゆっくりで、長いあいだ楽しめるシリーズものを観るようになった。〈チャーリー・シーンのハーパー★ボーイズ〉のような、アメリカのコメディも好きだった。今ではもっと有効な時間の使いかたを知っているので、外国語の勉強をしている。たとえば試合前の空き時間には英語を練習して、もっと正確に、なめらかに話せるようにしている。けれどブレーメン時代は、暇になるとラップトップの画面を見てばかりいた。

ほかに楽しみといえば引っ越し先を探すことくらいだった。はじめの数週間はただやることがほしくて、三時間近くマンションや一軒家の情報に目をとおしていたような気がする。一軒ごとに気にくわない点を見つけて、次の日またチェックする口実をつくった。そしてやっと納得できる家に出会った。らせん階段で寝室にのぼる居心地のいいメゾネットに引っ越したのは、ホテル暮らしを始めて九ヶ月半が経ったころだった。

引っ越してまもないころ、夜中におかしな物音がした。子ども時代、兄とはいつも部屋のドアを閉めて寝ていた。すぐそこで兄が眠っていると思うだけで安心できた。でも今はひとりきりだ。階段がきしむ音を聞きつけ、息を殺して暗がりで耳をそばだてる。何も起こらない。ところがほっとする暇もなく、また物音がした。誰かがそこにいる。僕は毛布を頭までかぶった。いや、そんなことをしている場合ではない。でもどうしたらいいんだ。携帯電話は階下の充電器につながれている。電気をつけるわけにはいかない。僕がここにいると強盗たちにすぐ気づかれてしまう。

何かがばたんと倒れる（すくなくとも僕にはそう聞こえた）。音がした場所はさっきよりも少しだけ遠い。思いきって寝室の隣にある浴室に移動し、そこに立てこもる準備をした。そろそろと鍵をしめる。万が一の場合にそなえて、身を守るものもあったほうがいいだろう。僕は戸棚のなかのモップで武装した。

浴室のドアの裏に立ち、赤いドアハンドルを握りしめる。浴室には時計を置いていなかったし、腕時計もしていなかったので（まだ引っ越したばかりだったのだ）、どれくらい時間が経ったのかわからなかった。自分の息遣いがやたらとうるさい。これでは相手に気づかれてしまうだろう。見つかるのも時間の問題だ。どういうわけか僕は、すくなくともふたりが部屋をうろついていると思いこんでいた。勝ち目はまずないだろう。二対一。乱暴な二人組の侵入者。十九歳の若者ひとり対常習犯の強盗たち。こっちの武器はモップだけだ。相手の不意を打つしかない。

僕は深呼吸し、短い祈りを唱えてからドアをいきおいよく開け、電気をつけて大声をあげながら部屋のなかを駆けまわった。「ああああああ！」らせん階段を駆けおり、居間に飛びこみ、キッチンのドアを押しあけ、片っぱしから部屋をのぞきこむ。誰もいない！　玄関には鍵がかかっている。窓が割られたり、こじ開けられたりされた跡もない。やつらはどこに隠れているんだ？

モップをかまえたまま、もう一度室内を点検する。二度目のパトロールでも強盗には出くわさなかった。もともと誰もいなかったのだ。僕がおびえていたのは、風に吹かれた木の枝が外壁や排水管に打ちつけられる音だった。恐怖の出どころは僕自身の心だった。

それから数週間は、高速道路を使った車の旅に時間を費やした。ブレーメンの人々のメンタリティは好きだったし、ルール地方の荒っぽさとは違う親切でオープンな姿勢も気に入っていたけれど、とにかく逃げだしたかった。どんなに気さくに声をかけられても、最初は街になじめなかった。両親やきょうだい、友人たちに会いたくてたまらなかった。

チームメイトのほとんどには恋人がいたし、結婚して子どもを持っている仲間も多かった。そういった連中といっしょにいると、いつもひとりだけ場違いな気分にさせられた。紙おむつを替えたり、保育園に連れていったり、はじめて歯が生えたりといった話題にはついていけなかった。みんな僕に声をかけ、積極的に仲間に入れてくれたけれど、疎外感をぬぐえなかった。ピッチの上では幸せでも、一歩そこを離れると最初からずっといたたまれない気持ちだった。

トレーニングが終わると車に飛びのり、一目散にゲルゼンキルヘンをめざした。市内の道路を使ってオステルダイヒからアルステンに向かい、高速道路に乗る。オスナブルックとミュンスターを通過したら地元だ。二百四十八キロの道のりで、混雑の具合によって二、三時間かかった。

ブレーメンから一キロ離れるごとに気持ちが軽くなった。「毎日ゲルゼンキルヘンに帰ってくるのだから、ブレーメンの家なんか売ったほうがいい」と両親にはからかわれた。ドライブは苦痛ではなかった。練習に遅れないよう朝早く車を飛ばして帰るので睡眠時間が減ったけれど、それもつらくなかった。友人たちと顔を合わせ、なじみの土地でしばし羽を伸ばすためなら何だってできた。けれど数週間経つと、こんなことを続けていてはいけないと僕もまわりも気づいた。週に千五百キロ運転することもあったのだ。すぐ正解が出ないにしても、何かを変えなければいけない。そんなある日、アウェイの試合を終えてブレーメンの自宅に戻ると玄関が開いていた。今度は僕の妄想なんかではない。鍵が壊され、誰かが侵入した跡があった。僕はそっと室内をのぞきこんだ。「おい、誰かいるのか」返事はない。もう一度、暗がりに向けておずおずと呼びかけたあと警察に連絡した。

今度こそ間違いなく泥棒だった。室内は引っかきまわされ、計四万ユーロする腕時計三、四個が盗まれていた。ブレーメンではじめてもらった高給で、自分へのごほうびとして買ったものだ。子どものころは腕時計なんて持たず、夏のあいだは街灯がつくのを合図に帰っていた。それでも昔から、かっこいい腕時計は大好きだった。正直に言って値段は気にならず、ただほしいというだけで買ったのだ。けれど喜びにひたる間もなく盗まれてしまった。

高級な腕時計は美しく、手首にはめるのはいい気分だった。けれど泥棒に入られた晩、僕は腕時計があるから幸せなのではなく、友人がいるから幸せなのだとさとった。いつでも支えてくれて、泥棒が入った直後の広くてさびしい家で過ごさなければいけないときもなぐさめてくれる友人たち。僕が言っているのは、小さいころから知っているゲルゼンキルヘンの連中のような、心からの友人のことだ。

いい友人がいるのを当たり前だと思ってはいけない。誰しもそうだけれど、世間の目にさらされている僕のような人間にとっては特にそうだ。サッカー選手として過ごすあいだにはたくさんの人間に会ったけれど、中には僕の名前がメスト・エジルだからというだけで近づいてこようとする連中もいた。そいつらにとって僕は「高給取りのサッカー選手」で、僕のことが好きだから、あるいは人間として評価できるからいっしょに過ごしたいというわけではなかったのだ。そばに寄ってくるのは、人気と金のおこぼれにあずかるためだった。

この手のことは僕たちの宿命だ。サッカー選手はつねに、うわべだけの友人にかこまれるというリスクをかかえている。誰が正直で誰が見せかけだけのインチキなのか、見抜く目を養わなくてはいけない。恋愛についてもおなじだ。あなたにぞっこんだというふりをしながら、実は愛情より金が目当ての女性はたくさんいる。そういう女性にとって、愛はクレジットカード抜きでは成りたたないのだ。ひどい話だ。そして、さびしい話だ。

そんなわけで僕は、恋人をつくることについてはとても慎重だ。両親にやたらとパートナーを紹介するようなタイプではない。それは特別な瞬間でなければいけないと思う。恋人をとっかえひっかえ連れていくような恥ずかしい真似はできない。人間としての問題だ。多くのサッカー選手がまだ若いうちに結婚し、子どもを持つのもどうかしている。引退して脚光を浴びなくなったとたん、愛想をつかされるのがオチだ。そんな関係は、僕の理想とはかけはなれている。いつの日か、自分にとって絶対に間違いないと思える女性と出会って結婚したい。父親になるのは、子どもたちを温かく愛情に満ちた家庭で育てられると確信してからだ。僕にとって結婚とは特別な誓いで、新しいパートナーとやり直すためにさっさと反故にできるようなものではない。

理屈の上では、完璧な友人とパートナーを持つという夢の実現も難しくないだろう。けれど現実には（とりわけ僕のような立場では）、人間というものをよくよく知っていなければいけない。

自分の心が落ちついていることも大事だ。人生には友情にせよ恋愛にせよ、ニセモノにだまされやすくなる瞬間がある。たとえばひとりぼっちで、孤独感をかかえているときだ。幸いにも僕はそんな思いをしなかった――すくなくとも、それほど長いあいだは。泥棒に入られた直後から、僕のもとには友人のバルシュ、エルジャン、ラマザン、従兄のセルダル、兄のムトゥルがひんぱんに来てくれるようになった。おかげでゲルゼンキルヘンまで延々とドライブしなくても、自宅で楽しく過ごせるようになった。みんなが僕のために慣れ親しんだ環境をつくり、インチキな連中からも守ってくれた。

そのときから僕たちは、ほぼいっしょに住んでいる状態になった。若き俳優ヴィンス・チェイスが、友人知人の助けを借りてハリウッドという慣れない世界に挑むアメリカのＴＶドラマ〈アントラージュ★オレたちのハリウッド〉のように。

僕は古い友人たちといっしょにブレーメンという街になじんでいった。外出する回数も増えた。午後はチーム練習に参加し、夜になるとそろって食事に出かけた。みんなのお気に入りは〈ヴァピアーノ〉と〈サブウェイ〉だった。母には電話で料理のやりかたを教えてもらった。スカイプを使って、直接手もとを見せてもらうこともあった。まず切ったり刻んだりするときの包丁の持ち方を教わり、ごく簡単な使いかたを練習した。おかげで何週間かするとほぼ不自由なく料理ができるようになった。しばらくすると、母の送ってくれたレシピをためすようになった。いっしょに買いものに行き、トルコのお菓子「バクラヴァ」もつくった。最初こそ苦労したけれど、やがて僕はブレーメンにすっかり溶けこんでいった。

# 第8章

# サッカー選手は政治家じゃない
## ――無駄口を叩かず行動で示す

サッカーという面でも、ブレーメンでは最初いくらかもたついた。チームに定着するのには少し時間がかかった。移籍がようやく決まったあと、シャルケの会長ヨゼフ・シュヌセンベルクは僕におまけの一撃を食らわせた。公の場でこうあざけったのだ。「エジルはもっと試合に出たいと言って移籍した。だがブレーメンにはブンデスリーガでも十本の指に入る選手たちがいる。我々といたころより出場時間が増えるか、見ものだな」

そのとおり、はじめ見通しはそれほど明るくなかった。出場時間は短く、そのなかでの評価もなんともいえなかった。たとえばブレーメンの会長ユルゲン・ボルンは、僕のバイエルン戦での三十分の出場についてこう語った。「エジルは何度かバックヒールをおこない、敵をそれなりに混乱させた」安定して試合に出られていたわけではなかった。そんなときトマス・シャーフに、今度の土曜は二軍の試合に出てもらう、と言われたのだ。たちまち頭のなかで警報が鳴った。僕は二軍でプレーするためにヴェルダー・ブレーメンに移籍したわけではない。

ゆっくり先を急げ、というノルベルト・エルゲルトの言葉を思いだす。「すぐに野心が満たされないからといって若い選手が諦めてしまうとしたら、それはバカげたことだ。でも自分が成長していないことに意識を向けず、『まあ、そのうち野心は実る』とだけ思っているとしたら、それもバカげたことだ」

僕は代理人に電話をかけて怒りをぶちまけた。「あなたがついていながら二軍でプレーする羽目になるなんて、僕は納得しない。なんとかして止めてくれないか。僕は試合に出るためにブレーメンに来たんだ。できる努力はすべてしているし、練習でも調子はいい。成長するために全力を注いでいる。それなのに週末、二軍の試合に出なければいけないのなら、新しい代理人を探す」

腹が立ってしかたがなかった。そんなふうに怒ったのは僕が傲慢だったからでも、短気だったからでもない。黙って監督の言うことを聞いていたらキャリアが停滞するとわかっていたのだ。僕は代理人に言った。「このままではまずいことになる。僕はずっと二軍でプレーするよう言われつづけるだろう。一度きりの例外が当然になってしまうんだ。それは許せない。僕はブンデスリーガに定着したいし、チームメイトにもそれだけの力はあると言われている。みんな僕を励ましてくれているんだ。とにかく二軍での出場はやめさせてほしい」

代理人はなんとかすると約束してくれた。「落ちつけ。私が解決しよう」一時間後、電話が鳴った。「今週末、二軍でプレーする話はなくなった。次の週末もそんなことはしなくていい。きみは一軍の選手だ。さあ、二日ほど実家に帰ってこい。リラックスするんだ。この話はすっかり忘れて、気持ちを切りかえてこい」

もちろん、怒りはすぐに消えなかった。僕は友人たちを乗せて車で実家に帰り、カードゲームをしたり映画館に行ったりしたけれど、サッカーの話は避けていた。

サッカー選手は精神的に幼く、自分の意見を持たないとよくいわれる。調子よく立ちまわるだけで、感情はどこかに置きわすれ、薄っぺらで、批判的なことは口にしたがらないというわけだ。クラブや自分自身の名声を高めることだけに熱心で、ものごとを自分で判断できないというのだろう。あらかじめ決められたセリフを繰りかえし、大事な話題や時事問題について訊かれても逃げるばかりだともいわれる。

僕はそう思わない。自分自身のキャリアについてなら、あわや二軍落ちの一件からもわかるように、僕は迷いなく堂々と意思を伝えることができる。代理人とクラブの両方に、自分の感じていることを包みかくさず知らせた。もし二軍でプレーさせたらどうなるか警告し、はっきりと自分の立場を主張した。シャルケと交渉したときも望みをきちんと伝え、四方八方からプレッシャーをかけられても屈しなかった。これで精神的に幼いといえるだろうか。

ただし、二軍落ちの一件については人前でしゃべらなかった。マスコミを巻きこんでクラブと言いあったところで、望む結果が手に入るだろうか。一人前の選手だと言ってもらえるだろうか。そんなはずがない。

それはともかく、サッカー選手は政治や社会の問題について態度をはっきりさせるべきだとよくいわれるけれど、どうしてそうしなければいけないのだろうか。

当たり前だけれど、僕はいろいろな問題について自分の考えを持っている。世の中にはひどく失望させられるようなことがたくさんある。悲しい気持ちになるし、腹も立つ。でもだからといって、カメラに向かって意見を言ってまわる必要はないだろう。特に近ごろの一部のマスコミときたら、ほんのちょっとしたコメントを百倍にもふくらませようとする。誰もそんなつもりではなかったのに、ささいなひとことが大きなトラブルになる。その種のごたごたは、選手としての成功をさまたげる。ならば僕たちに、マスコミが投げかけてくるすべての質問に答える義務があるのだろうか。

バイエルン・ミュンヘンの監督だったころのルイ・ファン・ハールは、歯に衣着せぬ発言をしていた。ある日のこと、ふたりの娘が自分に話しかけるときは一般的なオランダ語ではなく、もっと丁寧な言葉を使うようしつけていると発言した。「ひと昔前のオランダではそれが常識だった。娘たちにはその伝統を継いでほしいと思っている。父親と少し距離を置くのもいいことだ。私はふたりの友人で、いい関係を保っている。でも娘たちは、世代の差というものを学ぶべきだ。下の娘は丁寧なオランダ語で話すのに苦労したことなどないよ。上の娘はしているようだが」

するとファン・ハールは一部のマスコミから「頭が古い」と非難された。なぜ、そんなことを言われなければいけないのだろうか。どんな生きかたをするかはファン・ハール自身の問題だ。何よりそのことは監督としての能力とまったく関係ない。私生活の一部をすすんで明かしたからといって、嘲笑される必要などないはずだ。驚くまでもないけれど、そんな反応に遭ったあとファン・ハールのインタビューの答えはうわっつらで、ぶっきらぼうなものになってしまった。

中には間抜けに見えるのを承知で答えなければいけない質問もある。僕は政治の専門家ではないし、W杯や欧州選手権を開催したすべての国の歴史を詳しく知っているわけでもない。べつに無関心というわけではない。僕はサッカー選手で、試合に出ることで給料をもらっている。ドリブルやワンツーをし、タックルを仕掛け、ゴールをお膳立てし、得点することで生計を立てているのだ。

世界に向けて政治的なメッセージをがなりたてるのが仕事ではないし、それで世界が変わるわけでもない。

ポーランドとウクライナで共同開催された二〇一二年欧州選手権の前、ドイツサッカー協会からはウクライナの政治状況やユリア・ティモシェンコ首相についてマスコミに訊かれた場合の回答例が配布された。プレスリリースにはこう書かれていた。「ウクライナの政治状況について代表選手たちの口をふさぐ意図はないが、現状では選手が意見を述べるのは好ましくないと考えられる。ヨアヒム・レーヴとオリバー・ビアホフも、現在までマスコミの質問をすべて拒否してきた」マスコミから投げかけられるかもしれない質問に回答するため、三つのセリフが用意され、「誰でも選べるように」なっていた。

今の世の中を考えると、こういったサポートを用意するのはドイツサッカー協会の義務だと思う。自分で考えろ、と放りだされるのではなく、状況の理解を手伝ってもらえるのはありがたいことだ。内部メモを用意するなんて過保護で、選手が自分で考えるのをさまたげている、という非難は的外れだろう。もちろん、意見を曲げるよう言われたと選手が感じるのはまずい。この種の手助けはあくまで提案やアドバイスで、自分なりの意見を持つことを止めるものではない。僕の意思は丸ごと僕だけのものだ。いつ、どこで発言するか、指図できる人間はいない。たとえドイツサッカー協会でも、僕に代わって意見を述べることはできない。

長年ドイツの公共放送ZDFでサッカー解説者を務めてきたベラ・レシーは、あるとき不満を言った。「近ごろのドイツのサッカー選手ときたら、英国の私立学校の子どもたちのようだ。二十四時間、面倒を見てもらっているんだよ。世話されていないのは手の爪くらいだ。若いスポーツ選手は『きみたちは宝石だ』と言い聞かされている。外の世界は悪いところで、誰もがきみたちを狙っているとね」

どうやらレシーは、スポーツ選手が二十四時間見張られているのを忘れているようだ。僕たちは早く大人になることを求められ、普通の若者のように誰も見ていないところで失敗することもできない。もちろん譲れない意見を持っていてもかまわないけれど、TVカメラやボイスレコーダーに向かってやたらとしゃべるのは考えものだ。

レシーはこうも言った。「今どきマスコミ対応を教えられているスターには、ろくなインタビューができない」それも僕は違うのではないかと思う。十把一絡げにして、どの選手もおなじだとはいえないはずだ。僕自身はマスコミ対応を教わっていて「SNS全盛時代の今では、うかつなコメントが致命的な結果をもたらす」と、きつく言われた。おかげで無邪気なコメントがいとも簡単に攻撃の材料に転じるのを知ったし、その訓練をとおして大事なことをいろいろと学んだ。でもそのあと受けたインタビューではまったく自分の色を出せず、不満だった。僕はこの種のサポートに頼らずサッカー人生を過ごしたい。あたりさわりのない言葉を選んだり、やたらと気を遣ったり、間違ったことを言わないか四六時中気に病んだりするのはごめんだ。自分の頭に浮かんだことを言いたいし、逃げ隠れしたくない。

マスコミ対応のトレーニングを望む選手は大勢いるけれど、僕自身はどうも性に合わない。ベラ・レシーのような相手に回答を気に入ってもらえなかったとしても、それは向こうの問題だ。自分の力で変えられることがあるとしたら、僕は必ずそれをする。でも大口を叩くのではなく、行動で示したい。欧州選手権の最中に僕がウクライナ情勢について意見を述べたとして、誰か得をしただろうか。それでも大会がウクライナで開催されたのはいいことだった。僕が支援している〈ビッグシュー・プロジェクト〉が、現地の子どもたちを何人か助けられたからだ。

〈ビッグシュー〉が創設されたのは二〇〇六年だ。ドイツW杯の期間中、トーゴ代表が宿泊していたボーデン湖近くのサッカーファンが、ヌリソンという名前のアフリカ人の少女が手術を受けられるよう寄付をつのったのがきっかけだった。そのひとつの善意がべつの善意を生んだ。団体はたちまち規模を広げ、やがて南アフリカ、ポーランド、ウクライナ、ブラジルなど以降の国際大会開催国の子どもたちに手を差しのべるようになった。〈ビッグシュー〉は、おもに口唇口蓋裂の手術をする医師たちを支援している。団体の支援のもと心臓病、四肢や顔の障害、やけどの手術もおこなわれている。人々が炉ばたをかこみ、石油ランプで明かりをとる途上国では、やけどは大きな問題だ。

二〇一四年にドイツ代表がW杯を制覇したあと、僕は賞金の一部を〈ビッグシュー〉に寄付した。こうしてブラジル北東部の街コロアタのジャングルにもうけられた仮設病院で、二十三人の子どもが手術を受けることができた。僕は無駄口を叩くかわりに、こういった方法で社会貢献をしている。そしてそれこそ、大きく報道された二〇一六年の中東の旅の理由でもあった。

正直なところ、この本のなかでもあの旅について語るのは気がすすまない。僕は決して、善人だと言われようとして中東に行ったわけではないのだ。あれはイメージアップをはかる広報活動なんかではなかった。では、どうして今ここで書くのか。極右政党「ドイツ《A》のため《F》の選択肢《D》」の副党首、アレクサンダー・ガウラントのせいだ。ガウラントは欧州選手権直前の僕の中東行きに難癖をつけ、乱暴な言葉を浴びせてきた。僕に会ったこともなければ、どんな価値観の持ち主で何を行動の基準にしているのか、まるっきり知らないというのに。

僕はシーズン後の自由な時間を使ってメッカに行き、イスラム教徒にとってもっとも神聖な建物「カアバ」の前で写真を撮ってツイッターに投稿した。それがガウラントと一部のAFD党員にとっては非難に値したらしい。まずAFDのザクセン州支部が「非国民のしるし」と言いだし、つづいて〈シュピーゲル〉でガウラント本人が僕の旅についてこんなことを言った。「イスラム教をドイツの一部とみなさない我が党にとってはひどく理解に苦しむ行為だ。私自身はサッカーに関心がないから、ミスター・エジルがどこに行こうとかまわない。だが公務員、教員、政治家、リーダーのみなさんには是非ともおたずねしたい。民主主義国家ドイツは、メッカに行くような人間を受けいれるべきなのだろうか？」ガウラント曰く「イスラム教はドイツの一部ではない」。

そんなコメントに対して僕にできるのは、ため息をつくことくらいだ。相手にする価値があるように見せるだけだから、反論もしたくない。何よりも僕はサッカー選手で、政治家ではないのだ。そして僕は人間だ。自分にできることがあったら力を貸したい。言葉ではなく行動で示したい。だからこそ二〇一六年春、欧州選手権の合宿を目前にしながら、自分にできることを探すためヨルダンの難民キャンプを訪れたのだ。そのあと、おなじ地域だったのでメッカに行った。

旅行のことを思いついたのは六ヶ月ほど前だった。二〇一五年十一月、僕はヨルダン王子のアリ・ビン・フセインと面会した。その年、FIFA会長の地位を賭けてゼップ・ブラッターに挑んだ人物で、英国と米国で教育を受けた本物の紳士だ。姉のハヤー王女は国際馬術連盟の元会長で、王子も二十三歳にしてヨルダンサッカー協会の会長に就任した。功績のひとつが、女性がヒジャブ（イスラム教徒の女性が頭などを覆う布）を着用してサッカーができるように規則を変えたことだ。そして王子は、二〇一三年から僕の所属するアーセナルの大ファンだという。

十一月のどんよりした晩、排水溝から水があふれるほど激しく雨が降るなか、僕たちは夕食をともにした。最初は雑談から始まった。プレミアリーグ十三節を終えた時点でマンチェスター・ユナイテッド、マンチェスター・シティ、アーセナルをおさえて首位に立っていた予想外のリーダー、レスター・シティについて。僕の所属するアーセナルは八勝していて、リーグ表の上位はだんご状態だった。レスターとの差は勝ち点二だ。

「どこが優勝するだろうか」と、王子がたずねる。

僕はすかさず当然の答えを返した。「アーセナルです」

やがて僕たちは打ちとけて、もっと踏みこんだ話をするようになった。そのときの会話からアイデアが生まれた。王子が聞かせてくれたのは、内戦の起きたシリアを命からがら逃げだし、ヨルダンの難民キャンプにやってきた子どもたちの話だった。生まれた場所と時代が悪かっただけで、人生のあらゆるチャンスを奪われた子どもたちがいる。「多くの人間にとって、人生は不公平なものだ」と、王子が言う。王子は自身の主宰する団体をとおして、一日に数時間でも気晴らしができるよう、子どものためのサッカー場を用意したという。

その晩、僕たちは難民キャンプを訪問する計画を立てた。アーセナルからは前年、クラブのスポンサーのエミレーツといっしょにドバイを訪れるよう依頼されていた。そのときは断らざるを得なかったけれど、二〇一六年なら行くことができた。ドバイからヨルダンに向かえば、ふたつの用件が一度にすむだろう。こうして僕たちは一五～一六シーズンの終了後に、一週間にわたって中東を訪れる計画を練った。

できればマスコミ抜きで個人的に行きたかったけれど、それは不可能だった。アーセナルの関係者がおなじ飛行機に乗っていたし、王子は僕の難民キャンプ訪問が世界へのメッセージになると固く信じていたのだ。たしかにそのとおりだろう。そこで僕は写真を撮られるのを受けいれるかわりに、この件についての質問はすべて断ることにした。やがてヨルダンの難民キャンプを訪れたことが明らかになると、一部のマスコミはコメントを求めてきた。「すべてのヨーロッパの国は難民を受けいれるべきだ、というのはどうですか」と、ある記者にはすすめられた。でもそれこそ僕が避けたいセリフだった。注目の的になるのはごめんだ。僕はただ、困難な状況にある子どもたちを助けたいだけだった。写真をとおして関心を集めるところまではかまわないのだけれど。

「チーム・エジル」、すなわちセルダル、ラマザン、エルジャン、エルダル、エルクトと僕はドバイとアブダビを経由してヨルダンに入り、まる一日を過ごすため難民キャンプに向かった。でこぼこの道路を進んでいくと、アラブ諸国最大の難民キャンプ「ザータリ」が見えてきた。ここには約八万五千人が住んでいるという。白いテントと倉庫がどこまでもつづくこの巨大な仮の住まいで、難民の赤ちゃんが毎日生まれている。

ザータリが設立されたのは二〇一二年のことだ。有刺鉄線が張りめぐらされ、シリアのジャベール国境検問所からはわずか数キロだ。難民を支援する国連UNHCR協会のスタッフは教えてくれた。「ザータリはわざと街らしく見えないようにつくられている。ちゃんとした住宅がないのはそういう理由だ。ザータリが永久にここにあると思われるようになってはいけない。ここが旅の終着点だという印象は与えたくないんだ」

ザータリの住民の半分は未成年だ。子どもたちはひとまず学校に通うことはできるものの、多くは眠れない夜を過ごしている。目を閉じたらまたすぐ爆発が起きるような気がして、なんとかして寝ないようにしているという。「ザータリには美しいといえるものがほとんどない」と、べつのスタッフも教えてくれた。「でもここには食料があるし、何よりも安全がある」それこそ子どもたちがもっとも必要としているものだ。

車からおりると、小さな男の子がすぐさま駆けよってきた。十歳くらいだろうか。見慣れたサッカーのユニフォームを着ている――背番号10と僕の名前がプリントされた、レアル・マドリードのシャツだ。「おれ、ミニ・エジルなんだ」そう誇らしげに言ったあと、男の子は僕のそばを離れなくなった。僕が肩を抱くと、体を押しつけてきて笑みを浮かべた。「おいでよ。サッカーをする場所を見せてあげる」と、僕の手を引いて言う。

あの瞬間のことは一生忘れない。ありふれた言いまわしで、誰でも口にするようなセリフだけれど、僕は本気でそう思った。自分だけの言葉で本当の気持ちを表現するのは難しい。あの小さな男の子は今まで生きてきたあいだに、どれだけ時間が経っても忘れられないような経験をしてきたはずだ。大人でも折りあいをつけるのに苦労するような戦争の光景が、あの子の心には焼きついていた。「ミニ・エジル」には、楽しく笑えるようなこともあまりなかったはずだ。それでもこのときは満面の笑みを浮かべていた。ピッチに向かう男の子の目は輝いていて、生きる喜びに満ちていた。僕の手を離そうとしなかった。

僕も小さいころはそう恵まれていなかった。だけどこの子たちにくらべたら、黄金の子ども時代といえるだろう。命の危険におびえることもなかったし、兵士から隠れなければいけないこともなかった。僕はサッカーをしていられたし、気の毒なザータリの子たちと違って、成功をおさめるチャンスがあった。

ピッチにたどり着くと、子どもたちの笑顔がいっせいに目に入った。甲高い楽しそうな声、うれしそうにくすくす笑う声。敵も味方も、のびのびと走りまわっている。僕が訪問したからといって、世界がましな場所になるわけではない。それはのんきすぎる考えだろう。だけど子どもたちに少しでも楽しい時間をあげられてよかった。世界にはこんなにもつらい目に遭っている人たちがいるということを、自分の目で見られたのもよかったと思う。ザータリを訪れた人間はみんな、自分のかかえている問題が取るに足らないものだと気づくはずだ。

中東の旅の終着点は、さっきも名前を出したメッカのカアバ、つまりイスラム教徒にとって世界でいちばん大切な場所だった。マスジド・ハラーム（聖モスク）の中庭にあり、イスラム教では地上におりた神のはじめての家だとされる。メッカとカアバの話は子どものころ繰りかえし聞いた。家では両親から話を聞いたし、特にモスクに行ったときはあれこれと聞いた。一生に一度、それができる状況にあるムスリムは神と戒律、人類への愛を確認するため巡礼に行くことが義務づけられている。メッカについてはいろいろと見聞きしていて、とにかく一度は行かなくてはと思っていた。自分の肌で体験するために。目で見て、あらゆるものを吸収するために。メッカ行きは敬虔なカトリック教徒がバチカンを訪れるのとおなじだ。

カアバで撮った写真には二百万人を超える人たちの「いいね！」がついた。僕はわざと「メッカ」「聖地」「サウジアラビア」「イスラム教」「祈り」というハッシュタグしかつけなかった。現地では僕と写真を撮ろうとする人々が列をつくった。なかでもインドネシアから来た若者たちは、すっかり興奮状態だった。

〈シュピーゲル〉の記者シュテファン・クズマニーは、僕の巡礼とツイートについてこんな記事を書いた。

メスト・エジルは自身の信仰について隠しだてしたことがない。はじめて公の場で語ったのはもう何年も前だ。それでもメッカの写真は、昔のインタビューよりさらに強い印象を残した。それは堂々たるひとつの意思表示だ。カジュアルな一枚であるがゆえに、その写真はドイツ国内のイスラム教をめぐる議論に大きな影響を与えうる。ドイツ代表のキーマンにして人気選手、二〇一四年W杯優勝メンバーのエジルを応援する人間は誰もが、イスラム教はドイツの一部なのか、という質問にさりげなく答えているのだ——エジルが自身の巡礼の写真をとおして答えたように。もちろん、イスラム教はドイツの一部だ。そうでない世界は悲しいものだ。W杯優勝メンバーで敬虔なメスト・エジルがドイツの一部ではないというのなら、我々はW杯優勝国になっていないはずだ。

とてもうれしい記事で、とりわけ〈シュピーゲル〉に載ったのは格別だった。あまり僕に好意的でない新聞のひとつだったからだ。二〇一四年のW杯期間中、〈シュピーゲル〉は僕が公の人間としてふさわしくないという記事を載せた。

いっぽう〈ターゲスシュピーゲル〉には、メッカからのツイートが「いい意味でショッキング」だったと書かれた。「この写真を見て心を動かされない人間はすくないだろう。ある種エキゾチックで、魅力的だ。メスト・エジルは敬虔なひとりの人間として写っている。宗教に鈍感なドイツやヨーロッパのような古い大陸ではめずらしいことで、驚かされる。こういった写真は、世界的な視点からすると信仰がある状態こそが普通で、それがないのは間違っているということを知らしめる」

正直なところ、僕はべつに議論を呼びおこそうとは思っていなかった。信仰を持つのが普通なのかどうか、自分にたずねたこともない。それは単純に僕の人生の一部なのだ。信仰は僕を支え、進むべき方向を示してくれる。兄弟愛と敬意をもって他人に接することも教えてくれた——とりわけ自分より恵まれていない人間に対しては。僕の中東訪問がすこしでもまわりの理解をうながしたのだとしたら、それはとてもうれしい。ゲルゼンキルヘンの「猿の檻」とヨルダン旅行で学んだことといえば、宗教が何であれ人間は根っこのところでそう違わないということだ。誰もがよりよい人生と、夢をかなえる機会を求めているのだ。

# 第9章 カンフー・ゴールキーパー

## ――逆風のなかのチームの絆

ブレーメンで不本意な欠場をしなくてよくなったあとも、はじめ僕の出場は短い時間に限られていた。ある試合でフリーキックを蹴りに行ったとき、わざわざ主審が近づいてきてたずねた。「どうしてシャーフはきみをもっと使わないんだ？」聞きまちがいだと思った。試合を中立にさばく役目の主審が、僕の出場時間が少ないことに疑問をもっている？　本当にそう訊かれたのだろうか。とまどって相手の顔を見ると、主審は言葉を足した。「きみがいるほうが、ブレーメンはうまく試合をつくれるじゃないか」やっぱり聞きまちがいではなかった。

おかげで二軍行きを拒否したのは間違っていなかった、と確信できた。僕はきっと正しい道を歩んでいる。それからは全試合に先発したかったけれど我慢して、シャーフの決断をすべて信頼した。文句を言ったり、チームをかき回したりするのは筋違いだろう。これ以上やっかいな状況をつくりたくなかった。

〇七～〇八シーズンの前半戦が終わったところで、ブレーメンはバイエルン・ミュンヘンとおなじ勝ち点三十六で首位に並んでいた。けれどブレーメンのほうが十一点、得点が多かった。アルミニア・ビーレフェルトをホームで八対一で粉砕した試合のおかげだ。バイエル・レバークーゼンからも五得点していた。そのかわり僕たちはブンデスリーガ最多の優勝回数を誇るバイエルン・ミュンヘンより十六点も失点が多かった。

シーズン前半には何人も怪我人が出てしまっていた。パトリック・オウォモイエラは太ももの故障で九月中旬から一月末まで離脱し、十九試合の出場を逃した。後半戦、チームはさらなる野戦病院と化した。トルステン・フリンクスは膝の靱帯断裂で十二試合を欠場し、三月中旬になってようやくチームに合流したものの、すぐ関節包靱帯を痛めて四月も一試合休んだ。イヴァン・クラスニッチは筋肉の故障で三週間離脱し、三月の四試合を逃した。ジエゴも恥骨の損傷と太ももの違和感で、計二試合休んだ。ペア・メルテザッカーはシュツットガルト戦の八十九分にカード覚悟でファウルを犯して退場になり、三月中旬の二試合に出られなかった。ダニエル・イェンセンとティム・ボロウスキも故障の連鎖を逃れられなかった。

そんなこんなで後半戦の滑りだしは順調とはいかず、ボーフムに負け、バイエルンと引き分けた。三月上旬にはシュツットガルトに六対三と大敗し、ヴォルフスブルクに一対〇で負け、ビーレフェルトと一対一で引き分け、デュイスブルクに一対二で敗れた。おかげで十七週間にわたって二位につけてバイエルンを追撃していたのに、いきなり五位まで下がってしまった。

「ヴェルダー・ブレーメン崩壊」というのが〈ビルト〉の見出しだった。新聞によると僕たちは勝利への意志と規律に欠けていたらしい。たしかにそう言えないこともなく、グラスゴー・レンジャーズに負けてUEFAカップをベスト十六で敗退したあとでは、ロッカールームでジエゴとアーロン・フントが衝突した。でもそんなに悪いことだとは思わない。ときには意見をぶつけあうことも必要だろう。チームにまだエネルギーと情熱が残っている証拠だからだ。

誰も言葉をかわすことなく、ただ敗戦や不出来な試合を受けいれていたとしたら、そっちのほうが問題だ。失敗しても意に介さず、いらだちひとつ見せずに水に流してしまうのはよくない。ときには声を荒らげ、不満を口に出し、下手なパスや自分勝手なプレーについて激しくやりあうのも大事だ。節度を守っているかぎり、そうしたやりとりはチームの風通しをよくする。人格攻撃や中傷に走らずにいられるならば、仲間を批判したり、不満を口にしたりしても問題ない。一晩明けて相手に会ったとき、ちゃんと目を見て、たがいのリスペクトが失われていないと感じられたらそれでいい。

もちろんチームメイトに危害を加えるのは問題外だ。ところが僕がブレーメンに入団してまもなく、そんな事件が起きてしまった。ある日の練習試合で、ボールをコントロールしようとしたナウドがブバカル・サノゴの腹を蹴ってしまった。サノゴは体を丸めて倒れこんだ。決して故意ではなかったはずだけれど、ナウドは「見えなかったんだ」と言うだけで、謝罪しようとしなかった。

そのあとすぐ、今度はナウドが地面に転がった。プレーが再開されてまもなく、サノゴがふくらはぎに強烈な蹴りを見舞ったのだ。

さっそくマスコミが飛びついた。でもトマス・シャーフとクラウス・アロフスはあざやかに乗りきってみせた。監督は記者会見の席で選手たちをかばった。「私は闘争心に満ちた人間だ。相手にしたいというのなら、いつでも来い。私はここにいる」そうやって批判をかわし、自分のチームと選手たちを守った。公の場で選手を非難してきみたち記者にネタを提供するつもりなどいっさいない、とシャーフが言ったおかげでサノゴの一件は話題にのぼらなくなった。

サノゴには監督ばかりでなく、クラブの上層部も味方をした。アロフスはこう言った。「監督があやまちを犯したとは思えない。私はほぼ毎日トレーニングに顔を出している」

ただしチーム内ではもう少し違う状況だった。日曜の休みがなくなり、ときには一日に二度のトレーニングがおこなわれた。僕たちはダッシュを命じられ、腕が焼けるように痛むまで腕立て伏せをさせられた。「団結なくして希望なし」を忘れるな、とシャーフは繰りかえし説いた。

ロッカールームで人気だった卓球台も片づけられてしまった。本音を言えば、僕はこの種の懲罰が正しいやり方だとは思わない。卓球のせいで試合の勝ち負けが決まるわけではないだろう。むしろ体に負担をかけず頭の体操ができるし、二十分くらいダブルスで対戦したからといって疲れはてることもない。おもちゃを取りあげるのは幼稚園児には効果があるかもしれないけれど、プロのサッカー選手にやるべきではない。

トマス・シャーフはすばらしい監督だ。一流の指導者で、信じられないほど戦術理解が深く、ジョゼ・モウリーニョのようにずばりとものを言う。そしてあまり笑わない。トレーニングの最中、僕やボエニシュを股抜きしてようやく笑みを浮かべるくらいだ。僕たちはただ、この監督はご機嫌で笑顔を振りまきながらピッチを駆けまわるタイプではないと受けいれるだけだ。シャーフの仕事は笑うことではない。

プロとしてスタートを切ったそのときから、僕はそれぞれの監督のいちばんいいところを吸収しようとこころがけてきた。シャーフについていえば、選手に罰を与えるやり方だけは吸収しないようにした。その点においてジョゼ・モウリーニョはまったく違う。レアル・マドリード時代、試合に勝った僕たちが羽を伸ばしに行こうとしても、モウリーニョが止めることは一度もなかった。選手が自由時間に何をしようといっさいかまわなかったのだ。実際、禁止事項は何ひとつなかった。ロッカールームで携帯電話を使っても怒られず、メールを送ろうが、トレーニング開始一分前に電話に出ようが、まったく文句を言われなかった。あれだけ悠然としている監督はちょっといないのではないか。モウリーニョが求めたのは、ピッチで百パーセントの力を出すことだけだ。サッカーに神経を集中し、気を散らすことがないよう言われた。

何か気になることがあれば、モウリーニョは罰以外の方法でそれを伝えた。非難する口調はもっとやわらかかった。たとえばある夏、休暇中の僕はついタバコに手が伸びた。バカだったと思うし、サッカー選手としてふさわしくない行動だった。その点は認める。でも、なんとなく吸いたい気分だったのだ。友人たちとヨットに乗っていたときで、シーズン中ずっと僕は、酒も甘いものもジャンクフードも口にしないストイックな生活をしていた。それが突然、目の前にタバコの箱があり、太陽が輝いていたのだ。つい一本ほしくなった。

当然のなりゆきとして、白い煙を吐く僕の姿は百メートル先で小型ボートに乗っていたパパラッチに撮影された。休み明けのトレーニングのためマドリードに戻ると、モウリーニョから選手全員に短い話があった。無事に帰ってきてよかったという内容で、新シーズンの目標についてのコメントもあった。やおらモウリーニョは二枚の写真を印刷した紙を取りだし、高々とかかげてみせた。左にはタバコをくわえてヨットでくつろぐ僕が写っていた。上半身裸にサングラス、青い空と海。右にはレフトバックのファビオ・コエントランが写っていた。野球帽を深々とかぶり、暗がりでタバコを吸っている。「サッカー選手には二種類いる」と、モウリーニョは紙をかかげた格好のまま言った。

「品格のあるメストのような選手と、品格のない選手だ」

選手たちは爆笑した。けれどみんな、監督の言いたいことはよくわかっていた。休暇中にプロとしてふさわしくない振る舞いをしたら、必ずモウリーニョの耳に入るし、いい印象はもたれないということだ。でもモウリーニョの場合、こんなふうに伝えるだけでじゅうぶんだった。僕たちの脇の甘さをヒステリックに罵倒しても不思議はなかったのに、ひとりの人間としての責任感を信頼してくれた。


いっぽうブレーメンは少しずつ調子を取りもどしていた。それ以上順位を落とすこともなくヘルタ・ベルリン、シャルケ、ロストックに連勝し、トータル九得点した。そして四月二十六日、カールスルーエとヴィルトパルク・シュタディオンで対決した。セバスティアン・フライスに先制点を奪われたものの、ジエゴが同点にする。二十九分、僕はティム・ボロウスキから受けたパスを左足で叩いた。うまくタイミングが合わず、ボールは二十メートルの距離から力なくゴールのほうに転がっていった。バックパスにしか見えない、相当みっともないシュートだった。僕はゴールキーパーが悠々とボールを拾いあげ、プレーを再開するのを待った。ところが気がつくと球はネットのなかにおさまっていた。情けないシュートが勝ち越し弾になったのは、フィールドの小さなこぶがボールの方向を変え、気の毒なマルクス・ミラーの不意をついたせいだった。ブンデスリーガ初得点だ。僕はブレーメンの今シーズン十九人目の得点者で、ついでに記録をつくってしまった。ブンデスリーガでこれほど多くの選手が得点したチームは史上初だという。

初ゴールの場面は繰りかえしユーチューブで観た。何度もリプレイをクリックして、三十～四十秒の動画を再生した。最初の得点は、最初の出場とおなじくらい心が躍るものだ。もっといえば、初得点の喜びにはよりいっそう大きな驚きがともなっていた。はじめて出場する前の晩、僕は興奮しきっていたし、第四審判に出場の合図をされるころにはタッチライン際で我を忘れそうになっていた。そのいっぽう、ゴールの前にあらかじめそんな感情を味わうことはできない。理屈から言っても、いつ得点するかわからないからだ。

僕はボールが自分の足を離れ、ゆっくりミラーのもとに転がっていくのを見た。何をやっているんだ、と自分で思った。それがゴールになったのだから、はじめは信じられなかった。どうやったらあんなシュートが決まるのかと思いながらも、気がつくと歓喜にまかせてピッチを駆けていた。それでも僕は状況がまるでわかっていなかった。仲間たちの手が伸びてきて、あちこちに引っぱられ、髪をかき回され、肩を叩かれてようやく我に返った。「得点だ。得点したんだ」と、心のなかの声が言う。満面の笑みを浮かべていたので、頬骨が痛いほどだった。

けれどセバスティアン・フライスにその日二点目を奪われ、喜びはかき消えた。エドモンド・カプラーニにも得点を決められ、長いことビハインドを背負ったすえに、やっとサノゴが同点弾を決めた。

次節のエネルギー・コットブス戦にも勝利し、そのあとはハンブルガーSVとの北部ダービーだった。ベンチからではあったけれど、僕が経験したなかでも指折りの熱い試合で、誰もが熱狂していた。タックルをよけようとする選手はいなかった。ブレーメンの選手としては、ハンブルガーに負けることは許されない。誰もがそのことを考えながら戦って、みごとな試合をした。ピッチ上での威圧感はおそろしいほどで、みんな走りながら叫んでいるようだった。「ここは通さないぞ。おまえたちが何だっていうんだ」みんなボールを追いまわし、一秒でも休もうとしなかった。自陣に戻るのをさぼる選手もいなかった。

ボールが回っていないときは小競り合いや、ちょっとした挑発行為があった。ダニエル・イェンセンが悪態をつく。ティム・ボロウスキが敵を押しのける。ウーゴ・アウメイダが乱暴な口をきく。おじけづかせようというわけだ。けれどハンブルガーの選手もそう簡単にはびくつかず、パウロ・ゲレイロはティム・ヴィーゼに肘打ちを食わせ、ヴァンサン・コンパニもジエゴをきつく突いた。

後半が始まってすぐ、フランク・バウマンがラファエル・ファン・デル・ファールトのユニフォームを引っぱったとしてレッドカードを受けた。それからユリツァ・ヴラニェシュの手がティモシー・アトゥバの顔に当たってしまい、こっちも退場になった。そのあともブレーメンに計五枚、相手に計三枚のイエローカードが出た。「レスリング顔負けだったよ」と、イヴァン・クラスニッチは試合後に言った。

ブレーメンは五十分にウーゴ・アウメイダのみごとな一発で先制していた。ダニエル・イェンセンがアウメイダにボールをはたくと、五人に囲まれていたアウメイダはいったん下がり、十七メートルの距離から完璧なシュートを放った。ボールはゴールの隅に吸いこまれていった。

でもその日の話題をさらったのはゴールキーパーのティム・ヴィーゼだった。四十二分、エリア内にクロスが入った。飛びこんでくるイビチャ・オリッチをナウドが追わなかったので、ヴィーゼが対応するしかなかった。エリアぎりぎりまで駆けていき、跳んで右足を振りあげる——オリッチの頭の高さまで。足の裏を見せながらボールをクリアしたものの、はずみで敵の肩を蹴りつけてしまった。

試合後、ハンブルガーの選手とマスコミはいっせいにヴィーゼを非難し、「前の晩にB級空手映画でも観たのか」と騒いだ。あのファウルは「傷害罪に値する」らしい。気がちがったかのようにゴール前から飛びだし、「今シーズン最凶の一撃」を食らわせたというのだ。試合後ヴィーゼは、先にボールにふれたのは自分のほうで、「オリッチは突っこんでくる必要なんてなかった。向こうから飛びかかってきたんだ」と語った。〈ビルト〉に言わせると「噴飯もの」のコメントだった。

最初クラウス・アロフスは、結果的にイエローカードにとどまったヴィーゼのファウルをかばった。「イエローカードで何の問題もなかった。ティムはボールに行こうとしていたんだ」ところが世間で「カンフーキック」と酷評されていることを知ると、アロフスは前言撤回した。「主審に退場を命じられていても文句は言えなかっただろう」

フランツ・ベッケンバウアーがTV解説者として「あのタックルは殺人未遂級だった」とコメントしたことで、ますます非難の声は高まった。一九八二年にゴールキーパーのハラルト・シューマッヒャーがフランスのパトリック・バチストンにラフプレーを働き、歯を数本折ってしまった一件が持ちだされた。エリック・カントナがスタンドに座っていたクリスタル・パレスのサポーター、マシュー・シモンズに「カンフーキック」を見舞った事件まで蒸しかえされた。

たとえチームメイトでも、あのイエローカードは正しくない判定だったと僕は思っている。主審のルッツ・ワグナーも翌日認めた。「昨夜はよく眠れなかった。気持ちが晴れなかったんだ。TVのリプレイを観ると、退場にしているべきだったと思う」一九八四年と八六年の二度ドイツ最優秀選手賞を受賞したハラルト・シューマッヒャーは、それでもヴィーゼをかばった。「試合の最中、目に入るのはボールだけだ。相手を怪我させようなんて考える時間はない。ヴィーゼの行為を殺人未遂だなどというのはバカげている」

そんなこんなで僕たちは「空手軍団」と呼ばれるようになった。それまでに七枚のレッドカードを受けていたという事情もある。ブレーメンのイメージは汚れてしまった、とまで言われた。

なかにはこうした騒ぎで崩壊するチームもある。集中するべきことを見失い、ほかのことに振りむけなければいけないエネルギーを、事件を分析したり正当化したりすることに使ってしまうのだ。ブレーメンは違った。クラウス・アロフスとトマス・シャーフは持ち前の冷静さで、僕たちをシーズン終盤の追いあげに集中させた。ブレーメンはリーグ二位で、僕の古巣のシャルケに勝ち点二の差をつけ、このまま行けば自動的にチャンピオンズリーグ出場が決まるところだった。ちなみに僕の元チームメイトたちは、もうミルコ・スロムカの指揮下にはなかった。ブレーメンに五対一で敗れたあと、監督は更迭《こうてつ》されたのだ。マイク・ビュスケンスとユーリ・ムルダーがあとを継いでいた。

ヴィーゼのカンフーキック事件の次節、僕たちはブレーメンが空手軍団などではなく、長年コンビネーションサッカーを評価されてきた一流のチームだと証明した。僕の獲得を狙っていたハノーファー相手に、チームはすばらしい試合をやってのけた。ウーゴ・アウメイダ、ティム・ボロウスキ、イヴァン・クラスニッチ、マルクス・ローセンベリとアーロン・フントが得点して、六対一で勝利したのだ。マスコミの非難はぴたりとやみ、僕たちは賞賛され、パフォーマンスをべた誉めされた。シャルケがフランクフルトを一対〇で下し、まだブレーメンを追いあげていたせいで、最終節で逆転される危険性は残っていた。ただし引き分けさえしたら、僕たちはチャンピオンズリーグ自動出場の圏内だった。

結局ローセンベリが終了の十分前に得点し、僕たちは白星を手にした。またしてもタイムアップ目前の一撃だ。終了前の十五分で僕たち以上に（十八点）得点したブンデスリーガのチームはない。主審が笛を吹くまで緊張を解くな、と言いつづけてきたシャーフの功績だった。

主審のミヒャエル・ケンプターが笛を吹いたとき、ピッチにはイヴァン・クラスニッチの姿があった。後半十五分、監督がウーゴ・アウメイダと交代で送りだしたのだ。クラスニッチのような男はほかにいない。闘志にあふれ、大胆で、不屈の魂を持っている。ただ賞賛するしかない。

クラスニッチは病気のせいで二〇〇七年をほぼ丸ごと棒に振った。両方の腎臓が機能しなくなり、キャリアどころか生命まで危ぶまれたのだ。腎臓病にくらべたら、試合中の怪我なんて笑ってしまうようなものだろう。クラスニッチの体は毒素を排出できなくなった。母親にもらった腎臓には拒絶反応が出て、父親にもらったぶんがようやく移植に成功した。そのあと試合に復帰した。そんな事情をかかえたプロ選手としてははじめてだ。僕はクラスニッチと七度いっしょにプレーする機会があり、この人はどんなときも明るさと勇気を失わなかったのだな、と思った。

ほとんどのサッカー選手は、自分の健康に大きな不安をおぼえたりしない。肉体とは毎日の鍛錬をとおして性能を高め、筋力をつけるための存在で、確認するにしてもスムーズに動くか、腱《けん》や靭帯がぐらついていないかというくらいだ。朝シャワーを浴びれば、その日の厳しいトレーニングのためによく調整された体が目に入る。午後戻ってくると疲れてはいるけれど、それは体がちゃんと機能したという証でもある。

それだけ体が強いので、故障や違和感になかなか気がつかず、練習でも試合でも全力でタックルを仕掛けてしまう。それくらい耐えられると信じきっているのだ。でもクラスニッチがそうだったように、よく鍛えられた体でもどうにもならない弱みを見せることがある。何キロ走ろうと、どれだけ腹筋や腕立て伏せをやろうと、何の役にも立たない。

僕はサッカーが好きだ。これ以上に楽しいことはないと思う。できるなら永久に試合に出つづけたい。けれど残念ながら、いつの日か僕の体はほころびを見せはじめるだろう。僕はそのことを恐れている。ずっと今のレベルを維持したい。でもそれが無理な相談なのはわかっている。

イヴァン・クラスニッチといっしょに、僕はブレーメン一年目でリーグ二位になった。プロになってから二年連続でブンデスリーガ準優勝を果たしたということだ。アンドレアス・ミュラーの予想とは裏腹に、僕はブレーメンに加入した最初の六ヶ月で、シャルケに所属していたシーズン前半より多くの出場機会を得た。トマス・シャーフがくれた六百十五分に対して、シャルケでは五百五十八分だった。

この二年間は永遠につづく早送りのようだった。シャルケでは揉めごとに巻きこまれ、振りまわされたり敵意を向けられたりした。僕はぐっと感情を押し殺し、不快なことは無視して、中傷を受けながすことを学んだ。ブレーメンでは百八十度違う世界があることを知った。クラブはここまで選手を支えてくれるものなのだ。

トマス・シャーフとクラウス・アロフスは怪我や味方どうしの衝突、絶え間ない移籍の噂をチームに影響させなかった。ふたりとも驚くほど冷静で、おかげでブレーメンは何があってもダメージを引きずらなかった。

よそのクラブがこんな激動のシーズンを無事終えられたとは思えない。古くさい言い方かもしれないけれど、僕たちは本当に天国と地獄を行き来した。ビーレフェルトを八対一で下した試合があり、シュツットガルトに六対三で敗れた試合があった。レアル・マドリードに勝った最高の一日があり、オリンピアコス相手に勝機をつかめない最悪の一日があった。計七十五得点決めながら、七枚のレッドカードを受けた。最終的に五年連続でチャンピオンズリーグ出場権を得た。

二年間、ジエゴの陰で成長できたのは本当に運がよかったと思う。ジエゴはゆったりしたボールタッチが持ち味で、いつも足もとからボールが離れなかった。太ももにも密着しているようで、その気になれば頭に吸いつけることもできた。トップスピードで走っているときでも、びっくりするくらいボールを離さなかった。ジエゴはおそろしいほど効率よく魔法を繰りだしてみせた。そして何よりも、あれだけの力がありながら、思いあがったところのない真のチームプレイヤーだった。俺は偉いのだから守備はしない、などと絶対に言わなかった。

トレーニング中、教科書どおりのタックルを仕掛けたのにジエゴからボールを取れず、僕は何度も歯ぎしりした。右足を狙うと、ボールを浮かせて左足に移す。左足を狙うと、するりと身をかわす。チームメイトとしては見ているだけで楽しかった。敵としては足から離れないボールさばきや小憎らしいドリブルに猛烈にイライラさせられた。でも僕にとっては貴重な経験だった。練習中はジエゴのペースについていくだけではだめで、向こうのテンポに合わせてプレーしなければならなかった。ジエゴはワンツーを求め、フリーランニングを求めた。それができない選手には、呆れたような表情をしてみせた。練習後、僕はジエゴの足さばきをスローモーションの映像で観て、仕組みを理解しようとすることもあった。

練習が終わると、よくジエゴとナウドのふたりとピッチに残ってフリーキック対決をした。ナウドが純粋なパワーで勝負するのに対して、ジエゴは信じられない角度にボールを曲げてみせた。壁をかすめて落ちるシュートもお手の物だった。

いつしか僕はブレーメンの創造性あふれるコンビネーションにしてチームの核、「中盤のダイヤモンド」に定着していった。精密機械なみのパサーのジエゴ、戦略家のフランク・バウマン、精神的支柱のトルステン・フリンクスといったすばらしい選手たちがそばにいた。

# 第10章 DFBポカール優勝──敗戦を乗りこえる

ヴェルダー・ブレーメンでの二年目、僕にはメストをもじった「メッシ」というあだ名がついた。「ジエゴも大事な選手だが、『メッシ』もいいプレーをする」と、あるときトルステン・フリンクスはインタビューに答えて言った。

アルゼンチン代表のリオネル・メッシは僕より一歳半ほど年上だ。二十四歳にしてバルセロナの歴代最多得点者になり、十二ヶ月後にはリーガ・エスパニョーラでの得点は二百点を超えていた。二〇〇九年から一二年にかけて、四度連続でバロンドールを獲得した。

ブレーメンの僕は、もちろんそんな栄誉とは遠い場所にいた。それでもいつの日か、バロンドールを獲りたいとは思っていた。少し話が飛ぶけれど、レアル・マドリードに加入したときジョゼ・モウリーニョにははっきりと言われた。「きみがいつかバロンドールを獲らないとしたら、がっかりだな」僕も同感だ。あの賞にふさわしい選手になるという大きな目標を持っていて、そのことを考えるとやる気が満ちてくる。でもその話はまたあとにしよう。

なぜならレアル・マドリードに加入する前、僕はブレーメンで大小さまざまな経験をしたからだ。

二〇〇八年夏、パトリック・オウォモイエラ、イヴァン・クラスニッチ、ピエール・ウォメ、ティム・ボロウスキがチームを去った。入れかわりにクラウディオ・ピサロがチェルシーから加入し、セバスティアン・プリョードルもやってきた。僕自身もブレーメンに入ってはじめてプレシーズンの合宿に参加し、U-19からトップチームに上がってきたばかりのセバスティアン・ミーリッツと同室になった。フリンクス、ピサロ、ヴィーゼといった年長の選手たちはひとりで部屋を使っていたけれど、僕たち若い選手にそんな特権はなかった。初日の夜、僕はベッドに横になった。ハードなトレーニングをこなし、食事を終えてマッサージを受けたところだった。僕はテレビをつけて、いつもホテルで退屈しのぎにやるようにドラマをはしごしていた。セバスティアン・ミーリッツのマッサージの時間は遅く、夜九時ごろやっと部屋に戻ってきて、しばらくいっしょにテレビを観ていた。三十分も経たないころ、テレビを消してほしいとミーリッツが言った。「もう寝なくちゃ。明日は大事な練習があるんだ」僕は相手が冗談だと言いだすか、べつの形のオチをつけるのを待った。ところがミーリッツは本気だった。僕は言った。「ラップトップを持ってきていないんだ。まだ九時半じゃないか。十二時間も眠れないだろう」ミーリッツはおかまいなしだった。長時間睡眠をとるタイプで、本気で九時半にベッドにもぐりこみたいらしかった。

たいしたことではない。実にどうでもいい話だ。でもいっしょに過ごしていたら、その手のささいなことに折りあいをつけなくてはいけない。ブンデスリーガの若い選手はたいていルームシェアをさせられる。つまりたがいを受けいれ、寛容でいなければいけないということだ——たとえ誰かが、バカバカしいほど早い時間に寝たいと言いだしても。僕はミーリッツに自分のヘッドホンを渡して、これで音が聞こえなくなるだろうと言った。こうして問題は解決した。

プレシーズンの準備がうまくいっていたのと反対に、シーズン開幕直後のチームは不調で、ビーレフェルトとシャルケに引き分けるのがやっとだった。ボルシア・メンヒェングラートバッハ戦は後半の途中まで三対〇とリードされていて、結局三対二で終わった。昨年二位のチームにはふさわしくない滑りだしだ。

僕自身は一対一に終わったシャルケ戦同様、コットブス戦でもアシストを記録した。そしてチームは第五節、アウェイのバイエルン・ミュンヘン戦に五対二で勝った。僕はマルクス・ローセンベリとナウドの決めた一、二点目をアシストした。三点目は十五メートルの距離から自分でゴール隅にぶちこんだ。記憶に残る日だった。ブンデスリーガ最多優勝記録を誇るチームの本拠地で五点取れるチームはそうそうない。たいていのチームはアリアンツ・アレーナで引き分けられれば満足して帰る。けれど僕たちは試合のリズムをつくり、流れをコントロールした。相手にはフィリップ・ラーム、バスティアン・シュバインシュタイガー、ゼ・ロベルト、ルカ・トーニといったワールドクラスの選手たちがいた。

つまり僕自身はいいスタートを切れたわけで、結局二十試合で先発し、三ゴール十五アシストだった。満足してもいい数字だけれど、チームのリーグでの悲惨な出来を考えると喜ぶことはできなかった。一度、三位に浮上するのが精いっぱいで、十位という許されない成績で終わった。でもリーグ戦の不出来を後悔するかわりに、僕たちはべつの形でシーズンを締めくくった。いい結果を残すことで、何週間もの低調を帳消しにした。

ここぞという場面で輝くことで、僕たちは問題を埋めあわせた。大一番ではとても調子がよかったのだ。プロローグで触れたチャンピオンズリーグのインテル・ミラノ戦がそのひとつだ。この試合のあと、僕はいつかモウリーニョのもとでプレーしたいと代理人に言ったのだった。

試合後、モウリーニョはドイツのマスコミのささやかな攻撃を受けた。「ブレーメン、ビッグマウスのモウリーニョを黙らせる」と、〈ビルト〉は書いた。モウリーニョは試合前の記者会見で自信たっぷりに語っていた。「私を超える監督はいない」不愉快な質問をした記者には噛みついた。「きみは監督になりたかったのだろうが、記者になるのが精いっぱいだったのだろう」マスコミが自身のインテルでの年俸について臆測している件についても、挑発的に言ってみせた。「きみたちはいつも九百万ユーロだろうと言う。そんなはした金じゃない。千百万ユーロだ。スポンサー収入を加えたら千四百万だ」

こうしてまたしてもモウリーニョは数日にわたって紙面を独占した。それが狙いだったのだろう。レアル・マドリードでの僕の経験から考えても、モウリーニョは自分に注意を引きつけようとしたのだと思う。選手の故障か、戦術についての意見の相違かはさておき、インテル・ミラノはどこかに問題をかかえていたのではないか。何にしても、マドリード時代のモウリーニョはよくそんな手を使った。スペインの二大日刊スポーツ紙〈マルカ〉や〈ＡＳ〉が翌朝の紙面でチームを非難しようというとき、モウリーニョは夕方までにその情報をつかんでいた。批判的な記事が掲載され、チームに動揺が走るのを見越していたのだ。そこで相手の注意をべつのところに引きつける策をとった。そのせいで自分が損をして、挑発的なコメントのせいでイメージが傷ついても気にしなかった。いわば彼は迎撃機で、モウリーニョがいたからこそチームは傷を負わずにすんだし、試合に集中できた。

インテル戦のほかにブレーメンが輝いたのは二〇〇九年一月、DFBポカールのベスト十六では昨年の準優勝チーム、ボルシア・ドルトムントと対戦したときだった。ドルトムントにとって僕たちとの試合は、クラブ創設百周年の前祝いだった。でも僕たちに、おとなしくゲストとしてあらわれて贈りものを渡すつもりなどなかった。

開始直後はたしかにそんな雰囲気だったかもしれない。アレックス・フライが早い時間のゴールでドルトムントに先制点をもたらし、そのままフライとモハメド・ジダンに五度の決定機が訪れた。そのあとようやく僕たちは目を覚まし、順位表とは裏腹の自信あふれるプレーを見せた。ウーゴ・アウメイダが得点し、クラウディオ・ピサロが追加点を取る。こうして僕たちは準々決勝に駒を進めた。

次の相手は四勝一分けという最高の成績で後半戦のスタートを切ったヴォルフスブルクだった。十得点に対して失点はわずか三だ。対照的に僕たちは年が明けてからリーグで一勝もできず、勝ち点はたったの二、百三回のゴールチャンスに対して三点というありさまだった。正確性もへったくれもなく、闇雲に打ちまくっているだけだった。

ヴォルフスブルク戦の結果はなかば見えているようなものだった。ブレーメンのゴールには大きな穴が開いていた。ティム・ヴィーゼと第二ゴールキーパーのクリスティアン・ヴェンダーが両方とも怪我で出られず、ニコ・ペラッツがはじめて公式戦でプレーする羽目になっていたのだ。二軍に所属し、ウンターハッチング、ザントハウセン、キッカーズ・エムデンなど三部リーグのチームを相手にしていた選手だった。

けれど僕たちはふたたび奇跡を起こしてみせた。ジエゴがボックスの隅からのシュートで先制点をもたらし、つづいて僕がドリブルでエリア内に切りこんで二対〇にする。そのあとエディン・ジェコに一点返された。まだ前半十分だ。試合はこれからだった。フリーのシュートを外したピサロが、今度は五メートルの位置から得点するものの判定はオフサイドだった。ハーフタイム後、ジェコがPKを決めて二対二にする。その後枠内シュート七本が飛びだしたすえに、試合はブレーメンが五対二で勝利し、僕たちは準決勝に進出した。

チャンピオンズリーグでグループリーグ三位になったため参加することになったUEFAカップでは、ACミラン、サン・テティエンヌ、ウディネーゼを撃破し、準決勝でハンブルガーを引きあてた。DFBポカール準決勝とまったくおなじ相手だ。ブンデスリーガでも対決が迫っていたので、十九日間で四度の北部ダービーが予定されていた。おもしろくなりそうだった。僕たちは二冠を狙っていて、おかげでリーグ戦の不調からもしばし目をそらすことができていた。ハンブルガーにしたら、四度の対決に三度のタイトルがかかっていた。まだブンデスリーガ制覇の可能性が残っていたのだ。二十八節を終えた時点で首位ヴォルフスブルクとわずか勝ち点三の差、バイエルンとは同率三位だった。計算上ではあらゆることが可能だった。

当然のように、第一戦の前から戦いは始まっていた。ナイジェル・デ・ヨンクは「誰が出てこようとおなじだ」と、挑発的な言葉を放った。「まとめて食ってやるよ」ラファエル・ファン・デル・ファールトもジエゴのことを「腰抜け」と呼んだ。

ティム・ヴィーゼのカンフーキックも蒸しかえされ、燃料にされた。ヴィーゼ自身も舌戦に加わった。「俺たちが怖いんだろう。DFBポカールで叩きのめされたら、残り三試合もさぞかしびくつくんだろうな」

たぶんヴィーゼは、敵の選手やサポーターと衝突することで気合いを高めていくタイプなのだ。スタジアムの野次が激しくなるにつれて、勢いを増していく選手というのは実際いる。敵意からエネルギーを得ているのだ。「今に見ていろ」式のメンタリティで、とりわけプレッシャーのきついときに力を発揮する。僕自身はそうではない。前にも言ったように、試合中聞こえるのはチームメイトの声だけで、サポーターの声はほとんど耳に入らないからだ。

第一戦ではペア・メルテザッカーが先制点を奪った。イビチャ・オリッチがヴィーゼの脇を抜いて同点にする。ヴィーゼの目立つ場面はそれくらいだった。九十分、ダヴィド・ヤロリームが僕に乱暴なタックルを食らわせ、主審のクヌート・キルヒャーが瞬時にレッドカードを取りだす。これで延長戦に向けてひとり多くなった。けれど数的優位があったのに、決勝点を奪うことはできなかった。

こうして第一戦はPK戦で決着をつけることになった。先に蹴るのはハンブルガーだ。ヨリス・マタイセンが決める。クラウディオ・ピサロも決めた。そこからヴィーゼのひとり舞台が始まった。イエロメ・ボアテングが蹴る前には、「俺はおまえより強いぞ」と言わんばかりに相手に近寄ってじっと目を見つめた。オリッチとマルセル・ヤンセンにもおなじことをした。おまけにライン上でめったやたらと体を動かし、ゴール裏に敵のサポーターがいたときよりさらに大きなブーイングを浴びた。ところがヴィーゼは望みどおりの結果を得た。ハンブルガーのキッカーは三人ともおじけづいたようで、どこに蹴ってもヴィーゼは正しい方向に身を投げたのだった。

ヴィーゼはPKを三本すべてストップし、僕はチーム二本目を決め、トルステン・フリンクスがとどめを刺した。積年のライバルの、シーズン初タイトルのチャンスを台無しにしてやっただけではなく、DFBポカール優勝の可能性まで出てきた。

第二戦は接戦で落とした。ホームスタジアムで一対〇という結果で、相手はUEFAカップの次戦進出に向けてわずかに有利になった。おまけにリターンマッチでは味方のサポーターの前でプレーすることになる。オリッチが先制点を決めると、スタジアムはお祭り騒ぎになった。すべてハンブルガーの勝利を約束しているようだった。でも僕たちは諦めず、ジエゴとピサロの得点で試合をひっくりかえした。

終了間際までブレーメンは二対一でリードしていた(アウェイゴールという点からしても優位だ)。そのとき見たこともない出来事が起きた。ノープレッシャーの状況でハンブルガーのディフエンダー、ミカエル・グラフゴーアが左足でキーパーのフランク・ロストにボールを戻そうとする。グラフゴーアも何千回となくやっていて、普通なら平凡すぎて記憶にも残らないようなパスだ。ところが一枚の紙がこのつまらないパスを驚異的なパスに変えてしまった。「神の紙」というわけだ。

たぶんキックオフ前にチームを勢いづけようと、ハンブルガーのサポーターのひとりがポスターをかかげていたのだろう。自分のチームを鼓舞するときによくやることだ。そしておそらく失点のあと怒りにまかせて紙を丸め、ピッチに放りこんだ。まぶしい照明のもと、紙は誰にも気づかれないままずっとそこにあった——グラフゴーアがパスを出すときまで。ボールは紙に当たって唐突にバウンドし、フランク・ロストに届くかわりにグラフゴーアのすねに当たってピッチの外に出た。ブレーメンのコーナーキックだ。ジエゴが位置につき、フランク・バウマンを狙う。ボールはゴールに吸いこまれた。紙くずのおかげで三対一だ。僕の珍妙なカールスルーエ戦のリーグ初得点とおなじくらい予想外だった。

その後オリッチに得点されて差を詰められたものの、結局三対二で勝利した。アウェイゴールを三点奪われたハンブルガーはＵＥＦＡカップを敗退した。僕たちはブンデスリーガでも連中に勝ったというわけだ。

ＵＥＦＡカップ準決勝後、ＴＶリポーターのひとりがその紙を拾うとすっかり話題の的になり、ほとんどすべての番組で分析や解説をされる始末だった。トロフィーのように手から手へ渡り、なんとイスタンブールでの決勝戦まで運ばれた。入札までおこなわれ、決勝後に開かれたオークションで四千百五十ユーロで落札されたという。

紙がイスタンブールで脚光を浴びているいっぽう、僕自身はいい思い出をつくれなかった。トルコでおこなわれた決勝のシャフタール・ドネツク戦はジエゴが出場停止で、おかげで僕に大きな注目が集まった。十三度の国際舞台で七アシストという成績のせいで、期待は高かった。「この試合はメストにかかっている」と、トルステン・フリンクスは決勝を前に言った。トマス・シャーフも希望を口にした。「メストがすばらしいシーズンに花を添えられるのを願っている」

イスタンブールにはゾングルダクの親戚の半分ほどが顔をそろえていた。エジル家の人間にとって特別な試合のために、バンに乗って三百三十キロの道のりをやってきたのだ。僕が出場しているからというだけではなく、ＵＥＦＡカップ三十八年の歴史で最後の試合という意味でも特別だった。

ＵＥＦＡカップは一九七一～七二シーズンに始まり、ドイツのクラブが六度優勝していた。メンヒェングラートバッハが二度、あとはフランクフルト、レバークーゼン、バイエルン、シャルケだ。最後にドイツのチームが決勝進出したときは（二〇〇二年のボルシア・ドルトムント）、フェイエノールトに三対二で敗れた。二〇一〇年以降、大会はいくつか変更を加えられ、今はヨーロッパリーグとして開催されている。

ビッグゲームの前の晩、僕はよく眠れた。いい気分で、ぜひ高い期待に応えたいと思っていた。ところが出来は散々だった。試合中に浮かんだアイデアはことごとく失敗し、フリーランニングも効果が薄く、いつもプレーするのを助けてくれる正確なアンテナが故障しているとしか思えなかった。僕はふだんの流れと創造性、正確性を欠いていた。

そんな状態にもかかわらずチームは九十分間を乗りきり、一対一のまま延長戦にのぞんだ。けれど僕たちはドネツクのブラジル人選手たちを止めるのに手いっぱいで、自分たちの試合をつくるどころではなかった。つまりトマス・シャーフにやるなと言われつづけてきたリアクションサッカーにおちいっていたのだ。九十七分、五人のブラジル人選手のひとりジャドソンにフリーでシュートを打たれた。右サイドのクロスを受けて十一メートルの距離から蹴ってきたのだ。ゴールの一メートル半前に立っていたヴィーゼは光の速さで反応した。両足で地面を蹴り、両手を伸ばしながら右側に身を投げる。ボールが迫る。ヴィーゼは懸命に背中をそらして両腕を伸ばし、右手の指先でボールにふれた。でもわずかに勢いを殺すのが精いっぱいだった。ボールはネットに突きささった。二対一。ブレーメンの負けだ。

シュクル・サラチオール・スタジアムでの敗戦のあと、僕は消えてしまいたかった。必ず勝ちとるつもりだったトロフィーが敵の手でかかげられるのは見るのも嫌だった。でも逃げ場所はない。勝者をたたえるために噴射された金色の紙片が、僕たち敗者の上にも降りそそぎ、汗でねばついた肌に貼りつく。僕は手で払いおとした。こんなものを浴びる資格はないし、皮膚にくっつくのが不愉快でしかたなかった。何も感じたくなかった。

ところがトマス・シャーフは驚くべき行動に出た。決定機をふいにしたと僕たちが悔やむのを放っておくわけでも、低調な出来を叱るわけでもなく、ピッチ上で選手を集め、立て直しの作業にかかったのだ。

「よく聞け。この試合のことはすぐ忘れるんだ。イスタンブールはもう過去の話だ。ミスを悔やんだり、責任を押しつけあったりするかわりに、さっさと忘れてしまおう。そしてベルリンでの最高の決勝のことを考えるんだ。ドイツ中がブレーメンに注目している。私たちが立ち直るか楽しみにしているんだ。わかるか？　私たちは立ち直る。イスタンブールのことは忘れろ！　ベルリンを待つんだ。来週にはほかでもない私たちが優勝を祝っているぞ！」

サポーターも、選手が何を必要としているのかよくわかってくれていた。ここまで来てくれた五千人のサポーターの前に僕たちがのろのろと足を運ぶと、歌が始まった。口笛でも、怒声でも、叱責でもなく、ただひたすらチャントが響く。「ベルリン、ベルリン、ベルリンに行くぞ」

あのときのブレーメンのサポーターは最高だった。彼らの歌を聴いて、僕たちの痛みはいくぶんやわらいだ。サポーターのおかげで最悪の敗戦から立ち直れたことは一生忘れない。

多くのサポーターは、たぶん自分たちの価値に気づいていない。選手に与える影響に気づいていないにちがいない。僕たちがサポーターを「十二人目の選手」と呼び、声援を求めるのも白々しく感じているはずだ。でも僕たちの言葉は嘘ではない。サポーターの歓声は、疲れきっていた脚に活力を呼びもどす。筋肉が攣《つ》っていても走りつづけることができる。あと一本スライディングタックルを仕掛けられる。敗色濃厚な試合をひっくりかえそうとがんばることができる。僕のように背景の物音をほぼミュートしてしまう選手であっても、サポーターの声援がとんでもないレベルに達するとき、心を動かされずにいることはない。

サポーターの価値を知った試合のことは、今でも覚えている。二〇〇六年のバイエルン・ミュンヘン戦で、僕はまだシャルケに所属していた。いくつか低調な試合が続き、サポーターはボイコットを宣言して、クラブが創設された年にちなんで一九分〇四秒のあいだ沈黙していた。僕はヴェルティンス・アレーナのベンチに座って観戦していた。ひどい雰囲気で、現実とは思えなかった。ボールをパスするときのドサッという鈍い音や、バイエルンのサポーターが味方のスキルを賞賛する声が聞こえる。とてもサッカーの試合とはいえない状態で、はじめてサポーターが活気をもたらしてくれることを知った。死んだように静かなスタジアムで、ボールを追ってピッチを駆けまわりたいと思う選手などいるだろうか。熱い空気のなか、耳の痛みをこらえながら、焼けきれそうな太ももをかかえて走ることならできる。

一九分〇四秒ののち、六万一千四百八十二人の観客のなかのシャルケサポーターたちがチャントを再開し、それに呼応するようにレバン・コビアシビリが得点を奪った。ベンチの僕の心にも火がつき、勝利を願う気持ちと強い自信がみなぎってきた。

いつ、どこのスタジアムでもそんなだったらいいと思う。熱狂的なサポーターは、うまくいっているときに応援するのはもちろん、うまくいかないときもチームを見捨てない。

二〇一二年には僕がドイツ国歌を歌わないことについて、激しい議論がかわされた。批判的な連中がぶつくさ言うのが聞こえてきた。「あのバカなドイツ系トルコ人はどうして歌わないんだ」けれど、そういう人々は自分で歌っているのだろうか。試合にやってきて、熱狂にかきたてられて歌うのだろうか。

それはともかく、そんな非難を受けなければいけないのはとても残念だ。どうして僕が歌わないのか、批判する人々は知りもしないのだろう。僕はただぽかんとそこに立ち、国歌を右から左に聞きながしているわけではない。演奏中には第5章で紹介した祈りをささげているのだ。いつもそんなふうに祈ってきた。そうやって心を静める瞬間が僕自身に、その延長としてチームに、白星を手にする強さと自信を与えてくれているのだと思う。大事なのはその点だ。

代表戦での雰囲気にはがっかりさせられることもある。W杯王者として二〇一六年にベルリンでプレーしたときは、シャルケのサポーターがボイコットしたときさながらに冷えた空気が漂っていた。あの墓場のような静けさは何だったのだろう。チームに対してアンフェアではないだろうか。今どきのスタジアムには、熱心なサポーターよりもスポンサーのほうが多くいるのだろうか。いずれにしてもドイツ人のサッカーファンはずいぶんクールだ。

幸いにもブレーメンのサポーターとトマス・シャーフは、イスタンブールでも選手の心に寄りそってくれた。何が必要か、よくわかっていたのだ。おかげで僕たちは失意の深い沼に沈みこまずにすんだ。

敗戦の晩はチーム全員にスタッフも加わって、五つ星の〈フォーシーズンズホテル〉で食事をした。僕は気乗りしないまま料理をつつき、何の感情もなく炭水化物を口に押しこんでいた。こんなふうに負けたあとは味覚が麻痺して、何を食べてもおいしくない。最高に心がこもったメールを読んでも元気が出ない。ただ、ひとりになりたいだけだ。力を発揮できなかった自分が不甲斐なくてたまらない。

正直に言うと、イスタンブールでの試合では一時間が過ぎたあたりから、主審が終了の笛を吹くのが待ちきれなかった。これ以上みじめな思いをさせないでくれ、と懇願したいような気分だった。試合が始まってすぐ、今夜のチームは低調で、とりわけ僕は「当たって」いないのではないかと思った。今ではそれが認められるけれど、当時はもちろんできなかった。ピッチにいるかぎり、選手は試合の流れを変えたいと望むものだ。たとえ自分の調子が悪くても、なんとかして変化を起こしたい。ときどきそれがうまくいかない理由を、僕はよく説明できない。

プロのサッカー選手をやっていれば、自分の足が潜水用の「ひれ」のようで、コントロールが効かずボールをひっぱたいているだけという日も訪れる。どれだけ悪戦苦闘しても、いいプレーをしたいと強く願っても、体が言うことをきかないのだ。理屈では何をどうするべきなのか全部わかっているのに、実行にうつせない。翌日にはマスコミが、試合にのぞむ態度がよくなかった、ピッチ上での振る舞いには大きな不満が残る、と書きたてる。でもそれは的外れだ。「まあ、今日は半分の力でいい。そんなに走らなくてもパスを出さなくてもオーケーだし、二本くらいシュートを打てばいいだろう」などと思う選手がいるだろうか。選手は何百万人もが見つめる舞台に立っている。十数台のカメラがずらりと並び、一挙一動に注目している。そんななかではいつだって活躍したいものだ。態度がどうのという話ではない。

現実はといえば、うまくいくときはいくし、いかないときはいかないのだ。いいプレーができているときは、そんなに早く試合が終わるとは思ってもみないので、主審の笛にびっくりすることがある。反対に九十分がいつまで経っても終わらないような気がして、あと三時間プレーしなければいけないのか、と思うときもある。

ドネツクでの百二十分が終わったあと、マスコミの僕への評価は案の定厳しかった。〈フランクフルター・アルゲマイネ・ツァイトゥング〉によると、僕は「ジエゴのかわりにプレーメーカーを務めるには力不足」で、「若きドイツ代表はボールを要求するより避けることのほうが多かった。自分の殻に閉じこもっていて、外からのプレッシャーにまったく耐えられなかった」とのことだった。サッカー雑誌〈キッカー〉紙はこうだ。「ジエゴ抜きの攻撃は弱々しかった。迫力とイマジネーション、おもしろみに欠けた。ジエゴの後釜となるべき選手は落第点だった」

僕は気まぐれに新聞記事を片っぱしから読むタイプではないし、グーグルで自分の名前を検索して、マスコミにどう評価されているか調べたりもしない。だからといって、まったく気にならないというわけでもない。飛行機に乗ればいろいろな新聞紙が置かれていて、退屈しのぎについ手にとってしまう。ついでに歴代の僕の代理人はみんな熱心に新聞を読む。僕のもとにやってくるときは大量の新聞や雑誌をたずさえていて、そっくり置いていくので、それをぱらぱらめくって僕は世間の評価を知る。もちろん友人たちも記事の内容は知っていて、最新の情報を仕入れてくれる。

イスタンブール後の酷評はしかたのないものだったし、僕に対する疑問も当然だった。けれど僕は元ワールドクラスの選手ギュンター・ネッツァーの、決勝戦での僕の役割についての発言が的確だと思った。

「エジルにプレッシャーをかけすぎるべきではないし、サポーターも期待をふくらませすぎてはいけない。彼にはまだ時間が必要だ。今夜見せたよりずっといいプレーができるはずだ」そんなわけで僕は試合や批判のことを忘れ、シャーフとサポーターの要求に意識を集中した。ベルリンに行って、本当のエジルを見せつけてやるのだ。

DFBポカールの対バイエルン・レバークーゼンの決勝戦は「フラストレーション対決」と言われた。たしかに僕たちはリーグ戦で低迷し、最初のタイトルチャンスを棒に振っていた。いっぽうのレバークーゼンも二節にわたって首位をキープしたものの、僕たち同様ずるずると調子を落とし、おなじくらい期待はずれの九位に終わっていた。

でもそんな解説はもちろん見当違いもいいところだった。ブレーメンもレバークーゼンも、試合前にフラストレーションなどかかえていなかった。不機嫌なまま決勝戦にのぞむチームがどこにあるだろうか。

先発した僕は、ピッチに立った選手のなかでは最年少だった。隣にはヴェルダー・ブレーメンでの最後の試合にのぞむジエゴがいた。ユベントスへの移籍が決まっていたのだ。芝は水をたっぷり含んでいて、試合のテンポは速かった。条件は完璧だ。たがいにゴールチャンスが生まれた。でもティム・ヴィーゼも、レバークーゼンのレネ・アドラーもゆずらなかった。前半とおして激しい攻防が続く、魅力的な試合が展開された。

五十九分、ウーゴ・アウメイダにロングボールが届いた。アウメイダは軽くふれて、三人の敵に囲まれたジエゴに流す。ジエゴはファーストタッチでボールをコントロールし、セカンド、サードタッチで敵をかわした。僕はハーフウェイライン手前から駆けだし、左サイドを全速力で上がった。エリア内でボールを受け、七メートルの距離から振りぬく。決まった。ブレーメンに一点。コーナーフラッグのそばでジエゴに抱きあげられた。僕の体は羽のように軽かった。キャリア最大のゴールだ——その日生まれた唯一の得点で、優勝を引きよせたのだ。

主審のヘルムート・フライシャーが四分のアディショナルタイムののちに笛を吹くと、僕ははじめ呆然としていた。右でも左でも、緑と白のユニフォームを着た仲間たちが踊ったり跳びはねたり、たがいの腕のなかに飛びこんだりしている。人間の輪がいくつもできている。まず誰に駆けよったらいいのか迷って、僕はしばらくぼんやりしていた。ヴィーゼに飛びつくべきだろうか。監督に駆けよるべきだろうか。ひとりでピッチを駆けてもいいものだろうか。ぐずぐず考えているうちにトルステン・フリンクスが走ってきて、僕に飛びついた。ヘッドロックをかましながら、何か叫んでいる。僕も叫びかえした。それからジエゴに駆けより、ところかまわず小突きながらピッチを走った。誰かべつの人間が僕の体を動かしているみたいだ。両腕が風車のように回る。足が好き勝手に走ったり跳びはねたりする。僕はそれについていくだけだった。

こんな幸せを言葉で表現するのは難しい。右に走っても、左に走ってもそこらじゅうでカメラのフラッシュが夜の闇を照らしていて、どこを見たらいいのかわからなかった。スタンドの観客も写真を撮っていた。たがいの腕に飛びこんでも、どの選手とはもう祝福して、どの選手とはまだなのかさっぱりわからなかった。

その晩は大砲からばらばら撒《ま》かれた金色の紙片を浴びても、髪や肌に貼りつくのがただ心地よかった。イスタンブールのときと違って、僕はそれを望んだ。今夜は浴びる資格があるだろう。〈ホテル・マリティム〉の宴会場でのディナーもおいしかった。味覚はちゃんと働いていた。

食事をしたり祝ったりしながら、ジエゴとはたぶんあのゴールのことを十回近く語りあった。「完璧なパスだった」と、ジエゴに言うと、こんな答えが返ってきた。「レバークーゼンのやつらにずっとまとわりつかれていたんだ。でもあのときだけは、少しボールをあやつるスペースができた」

あなたが行ってしまうのは残念だ、と僕は言った。ともに過ごした二年のあいだに教えてもらったすべてのことに礼を言う。そのあとクラウス・アロフスがジエゴにコーナーフラッグを贈った。ホームスタジアムのフラッグで、ジエゴはそのまわりで何度もゴールを祝ったり、踊ったりしていたのだ。「ユベントスでの幸運を祈っているよ。そこでもカップ戦のタイトルが取れるんじゃないか」と、アロフスが笑いながら言う。ジエゴが答えた。「すばらしい二年間をありがとう」

その夜からマスコミは突然僕のことを「新しいキング」と賞賛するようになった。すくなくとも〈ビルト〉はそうだった。クラウス・アロフスも僕を誉めた。「イスタンブールではまだ重圧が大きすぎた。あれはメストにとって最初の大きな決勝だったんだ。今回、ジエゴの隣ではとてもうまくいった。メストがどれほどの才能の持ち主か、我々はよく知っている」一九七四年のW杯優勝メンバーのヴォルフガング・オベラートも、〈ヴェルト・アム・ゾンターク〉でブレーメンの現状をこう語った。

だがエジルを獲得したことで、ブレーメンは短い時間でトップに登りつめる若き逸材を手に入れた。わずかなあいだに、エジルはチームにとって非常に大切な選手になった。特大の才能の持ち主で、これからはジエゴと似た役割を務める機会に恵まれるだろう。二〇〇六年にポルトからやってきた彼が、ほぼ無名の選手だったのを忘れてはいけない。ブレーメンにやってきてようやく、ジエゴはずば抜けた選手に成長した。エジルもおなじことができるはずだ。

# 第11章 レアル・マドリード移籍

## ――自分の意思を持つ

二〇〇九年夏、僕がジエゴの穴を埋めてブレーメンの主力になるのにふさわしい選手か、ひとしきり盛りあがったのち、ジエゴ抜きの最初のシーズンはアイントラハト・フランクフルト相手の三対二の黒星で幕を開けた。ホームで、自分たちのサポーターの前で。新時代の幸先いいスタートとはとうてい言えなかった。僕はＰＫで一点取ったけれど、試合を引っくりかえすことはできなかった。

バイエルン・ミュンヘンとの第二節では流れのなかで一点取ったものの、今度はマリオ・ゴメスに得点されて引き分けに終わった。ただし前回王者から奪った勝ち点には意味があった。それからブレーメンは絶好調になり、八月十五日から十二月十一日まで一試合も落とさなかった。リーグ戦十四試合無敗で、ヨーロッパリーグでも四勝一分けという成績だった。カップ戦でも勢いはそのままだった。

ブレーメンのゴールキーパー、ティム・ヴィーゼは六百十九分三十三秒の無失点記録までつくった。僕たちは昨シーズンより守備的で固い試合運びをしていた。昨年はヴォルフスブルクとバイエルンに次ぐリーグ三位の六十四得点だったのに、不可解な五十失点がせっかくのいい流れを台無しにしてしまった。だから今シーズンはみんなで言いつづけた。「絶対にゴールを守ろう」

僕たちはより組織的で、規律あるプレーができていた。リスクを冒す回数をひかえ、より効率的なプレーに徹した。目標は美しいサッカーではなく勝ち点だ。それでもときには夢のような試合が生まれた。二〇〇九年十一月にはフライブルクを六対〇で粉砕し、僕は一得点四アシストだった。敵将ロビン・ダットは試合後に言った。「敵チームの監督でなければ、誉めたたえていただろう」

マスコミも賞賛一色だった。〈ターゲスシュピーゲル〉は「エジルはシャーフの『魔法使いの弟子』たちのなかでもおそらくピカ一の才能だ」と書き、〈フランクフルター・アルゲマイネ・ツァイトゥング〉も、僕のおかげで「ブレーメンの中盤の元スター、ジエゴも過去の人間だ」と言いはなった。〈スポーツ・ビルト〉は、僕をブンデスリーガのベスト十八の選手にノミネートした。

夏のあいだにクラウス・アロフスは、ボルシア・メンヒェングラートバッハからマルコ・マリンを引きぬいていた。マスコミからは、マリンとアーロン・フント、そして僕のトリオはうまく嚙みあっていると評されていた。一九九〇年代にシュツットガルトで「マジック・トライアングル」を形成したクラシミール・バラコフ、フレディ・ボビッチ、ジオバネ・エウベルが引き合いに出され、僕たちは「新しいマジック・トライアングル」と絶賛された。〈キッカー〉では三人を集めてインタビューするという企画までおこなわれ、マルコ・マリンが僕たちのコンビネーションについて語った。「僕たちは三人ともまだ若くて、ほとんど年が変わらない。それぞれいい選手だよ。おかげで楽に連携ができる。メストやアーロンとプレーしていたら、自分が輝くのは簡単だ。敵は僕たちのプレーについてこられなくて四苦八苦している。僕たちはつねにポジションを変えるようにしている。メストは中央に来たり、左サイドに張ったりするし、僕もサイドを変えることがある」

フントも、僕たちはたがいの考えていることがわかると言った。「相手が何を予測しているかわかるんだ。僕たちの動きはうまく調和している。何より大事なことだよ。完全に自由にプレーしていて、好きなように位置取りを変えられる」

こういったインタビューを受けるのは楽しいし、新聞に新しい誉め言葉が載ったらもちろん気分がいい。心の栄養になるし、自信も生まれる。それでも僕は、騒がれても本当にどうでもよかった。バラコフ、ボビッチ、エウベルが活躍していたころは七、八歳だったので、元祖マジック・トライアングルと比較されてもあまりぴんとこなかった。

だいたい、翌日の新聞にひねりの効いた表現を発見するのが楽しくてサッカーをやっているわけではないのだ。「マジック・トライアングル」の魔法がまるで効きめをあらわさない試合だってあった。「オズの魔法使い」と言われたり、「格好つけるだけの選手」と言われたりするたびに、いちいち動揺しているわけにはいかなかった。

それでもイタリアにいるジエゴが誉めてくれたときはうれしかった。「俺がチームを去ってから、メストの責任はいっそう重くなった。でもちゃんと期待に応えているよ。メストは今、ブレーメンでもっとも重要な選手だ。これからさらにうまくなるだろう。真に偉大な選手に成長すると俺は信じている。美しいプレーができるだけではなく、まわりの騒ぎとうまく付きあっていく頭脳もある」

クラウス・アロフスがマスコミの熱狂に巻きこまれなかったのもありがたかった。勝利した試合のあとで記者につかまって、さっきの試合を自画自賛するよう言われても、アロフスはこう答えるだけだった。「好きに書いてくれ。コメントはなしだ」（すくなくともミックスゾーンで僕が一度耳にしたセリフはそんな感じだった）。トマス・シャーフもおなじくらいガードが堅かった。しゃべったとしてもこれくらいだ。「メストは昨シーズンもすばらしいプレーを見せていた。我々はべつに驚いていないよ。メストはジエゴの庇護《ひご》のもとで大きく成長した。師匠が去ったからこそ、実力が見えるようになったのだ」

身内に対してもシャーフは冷静で、指摘は鋭かった。僕はヘディングが弱いし、ドリブルとパスの配分がわかっていないとも言われた。

「経験を積めばわかるようになる」と、練習中にシャーフは言い、僕が間違った判断を下すたびにプレーを止めるのだった。「きみはまだ経験不足だ」

シーズン前半の途中まで好調だったブレーメンは、十二月の半ばにつまずいた。シャルケ、ハンブルク、フランクフルト、バイエルン、メンヒェングラートバッハに全敗し、リーグ六位に沈んだ。よそのクラブならパニックにおちいり、監督をクビにするといった話も出てきただろう。けれどブレーメンは通常運転だった。つづく十四試合でわずか一敗だったこともあり（黒星の相手はドルトムントだ）、リーグ三位という悪くない成績で終えた。

ベルリンでのDFBポカール決勝にもふたたび進出して、バイエルン・ミュンヘンと戦った。

トマス・シャーフはその晩のために特別な戦術を練っていた。本人にとってはベルリンで九回目の決勝で、四度は選手として、五度は監督として出場していた。「どんなアプローチやフォーメーションにもリスクはある」と、シャーフは言った。けれど監督の正しさはこれまで何度も証明されてきていたので、選手たちはそのアイデアを信じた。

監督はマルコ・マリンをベンチに置き、より守備的なティム・ボロウスキを起用した。僕はセカンドストライカーとしてクラウディオ・ピサロの隣に陣取った。

けれど僕は前線で手こずった。僕が得意とするのは自分の前方にボールがあり、攻撃を指揮できる状況で、スペースがあって間に入っていけるようであってほしい。前線では自分のよさを発揮することができず、ピサロの好機を演出することもできなかった。はっきり言って、監督の戦術は大外れだった。前半でシャーフは「実験」を中止した。

後半が始まって八分のうちに三度決定機が訪れたけれど、ピサロ、フリンクス、フントの誰も決めることができなかった。それ以降、流れをつかんでいたのはずっとバイエルンで、僕たちはサッカーのやり方を一から教わる羽目になった。ペア・メルテザッカーがハンドで与えたPKをアリエン・ロッベンが沈めて先取点を奪う。イビチャ・オリッチが二点目を入れる。フランク・リベリーとバスティアン・シュバインシュタイガーにも一点ずつ取られた。そのあいだにトルステン・フリンクスは二度目のファウルで退場になった。

一九七二年、カイザースラウテルンはカップ戦の決勝でシャルケに五対〇で大敗した。およそ四十年後、僕たちもおなじくらいショッキングな負けを味わわされた。僕自身の出来も悪かった。ごまかしてもしかたないだろう。たとえ理由のひとつが、慣れないポジションで起用されたことだったとしても。

試合後トマス・シャーフは、僕の不出来は二〇〇九年十一月からずっと去就を取り沙汰されていたせいだろう、と言った。「サッカー選手は、たえず移籍の噂を立てられることに慣れなければばいけない」

移籍の可能性はつねに存在していた。二〇〇九年の暮れ、イギリスのマスコミはセスク・ファブレガスがバルセロナに移籍したらアーセン・ヴェンゲルは僕を獲得するつもりだ、と書きたてた。たしかにヴェンゲルとはじめて連絡を取ったのはそのころだった。向こうからかかってきた電話でのやりとりで、僕たちはなごやかに言葉をかわした。ヴェンゲルの話し方は聞いていて心地よい。口調はおだやかで、言葉の選び方は慎重だ。僕がブレーメンでどんなふうにやっているかについて、驚くほど細かく情報を仕入れていた。

「きみは順調に伸びている」と、ヴェンゲルは言った。「そろそろ次のステップに進むころだろう。アーセナルでなら、私が手助けできる」

ロンドンに来たことがあるか、と訊かれて僕はノーと答えた。ヴェンゲルはドイツ語が堪能で、おかげで会話はスムーズに進んだ。二十分ほどして電話は終わった。「話ができてよかったよ。連絡を取りつづけて、この先どうなるか見てみよう」

アーセナルが関心を持っているとマスコミがどうやって嗅ぎつけたのか、僕にはさっぱりわからなかった。けれど相当腹が立った。シャルケと移籍話で揉めてからは、どんなクラブが近づいてこようと、移籍の話には最大限慎重になろうと決めていたからだ。

はたしてブレーメンを去ることになるのか、あのときはまったくわからなかった。父や代理人と話しあっていたのは、契約更新はシーズンの展開と、場合によってはその後のW杯の様子を見極めてから決断するということだけだった。どのみちブレーメンとの契約は二〇一一年まであったのだ。急いで延長して、ほかの可能性をつぶしてしまうこともなかった。

サッカー選手の時間は限られている。ほかの職業にくらべて、全盛期ははるかに短い。普通の労働者なら二十〜四十年近く成長する時間を与えられているのに対して、プロサッカー選手は長くても十五年以内にピークが過ぎるのを覚悟しておかなければいけない。

つまり手あたりしだいに実験しているわけにはいかないのだ。移籍の失敗や、場当たり的な契約延長はキャリアを狂わせる。次のステップを踏みだすのをためらっていてもおなじだ。レアル・マドリードやバルセロナは百回誘いを掛けてくれるわけでも、毎年オファーを提示してくれるわけでもない。たまたまチームに欠員が出た時点で、新しい選手を獲るのだ。その機会を逃したらべつのトップクラスの選手が空席を持っていき、ドアは数年間閉ざされてしまうだろう。

ブレーメンで僕は本当に幸せで、プレーを楽しんでいた。けれど自分がちょっとずつクラブの器を超えていっていることにも気づいていた。このまま二〜四年プレーしていたら、成長は止まるだろう。だからクラブ側からオファーがあったにもかかわらず、すぐ契約を更新しなかったのだ。僕が恩知らずだったからではなく、あくまで戦略的な判断だった。

ピッチ上ではチームの一員として振る舞わなければいけないけれど、契約を更新したり、キャリアプランを練ったりするときは、自分のことだけを考えるべきだ。チームがタイトルを獲得するのに貢献し、監督の戦術の一部でいるかぎり、クラブは全面的にサポートしてくれる。けれどクラブ側が、もっといい選手が獲得できそうだと思ったら、優しい監督は冷徹な判断を下すことになる。そうしたらクラブは、たとえ契約期間が残っていても僕を切りすてるだろう。過去にどんな実績があっても関係ない。

バスティアン・シュバインシュタイガーは二〇一六年の夏、いやおうなしにそれを学んだ。二〇一四年のW杯後、シュバインシュタイガーはバイエルン時代の監督ルイ・ファン・ハールの熱烈な誘いに応じて、マンチェスター・ユナイテッドに移籍した。ところが二〇一六年にジョゼ・モウリーニョが監督の座に就くと、状況はがらりと変わった。モウリーニョのゲームプランでは、シュバインシュタイガーは構想外だったのだ。

僕たちはあらゆる選択肢を生かしておきたかっただけで、それ以外の意図はなかった。筋の通ったアプローチのはずだ。ところが十二月、〈スポーツ・ビルト〉に載ったブンデスリーガの売却候補選手の記事には、僕が「逃げる」可能性は七十パーセントだと書かれていた。その表現には腹が立った。クラブから「逃げる」のはそこにいて満足できず、よそに行きたいときだけだ。シャルケでの僕がそうだったように、埋められない溝があるときだけだ。あのときの状況では「逃げる」という表現も的を射ていただろう。僕はただスロムカとミュラーから離れたかったのだから。でもブレーメンでは違った。チャンスを与えられ、サポートされていたのに、「逃げる」必要がどこにあるというのだ。僕はブレーメンで格段の成長を遂げ、いつも百パーセントの信頼を感じていた。たとえ移籍の可能性があったとしても、この段階ではまだ話題に出したという程度で、既成事実ではなかった。クラブを出るという件とは何の関係もないやりとりもしていた。でもその記事が出てからというもの、クラウス・アロフスは僕の移籍の噂についてしつこく訊かれるようになった。「エジルはブレーメンでプレーを続けるだろう」と、アロフスは言いつづけた。

大きな話題になった〈I AM ZLATAN ズラタン・イブラヒモビッチ自伝〉のなかで、スウェーデン人のスーパースターは移籍についてこんなふうに語っている。「ピッチ上との戦いとは別に、移籍市場でも戦いがある。俺は両方とも好きだね。移籍交渉のトリックプレーだって、少しはわかってきたつもりだ。じっと静かに待つときと、戦うべきときがある」（東邦出版『I AM ZLATANズラタン・イブラヒモビッチ自伝』二〇一二年）

試合に出て、タイトルを勝ちとる。それが僕の仕事で、集中するべきことだ。ほかのことについては、代理人と相談している。

シャルケに公の場であることないこと言われたあと、僕たちは負のイメージを拭いさろうとした。わざわざ〈スポーツ・ビルト〉のベテラン主任記者フロリアン・ショルツを自宅に呼んで、育った環境を見せようとまでしたのだ。僕も家族も、派手な暮らしをしていたわけではない。金の亡者ではないし、浮世離れしていたわけでもないし、贅沢ざんまいをしていたわけでもない。僕が強欲だというイメージを否定するため、父と代理人が必死になって考えついたアイデアだった。

そんな場合をのぞいて、僕は移籍市場の駆け引きからできるだけ距離を置こうとしている。正直に言って、関わったところで害のほうが多い。だいたい、移籍の噂と付きあう正しい方法とは何だろうか。記者たちの前を黙って通りすぎ、臆測に満ちた質問を無視したらしたで、翌日の新聞にはその沈黙が答えだと書きたてられるのだ。

そのいっぽうで、いつも包みかくさず話すわけにもいかない。交渉は信頼関係のもと秘密裏におこなわれるものだ。もし僕がブレーメンの仲間に、アーセナルの監督から電話をもらったと軽々しくしゃべったら、ヴェンゲルはどう思っただろうか。信頼関係を損なう行為だと判断して、二度と接触しなかったかもしれない。

あるいは嘘をつくべきなのだろうか。そう割りきればいいのだろうか。

外部の人間なら、くだらない話だと一蹴するのも簡単だ。でも渦中にいる人間にとってはそうもいかず、毎日群がってくる山のような記者たちに対応しなければいけない。プロのサッカー選手は記者に情報を与えることを期待されている。でも、そうしなければいけないと誰が決めたのだろうか。ライバル社に転職しようという記者は、交渉が終わるまで同僚に話したりしないだろう。どんな業界でも、転職するときはきっとそうするはずだ。サッカー選手だけはなぜか例外なのだ。

あるときフランク・リベリーにレアル・マドリードが誘いをかけ、新聞はリベリーがスペインに行くならバイエルンは僕を穴埋めとして獲得するべきだと論じた。移籍の噂はやまず、二〇一〇年南アフリカW杯期間前後はいっそう加熱した。

大会に参加した僕たちは一九三四年以降のドイツ代表史上二番目に若いチームで、はじめてW杯に挑む選手が五人いた。マヌエル・ノイアー、ホルガー・バトシュトゥバー、サミ・ケディラ、トマス・ミュラー、そして僕だ。キャプテンを務める予定だったミヒャエル・バラックは、ケヴィン＝プリンス・ボアテングのタックルで負傷して出場を辞退していた。とても残念なことだった。バラックはいつも僕を高く買ってくれていたからだ。あとで聞いたことだけれど、ヨアヒム・レーヴと代表の面々の前でよく僕を誉めてくれていたという。W杯に向けてベテランの選手と、僕を支えてくれる選手を失うことは相当痛かった。ただし今になってみると、あれはチームと僕自身にとって、不幸の姿を借りた幸福だったのかもしれない。おかげで若い選手は逃げ隠れできなくなったし、誰かに責任を押しつけることもできなくなった。僕たちは度胸を試された。今まではドイツのマスコミとファンだけに注目されていたのに、気がつくと世界中の視線がそそがれていた。

ダーバンでおこなわれた初戦のオーストラリア戦で、ヨアヒム・レーヴは僕をスタメンに起用してくれた。キャリア史上最大の大会だった。ベルリンのオリンピック・スタジアムなど、もっと大勢の観客の前でプレーしたことはあっても、こんなに多くの人々がリアルタイムで見守っているのははじめてだった。W杯の試合は二百カ国以上で生中継される。スタジアムがこんなに盛りあがっているのもはじめてだった。モーゼス・マビダ・スタジアムのロッカールームを出てピッチに入場すると、大音量のブブゼラに迎えられた。何百万匹のクマンバチが飛びまわっているようだった。キックオフを前に僕はバスティアン・シュバインシュタイガーとペア・メルテザッカーのふたりと肩を組んで立ち、まずオーストラリアの国歌、つづいてドイツの国歌に耳をかたむけた。全身を幸福感がつつむ。鳥肌が立ち、武者震いがした。はじめてのブンデスリーガの試合よりも、はじめての得点よりも気持ちが高ぶった。自分でもまったく予想していなかった熱い感情が僕をとらえていた。

いっぽうで感情におぼれることはなく、僕は冷静そのものだった。主審が開始の笛を吹き、W杯公式球のジャブラニが足にふれた瞬間、今日は僕の日だとわかった。羽のように体が軽く、自信がみなぎっている。何も考えないで、ただプレーした。いいパフォーマンスをするにはそれがベストの方法だ。

僕は頭で考えないでプレーするほうが得意だ。敵のかわし方を計算するのではなく、直感のままにドリブルして進む。どこに次のパスを送るか迷う前に、ただ必要な場所に蹴りこむ。考えすぎはよくない。いちばん調子がいいのは自動的かつ直感的に体が動くときだ。頭でっかちはプレーの質を落とす。僕のアシストの大半は直感と運の組みあわせだ。チームメイトには正しい場所に走りこんでもらわなければいけないので、当然運も作用する。

そんな事情もあって、長い時間をかけて詳細な分析用の映像を観るのは好きではない。もちろん、プロとして相手の弱点を見極め、次の試合の敵をどうやってかわすか考えておくのは重要だ。敵が左足を苦手にしていると事前にわかれば、もちろん役に立つ。でも相手の弱点ばかり気にしていると頭でっかちになり、実戦で貴重な一瞬を無駄にするかもしれない。自分自身の長所に気が回らず、敵に合わせて自分のプレースタイルをいじることになりかねないのだ。もし敵の監督が裏をかいて、べつの選手を僕のマークにぶつけてきたらどうなるのだろう。

W杯の数ヶ月後に出会うことになるスペイン語の講師からは、最初に言われた。「何も考えずにスペイン語が話せるようになるよう、訓練しましょう。単語やフレーズが勝手に頭に浮かぶようにするのです。外国語を日常のルーティンにしてください。朝起きたあとどうやって練習場まで車で行くか、いつどんな服に着替えるべきか、考えたりしないでしょう。ただ行動を開始して、すべて直感的におこない、練習場に到着するでしょう。文法や語彙を叩きこむつもりはありません。何も考えずにスペイン語を話せるようになってほしいのです」サッカーとまったくおなじだ。

オーストラリア戦では一秒も考えに費やすことはなかった。二歩サイドステップをして、トマス・ミュラーが駆けこんでくるのを確認し、三人のオーストラリア人選手の背後にパスを出す。味方の行き先にどんぴしゃりだ。もし一瞬でも考えこんでいて、パスを出すのが十分の一秒遅れたら、カットされていただろう。三人の敵のひとりがつま先でクリアしていたはずだ。けれど直感にもとづいた僕のパスは完璧に機能し、ミュラーはボールを中央に送ることができた。勢いよく走りこんできたルーカス・ポドルスキがネットに突きさす。前半八分だ。ミロスラフ・クローゼとトマス・ミュラーが一点ずつ追加して三対〇にし、僕はカカウの四点目をアシストした。

オーストラリア戦は僕のキャリアでもベストの試合だった。魔法としか思えないくらいで、パスも、フリーランニングも、タックルも、競り合いも、ボールコントロールも、すべてがうまくいった。本当に、何もかもだ。後半の途中で交代したときは、ドイツのサポーターからスタンディングオベーションが送られた。拍手が響き、僕の名前がコールされる。誇りで胸がはちきれそうだった。

ヨアヒム・レーヴが試合後にTVカメラの前で語ったことは、当然ながら僕の耳に入ってきた。「エジルは我々にとってかけがえのない選手で、ドイツ代表のめざすサッカーを体現している。相手に致命傷を与えるパスをいとも簡単に出せるし、ボールは足もとで止まることなく、ずっと動いている。オフ・ザ・ボールの動きもすばらしい。彼の動きは非常に効果的だった」

ミロスラフ・クローゼの賞賛の言葉も届いた。「ドイツ代表は十番タイプの選手をずっと探してきた。エジルがドイツ代表を選んだのはありがたいことだ。仲間につぎつぎと驚異的なパスを出した」

翌日、兄と連絡を取ると、「皇帝」ことフランツ・ベッケンバウアーもこんなふうに言っていたと聞かされた。「エジルのプレーは別格だ」

仲間の選手や監督、レジェンドからそんな言葉を聞くのは現実とは思えなかった。けれど浮かれているわけにはいかなかった。ひとついい試合ができたからといって、満足してはいられない。まだ先は長かった。

第二戦のセルビア戦も感触はよかった。ゴールにはつながらなかったものの、開始から五分のあいだに鋭いパスを二本、ルーカス・ポドルスキに出すことができた。ところがそうこうするうちにミラン・ヨバノヴィッチに点を決められてしまい、おまけに二枚目のイエローカードでクローゼが退場になった。

最高の出来だったオーストラリア戦から一転、ドイツ代表の雲行きは怪しくなった。ベスト十六に進出するには、グループステージ最終戦でガーナを倒さなければいけない。

チャンスは両チームに訪れた。二十五分、カカウがスペースにいた僕にどんぴしゃりのクロスを送ってくる。僕はひとりで相手ゴールキーパーのリチャード・キングソンとの距離を詰めた。ガーナの守備陣は全員、六、七メートル背後にいる。僕は右足でボールをコントロールし、三歩前進したところで考えはじめた。どうしたらいいんだ。シュートするか、サイドステップでキーパーをかわすか。左足でボールを前に出す。もうエリア内で、キングソンがゴール前を離れて突進してきた。僕たちは二、三メートルの距離で向きあっていた。相手が咆哮《ほうこう》する。上を狙うか、下を狙うか。上か、下か。どうする？　上だ！　いや、下を狙おう。くそっ、考えるな。やめろ。やめろ！

キングソンが両足を伸ばして飛びかかってきたときも、僕はまだ考えていた。ようやくキーパーの体の下を通すシュートを打ったときは、相手に完全に読まれていて、右足でブロックされた。いちばんみっともないやり方で、絶好機を無駄にしてしまった。おまけにこんな大事な試合で。「スィクティル・ラン」と、僕は自分を叱りつけた。バカな真似もいい加減にしろ。

一度目ほどやりやすい状況ではなかったにしても、僕は二度目のチャンスもふいにしてしまった。バスティアン・シュバインシュタイガーが蹴ったフリーキックのこぼれ球が、思いがけず僕の足もとに落ちてきたのだ。僕らしくないことだけれど、気がつくと十二メートルの位置からシュートを打っていた。でもゴールキーパーに止められた。

六十分、僕はようやく考えるのをやめてシンプルにプレーできた。トマス・ミュラーが右サイドからクロスを送ってくる。僕はボールを止めて軽くバウンドさせ、目の前が空いているのを確かめて十八メートルの距離からシュートした。ボールは敵のディフェンダーたちの頭上を越えて、左のニアポストに突きささった。それが決勝点で、ドイツ代表は次戦に駒を進めた。

イタリアのスポーツ紙〈ガゼッタ・デッロ・スポルト〉は、国際大会の出場数はまだ十三だというのに、僕のことをドイツ代表チームの「主力」と呼んだ。おなじように〈トゥットスポルト〉も「大会出場選手のベストのひとり」と書いた。トルコでは〈ファナティック〉が「弾丸シュート」と書きたて、〈ビルト〉の見出しは「よくやった！」だった。

ベスト十六の試合ではイングランドに四対一で勝利し、僕自身は一アシストだった。ハビエル・マスチェラーノ、アンヘル・ディマリア、ゴンサロ・イグアイン、カルロス・テベス、リオネル・メッシといったスーパースターたちを擁するアルゼンチン相手の準々決勝ではクローゼにクロスを送り、四対〇に終わる試合の最後の一点をアシストした。僕たちはチームとして正しい道を歩み、世界からも賞賛を受けていた。「ドイツ代表は脅威だ」と〈ディアリオ・アス〉は書き、〈マルカ〉は満足そうだった。「新生ドイツ代表はすばらしい。このチームはどこか違う。ボールを優しくなでているかのようだ」

準決勝で待ち受けていたのは、当時のヨーロッパチャンピオンのスペインだった。そんな彼らも、僕たちに異例の賛辞を送った。「ドイツ代表のサッカーは前から好きだったよ。ここまでの大会の様子を見ていると、僕たちより彼らのほうが優勝にふさわしいんじゃないかと思う。今大会ではまだ、あんなに攻撃が鋭いチームを相手にしたことはない。相当慎重に準備をしないとね」と、試合前にフェルナンド・トーレスは発言し、ダビド・ビジャも僕たちの出来が「群を抜いている」

と言った。監督のビセンテ・デル・ボスケまで感心しているようだった。「ドイツ相手には死にものぐるいで闘わなければいけないだろう。今の彼らは世界一のチームだ」

あいにく準決勝で僕たちは、こういった誉め言葉にふさわしいプレーがまったくできなかった。僕がまだ代表入りしていなかった二〇〇八年には欧州選手権決勝でスペインに敗れ、今回は準決勝だった。タックルを仕掛けることもできず、ボールを追うだけだった。スペインの正確無比なパスサッカー「ティキ・タカ」には手も足も出なかった。さんざんボールを追わされたあげく、どうやってても奪えないと思い知らされるほどサッカー選手にとって屈辱的なことはない。アンドレス・イニエスタ、ダビド・ビジャ、シャビ・アロンソたちのせいで僕たちはへとへとになった。パスコースを切ってボールを奪おうとしても、サイドを懸命に駆けおりても、ボールは光の速さで逆サイドに消えていくのだ。どうしようもなくイライラさせられた。

七十三分にカルロス・プジョルのヘディングシュートが決まって、勝負ありだった。タイムアップ直前、ヨアヒム・レーヴが怒鳴っていたことは覚えている。「今しかないぞ」と、タッチライン際から声が飛んできた。残り十分というところでレーヴは信頼するキャプテン、フィリップ・ラームの首根っこをつかみ、チームへの伝言を託した。「全員、上がれ。それで二点目を取られてもかまわない。一対〇も二対〇もおなじだ。あらゆるリスクを冒せ！」

僕たちは敗戦を逃れようと最後のあがきを見せた。でもどうしようもなかった。ドイツ代表は負けた。たちまち重箱の隅をつつくような批判が始まった——すくなくともドイツ国内の一部では。僕たち全員が気落ちしていたというのに、それまでのチームの出来を賞賛したり、立ちなおりをうながしたりする姿勢は見られなかった。

唐突にZDF解説者のベラ・レシーが、ドイツ代表がW杯期間中に宿泊していた施設を批判した。ヨハネスブルク中心部のホテルを取り、一般の宿泊客とバーで交流していたオランダ代表とくらべて、ドイツ代表はプレトリア郊外の無人地帯に引きこもっていたというのだ。ホテル周辺にフェンスが張りめぐらされていたことがお気に召さなかったようだ。レシー曰く、選手たちはチームメイトをのぞけば、わずかな数のマスコミ関係者やオオトカゲとしか顔を合わせていなかった。準決勝で敗退するまで代表の合宿地が問題にされることはなく、僕たちはいくつか完璧に近い試合をして世界中のファンを喜ばせた。それがたった一試合負けたからといって、ホテルが悪いことになるのだろうか。さっぱり理解できない。

オランダ代表のほとんどは実績のある選手たちだった。マルク・ファン・ボメルはイタリア、ドイツ、オランダ、スペインで数えきれないほどのタイトルを獲得していたし、チャンピオンズリーグ優勝の経験もあった。そしてファン・ボメルはマスコミ関係者やオオトカゲに囲まれて過ごすのではなく、ベラ・レシーの書いたようにホテルのバーで息抜きしながら試合にのぞんだ。それでもW杯や欧州選手権を勝ちとることはできなかった。二〇一〇年の南アW杯で、オランダ代表は決勝で僕たち同様スペインに敗れた。

すばらしいW杯だった。若く経験不足な代表チームが結果を残したことに、僕たちは胸を張っていいと思う。ラストマッチの三位決定戦でウルグアイを下したことが、チームの意識の高さを示していた。

W杯直後ふたたび集まった代表チームに向かって、ヨアヒム・レーヴは短いスピーチをした。

「我々はW杯で世界中を驚かせた。意義ある大会だった。南アフリカでのきみたちのプレーには感動したよ。このチームはいずれ栄光をつかむだろう。いつか必ず、大きなタイトルを勝ちとるはずだ」レーヴは正しかった。

W杯が終わっても、僕がブレーメンにとどまるかどうかははっきりしなかった。マスコミは僕の南アでの好パフォーマンスを無視して、移籍騒動のことばかり書きたて、政治家のあいだでさえ話題になった。「緑の党」のメンバーで有名なブレーメン好きのユルゲン・トリッティンは、〈スターン〉のインタビューに答えてこう言った。「エジルは過大評価もいいところだ。通信社にそう言っておいてくれよ。そうしたら手ばなさなければいけない危険が減るからな」

クラウス・アロフスもW杯のあと「メストはリオネル・メッシより優れている」などと言って、僕のことを賞賛した。

当然のようにアロフスは毎週、意見を求められ、今後の見込みについて訊かれた。七月半ば、アロフスは〈ヴェルト・アム・ゾンターク〉に語った。「個人的に話をしたとき、エジルはブレーメンにいて幸せで、はっきりしたオファーは何も受けていないと言っていた。ここを去ることになるとは思わない」〈キッカー〉にも似たようなことを語った。「契約を更新する可能性は残っているだろう」こんなことも言った。「選手を移籍金ゼロで手ばなすのは大きな失敗だといつも言われる。だがいくらチームのためを思って引きとめたくても、金の問題で契約を更新できないようなら、現実と向きあわなければいけない」

それが僕に対する最初の脅しだった。「我々にオファーを受ける義務はない。きみをブレーメンにつなぎとめるため、オファーをすべて断る可能性だってあるぞ」と匂わせていたのだ。

W杯の過酷な戦いのあと、僕はお気に入りのマジョルカ島のポルト・ダンドラックスで骨休めしながら、将来についての話しあいを重ねた。代理人がわざわざコテージにファックスを置いたほどだ。彼はマジョルカ島からマドリードとバルセロナに飛び、ふたつのクラブの監督がどの程度のオファーを用意するつもりか、直接聞いてきた。僕はサンベッドに横になりながら、レアル・マドリードに移籍してカカとのポジション争いに挑むのは利口だろうか、と延々悩みつづけた。カカは当時ロス・ブランコスの不動の司令塔だった。けれど僕の答えは比較的はっきりしていた――競争する価値はある。

残る問題はクラウス・アロフスだけだった。表から見えないところで、アロフスは僕の移籍を阻止しようとあらゆる手段に出ていた。僕を三年間サポートし、めったにないことだけれどマスコミに叩かれると必ず擁護し、いつも親身になってくれていたアロフスは、僕にとっての最善の選択ではなくクラブの利益を考えるようになっていた。僕が移籍を望んでいることへの怒りを隠そうともしなかった。「きみを手ばなす義務はない」と、あるとき電話でアロフスは言った。「一年間、ベンチで腐らせておくこともできるんだぞ」

代理人がアロフスに電話を掛けて和解を求めた。けれど何度やりとりを重ねても、彼はゆずらなかった。僕を手ばなすとしたら、相応の移籍金が提示されたときだけだという。レアル・マドリードが千五百万ユーロ近くを用意しているのはわかっていた。ブレーメンが僕を獲得したときの三倍近い金額で、僕の契約があと一年半しか残っていないことを考えたら、ずいぶんおいしい話だったはずだ。でも僕の記憶が正しければ、アロフスは最低でも三千万ユーロほしがった。とてつもない数字だ。

交渉が決裂するのではないか、と思うと気が気でなかった。一度きりのチャンスをクラウス・アロフスにつぶされてはたまらない。とうとう僕は直接アロフスに電話をかけた。「ジョゼ・モウリーニョのもとでプレーするのをずっと夢見てきたんだ」インテル・ミラノとの試合について語り、試合後に代理人に言ったことを伝えた。「人生に一度しか訪れないチャンスというものがあるんだ」アロフスを脅すつもりはなかったし、理性を失っているわけでも、攻撃的になっているわけでもなかった。目の前にあるチャンスはそれだけ大きく、僕にとって悲願の移籍だと伝えたかったのだ。「僕の未来をつぶさないでほしい。頼むから」ほとんど懇願するような口調だっただろう。『レアル・マドリード』という名の電車は一度しかやってこないんだ。僕が乗るのを止めないでほしい」

まだこれから活躍を期待する選手が三年でクラブを去ろうとしたら、スポーツディレクターが頭をかかえるのは当然だろう。アロフスの失望はよくわかるし、少し意地になっていたことさえ理解できる。けれどベンチで腐らせるという脅しはやりすぎだった。僕に罰を与えて誰が得をするというのだろうか。

マジョルカ島での最後の夜、友人たちとTVを見ていると画面の下のほうに速報が流れた。「レアル・マドリード、ケディラを獲得。シュツットガルトに移籍金千四百万ユーロ。ケディラ、五年の契約」

頭のなかを映像が流れはじめた。「ケディラ」のかわりに「エジル」、「シュツットガルト」のかわりに「ブレーメン」。僕も速報に登場したかった。もうこれ以上待てない。何よりそろそろ友人たちに話したかった。みんなを巻きこんで、沈黙を破りたかった。これ以上、秘密は守れない。バルシュが僕を現実世界に引きもどした。「どうした？」「何でもない」と、僕は答えた。そのときバルシュは事情に気がついたはずだ。

八月頭にはブレーメンに戻らなければいけなかった。プレシーズンの練習はもう始まっていて、各国の代表に選ばれていない選手たちはノルダーナイ島とドナウエッシンゲンを渡りあるき、既に二度の練習期間を終えていた。三度目はバード・ヴァルタースドルフというオーストリアの街で予定されていた。チームにはマルコ・アルナウトビッチが加入したばかりだった。

記者たちが飛んできたので、僕は代理人と打ちあわせて暗記しておいた、たいして意味のないセリフを口にした。「僕にとって大切なのは事実だけだ。事実として、僕はブレーメンとの契約下にある。次の十二ヶ月の状況は決まっている。そのあとどうなるかははっきり答えられない」

八月五日、カカがアントワープで膝の半月板の関節鏡視下手術を受けるというニュースが流れた。これで僕がレアル・マドリードに行くのはほぼ決まった。二日後、クレーヴン・コテージでフラムと練習試合をしたときは観客席にアレックス・ファーガソンの姿があって、〈タイムズ〉は僕の様子を見にきたのだと報じた。八月十一日、ドイツのマスコミは報じた。「現地のスポーツ紙の報道を信じるならば、エジルの姿をスペインで見る日も遠くない。バルセロナとの契約は合意間近だ。四年間で千二百万ユーロだという」たいしたはしゃぎっぷりだ。そのあいだ、僕は忙しくメールのやりとりをしていた。百パーセント信頼するサミ・ケディラと、前々から連絡を取っていたのだ。「そのうちいっしょにプレーするかもしれない」と、八月頭にはメールを送った。ケディラの移籍が正式に発表されると、僕たちはこまめにやりとりをした。僕は相当しつこかったと思う。「監督の印象は？　チームの雰囲気は？　きみが僕の立場だったら移籍するか？」一度、奇妙なことが起きた。携帯電話が振動し、ケディラからのメールが届いた。「おい、メスト。モウリーニョからのメールを転送するぞ」僕の携帯電話がふたたび振動し、次のメッセージが届いた。「よう、サミ。今後の先発メンバーだ。見てみろ」十一人の名前が並んでいる。当然ながらロナウドがいて、セルヒオ・ラモスとサミ・ケディラがいる。そして突然、僕の名前が目に飛びこんできた――まだ契約も結んでいないというのに。ほかの選手に僕の獲得について話すとは、モウリーニョはよほど自信があったのだろう。

ケディラとのやりとりのおかげで、待ちぼうけに耐えることができた。僕はものすごく辛抱強い人間というわけではない。毎夜レアル・マドリードの夢を見て、クラブの様子を想像しては興奮をおぼえた。まだブレーメンにいたものの、頭のなかは新しいチームのことでいっぱいだった。メールのなかだけではなく、本当にチームの一員になりたかった。

二〇一〇年八月十七日、移籍の完了が発表された。最終的にレアル・マドリードは千五百万ユーロ近く支払ってアロフスを納得させていた。「本来の値段よりずっと安く獲得できた。逃すわけにはいかないチャンスだった」と、ジョゼ・モウリーニョは言った。

僕にとっては移籍金の額などどうでもよかった。大事なのは、ようやくスペインに行けるということだけだ。一夜にして僕の人生はがらりと変わった。

第12章
# ロス・ブランコスという新世界
## ——満足できる試合なんてない

レアル・マドリードが世界最大のクラブなのは、移籍する前からよく知っていた。けれど外にいるうちは、その本当の姿はわからないものだ。肌で感じて、はじめて理解できることもある。そのためには、あのクレイジーな世界の一員にならなければいけない。輝かしい歴史は誰もが知っていても、あくまでただの言葉だ。怪物並みに巨大で、人ひとりをそっくり呑みこんでしまうあのクラブの一員になってこそ、真の偉大さが理解できる。

はじめて白いユニフォームに袖を通したときは鳥肌が立った。本当に体がふるえてきて、圧倒されるような感覚にちょっと怖くなったほどだ。これは気楽に脱ぎ着できる一枚の布なんかではない。肌にふれた瞬間から、自分の肩にのしかかる責任を感じた。僕はなんという約束をしてしまったのだろう。

練習場に足を踏みいれたときも圧倒された。ブレーメンやシャルケの設備とはくらべものにならないのだ。トレーニングジムには選手の数より多いマシンが誇らしげに並んでいて、列をつくる必要もなければ、チームメイトが練習を終えるのを待つ必要もなかった。すべてが潤沢にあって、完璧なコンディションに整えられていた。いわばサッカー選手の天国だ。

レアル・マドリードの有利な点のひとつは、完璧に隔離された平和な空間でトレーニングできることだ。邪魔はいっさい入らないようになっていて、練習中の口論を聞きつけ、おもしろおかしい記事を書く記者はいないし、見学禁止のトレーニングに「スパイ」がもぐりこんでいることもない。たとえばバイエルン・ミュンヘンではいつもパパラッチがうろうろしていて、防水シートの穴から写真を撮り、練習の様子を探ろうとしている。強化ガラスの向こうにはつねにスポーツ記者の姿があり、監督が大声で指示するのに耳をそばだてている。レアル・マドリードの場合、練習場が遠く離れているのでそれは不可能だ。監督が試している戦術が漏れる心配もない。レアル・マドリードではアーセナル同様、内密にトレーニングできた。

レアル・マドリードの練習場の敷地内にはホテルもあり、トレーニングのあいだに疲れをおぼえた選手はシングルルームで休みを取ることができた。ドアは指紋認証で開くから、カードキーを持ちあるく必要さえなかった。

本拠地サンチャゴ・ベルナベウに足を踏みいれると、自分がうんと小さくなったような気がした。傾斜のきつい観客席を見あげると身がちぢみ、消えてしまいそうな感じだった。なぜかはわからないけれど、芝生に一歩を踏みだすときは細心の注意をはらった。どうかしていたのかもしれない。でも多くの英雄を迎えてきた聖なる芝生を乱暴に踏むのは、正しいこととは思えなかった。このスタジアムのピッチでただ一度プレーできるなら、いくら金を出してもいいという選手は大勢いるだろう。ロス・ブランコスに加入するチャンスがめぐってこなければ、僕もそんな選手のひとりだったかもしれない。

どこへ行ってもレアル・マドリードというクラブの存在感を思い知らされた。南アフリカW杯では、ドイツ代表の合宿地の前に集まったのは二十人くらいだった。レアル・マドリードの一員として遠征したときは、何千人ものサポーターがホテルを取りかこみ、ひとめ選手の姿を見ようとしていた。その注目度の高さには驚かされた。それだけ世界中で高く評価されているということだろう。レアル・マドリードほど熱狂を生むクラブはほかにない。「勝つだけでは意味がない。白星はある様式のもと得られなければいけない」と、伝説のストライカー、エミリオ・ブトラゲーニョは言った。レアル・マドリードに加入するまで、僕はクラブについての本を手あたりしだいに読み、グーグルで検索していた。ブトラゲーニョの名言を見つけたのもそのときだった。呆れるしかないけれど、そのとおりなのだ。

サポーターや記者たちは、ロス・ブランコスに高すぎるほどの期待を抱いている。このクラブの選手たちは、普通のものさしで測ってはもらえない。みんなロナウドや仲間たちの華やかなプレーに慣れっこで、シュートの競演も当たり前になっているのだ。レアル・マドリードがつぎつぎと新記録を達成するのを目の当たりにし、最高峰の試合を見つづけるうちに、サポーターはいつしか奇跡を普通のことだと思うようになった。ロナウドはシーズン四十得点しなければ大スランプだと言われる。その基準をつくったのはレアル・マドリードだ。ここでは「よくできた」だけでは足りない。これほどの期待は、ほかでは考えられないだろう。プレッシャーとの付きあい方を学ばなければいけない。

はじめて出場してすぐ、僕はこのチームの特別さをさとった。白いユニフォームでのデビュー戦はトップリーグに昇格したばかりのエルクレスとの五十八分間だった。「エジルは実力の片鱗《へんりん》を見せた」と、〈マルカ〉は書いた。「ボールが足もとにあるかぎり、エジルは敵のゴールを脅かしつづける。クリスティアーノ・ロナウドはハイレベルなチームメイトに恵まれた」ライバル紙の〈ディアリオ・アス〉はもう少し辛口だった。「レアル・マドリードの一員としてのエジルには、この先もっといいパフォーマンスを期待しよう。デビュー戦は可もなく不可もなくという出来だった」同僚がポジティブな評価をしたにもかかわらず、べつの〈マルカ〉記者は僕の動きが「売春宿の神父」のようだったと結論づけた。どういう意味なのかはわからない。

はじめのうちはマドリード市内のホテルに宿泊していたけれど、それはごく短いあいだで、僕はすぐに家を見つけた。最初に見つけた物件はサミ・ケディラの自宅のすぐ近くで、外から見るとホワイトハウスのような建物だった。本音を言うとあまり気に入らなかったけれど、最初は細かいことは気にするまいと思った。ブレーメン時代のように、いつまでもホテル暮らしをするのはごめんだったからだ。でもあまり居心地がよくない家だった。もともと家具つきで売られていたので、僕は他人が使っていたベッドで寝る羽目になったし、部屋をのぞいてまわるとどこも真っ白で、殺菌されていて、まるで人間味が感じられず、歯医者の治療室のようだった。オーナーとはどうも趣味が合わないようだ。家庭らしい雰囲気がほとんどなかった。

そんなわけで数ヶ月後には親友のセルヒオ・ラモスの家の近所に引っ越した。今度の家は新築で、家具が入っていなかったので、自分の手で一から買いそろえた。自分の好きなものを買ったけれど、インテリアデザイナーとしての腕はいまいちだったようで、部屋はあまり調和が取れていなかった。何もかもいっしょくたに放りこんだ感じだった。でも僕にとってはいい雰囲気で、やっと自分の家に落ちついたという気がした。

それはピッチでもおなじだった。トレーニングを始めて数週間、勝利に執着するというのはどういうことなのか僕は学んだ。レアル・マドリードには負けを受けいれられない選手しかいない。どうかしているくらいで、成功するためならなんだってするし、一日だって怠ける選手はいない。僕だってシャルケのトップチームに加入したり、ブレーメンで成長したりするためには努力した。でも、誰しもそうだとは思うけれど、やるべきことに百パーセント集中できない日もたまにはあった。自分自身を追いこむことができず、形だけ努力をしたというような日だ。あまりないことだけれど、たしかにそんなときもあった。みんな身に覚えがあるはずだ。会社員だろうと工事現場の作業員だろうと、ちょっと手を抜くこともあるのが普通だろう。マドリードに行くまでは、それが例外であるなら問題ないと思っていた。でもロス・ブランコスでは最後までずっと、そんな日を過ごす選手は見たことがなかった。セルヒオ・ラモスやクリスティアーノ・ロナウドの練習ぶりを見たら、本当の努力とはいったい何なのか理解できるはずだ。

普段の僕はあまりチームメイトについて語るのが好きではない。インタビューでほかの選手や、彼らの出来、能力の程度について訊かれるのも苦手だ。でもラモスとロナウドは別だ。あのふたりはレジェンドで、くらべられる選手は誰もいない。ふたりのことを訊かれたらいつでも話したいと思う。

ロッカールームでのラモスは完璧なサッカー選手で、僕はいろいろと刺激を受けた。ラモスはひとりの人間としても最高だった。出会ったそのときから僕の保護者役を買って出てくれて、マドリードの街についてなんでも教えてくれたし、クラブのルールも教えてくれた。僕がスペインに到着するやいなや、ごく当たり前のように自宅に招いてくれた。ラモスは才能豊かなミュージシャンだ。僕が遊びに行くと、ギターを弾いたり歌ったりするのだった。

僕はラモスとロナウドの姿から、覚悟を持つとはどういうことなのか知った。自分を徹底して痛めつける姿勢も学んだ。ロナウドはシュート練習で得点できないと、本気で不機嫌になった。シザーズキックに一度でも失敗すると露骨に不満そうな顔をした。それまでの八十本を完璧に決めていても、一本でもミスをするともう我慢できないのだった。

あれほど徹底したプロ精神を持つサッカー選手は見たことがない。アウェイの試合を終えて夜遅く戻ってくると、ほとんどの選手はまっすぐ車で帰宅してベッドにもぐりこむのに、ロナウドは必ずリカバリーのためジャクジーに行くのだった。

ロナウドは超のつくスーパースターだけれど、素顔はいたって普通の人間だ。僕がクラブに入って日が浅いころ、試合のあとクールダウンやストレッチをしていると必ずそばに来て、困っていることはないかと訊いてくれた。ガールフレンドはいるのか？　ドイツはどんな国なのか？　レアル・マドリードとバルセロナのバスケットボールチームが対戦するのをいっしょに観に行ったことがある。ボールが延々と行き来して、いつまでも緊張感が途切れないのが好きだ、と僕は言った。「アイスホッケーやアメフトは好きか？」と、ロナウドが訊く。「アメフトのルールはややこしすぎるし、アクションが起きるまで時間がかかりすぎる。NHLもそんなに好きじゃないんだ」

ロナウドが現役を引退して、もう敵の守備を翻弄することもないという日が来たら、世界中のディフェンダーがほっと息をつくだろう。ベスト・オブ・ザ・ベストが引退するのは一種の救いだ。レアル・マドリードの選手は誰もが成功を求めている。勝利ほしさに身を焦がしている。トレーニングの最中、ブレーキを掛けることは一度もない。このクラブは世界中でもっとも勝利に執着し、たがいに刺激を与える選手たちの巣だ。

僕の在籍期間中、クラブには勝利にとりつかれたジョゼ・モウリーニョという名の監督もいた。チェルシーの監督に就任した二〇〇四年、モウリーニョは自信たっぷりに言ってのけた。「私は真実を述べているのだから、どうか傲慢だとは言わないでほしい。私はヨーロッパ王者で、スペシャル・ワンだ」それは本当だった。ジョゼ・モウリーニョは本当にスペシャルで、やるべきことを心得ていた。

プロローグで僕は、ロッカールームで受けた人生で最大の叱責について書いた。デポルティボ・ラ・コルーニャ戦のハーフタイム、三対一で勝っている状況で、チームメイトが見つめるなか、僕は後にも先にも経験したことのない激しさでモウリーニョに叱り飛ばされた。試合のなりゆきと、僕の少し気の抜けたパフォーマンスを考えると、その叱責じたいはしかたなかったと思う。でもモウリーニョの口調はひどすぎた。交代させられたあと、僕は唯一頭を冷やすことのできるシャワールームに駆けこんだ。シャンプーのボトルを投げつけ、手のひらで壁のタイルを叩く。叱責されてたまった行き場のない怒りを発散させようとしていたのだ。僕は兵士のように悪態をついていた。

けれど罵倒の言葉も底をつき、少し冷静に振りかえれるようになると、どうしてあんなふうに叱り飛ばされなければいけなかったのか、僕は自問自答していた。そのころにはモウリーニョのこともよく知っていて、おもしろ半分に怒るような人間ではないとわかっていた。監督の行動はすべて考えぬかれているのだ。

熱い湯のおかげで少し正気が戻ってくると、数年前アンドレアス・ミュラーにシャルケのロッカールームで暴言を吐かれた記憶が嫌でもよみがえってきた。あのときのミュラーはただ僕を傷つけようとしているのが見え見えだった。僕をさらし者にして、チームメイトの目の前でクラブから追いだそうとしていたのだ。でもモウリーニョの意図がそうでないのはすぐわかった。何か違う目的があったはずなのだけれど、そのときはまだ僕にはわからなかった。

サンチャゴ・ベルナベウを出て、夜の市内を車で走りながら、僕はモウリーニョの正確な言葉を思いだそうとしていた——投げつけられた言葉のすべてと、その口調を。頭のなかで何度も、僕の物真似をした様子を思いだした。けれど帰り道では、答えを見つけることはできなかった。かわりにチームメイトの前で真似をされ、笑い者にされた怒りがまたこみあげてきた。どうやらすぐに忘れることはできないようだ。どうしてふたりきりで話しあうのではいけなかったのだろう。

自宅について門が開くのを待っていると、ふいにチームメイトの顔が浮かんできた。

「俺って最低だな」と、突然思った。本当にバカだ。首を振って、ハンドルに思いきり拳を叩きつける。僕はチームメイトを裏切ってしまった。みんなはあの言い合いに何の責任もなかったというのに、僕は後半チームの力になることを拒否して、ひとりで帰ってしまったのだ。腹を立てていた相手はモウリーニョだったのに、チームメイトに迷惑をかけてしまった。

その晩、隣人のセルヒオ・ラモスの家を訪ねてじっくり話しあい、ひとりで帰ってしまったことを謝った。あとでほかの選手たちにもおなじことをした。ラモスはすぐ僕の謝罪を受けいれ、これから監督とどうなると思うか、とだけ訊いてきた。

「おまえはどうしたいんだ。モウリーニョに何を望む?」

「謝ってほしい」と、僕は答えた。

翌日ラモスはロッカールームでの一件についてモウリーニョと話しあってくれた。そういう男なのだ。いつも仲間のことを考え、必要なときは自分が矢面に立つ。ラモスは本物だ——心から信頼できる友人で、世界中のどんなチームにも歓迎されるだろう。

そのころにはなぜモウリーニョが激高したのか、チームメイトの前で叱り飛ばされたのか、僕は答えを見つけていた。よく考えれば簡単なことだった。あんなにはっきり言われていたのだ——絶対に気を緩めるな、と。僕はピッチ上で安全圏から出ることを求められていた。そのほうが具合がいいからといって、パフォーマンスの質を十〜二十パーセント落とすことをモウリーニョは決して認めなかった。我関せずという態度は捨てて、タフな選手になれと言われていたのだ。僕がつねに成長しつづけるよう、モウリーニョは強く後押ししていた。毎日、進化するように。自分を甘やかしているときは気がつけるように。たぶんモウリーニョは、その意識を叩きこむには一対一のやりとりでは手ぬるくて、仲間や友人の前で強烈なショックを与え、メッセージをつかむように仕向けなければだめだと思ったのだろう。僕がひどく腹を立て、その結果として何が悪かったのか真剣に考えることを望んだのだ。誰も見ていない場所で、個別にののしるのでは足りなかった。たしかに僕には、ちょっと怒りをおぼえたほうがパフォーマンスが向上したり、ものごとの理解が進んだりするところがある。

監督に侮辱され、弱虫、赤んぼうと呼ばれて気分のいい選手がいるはずがない。そんな非難を受けたら、その場で反論するのが普通だ。でも結局のところ、モウリーニョは正しかった。マドリードにやってきたとき、僕は心のどこかで美しいサッカーをすればじゅうぶんだろうと思っていた。三本いいパスを出して四本ランをしてしまえば満足し、戦いつづけ、最大限集中して自分の仕事にあたるかわりに得意げにピッチを歩いていた。僕は執着心に欠け、ときにはあっさりギアを落とすのを自分に許した。モウリーニョが僕から叩きだしたのは、まさしくそんな姿勢だった。

そのことではモウリーニョに感謝している。数日後、なぜ叱責されたのか理解したと監督に伝えた。僕の最大の弱みがどこにあるのか、あれほどはっきりと指摘してくれたのは本当にありがたかった。

「きみの伸びしろがゼロになる日まで容赦はしないぞ」と言って、モウリーニョはにやりと笑った。

次の試合の前、モウリーニョはチーム全員に対してあの一件にふれた。バルセロナを訪れていたときのことだ。「私の行動と言葉遣いはいささか品がなかったようだ。メストには申し訳ないことをしたよ。あとはすべて、ふたりのあいだで話しあいがすんでいる。私はきみたちから最大限のものを求めているだけだ。ときには何がいちばんいいのか、面と向かって言われなければわからないこともある。だが」と、モウリーニョは僕に頭をさげた。「心配するな。これからはこの若き紳士をひたすら抱きしめるつもりだ」監督を含む全員の笑いがはじけた。

ロッカールームではいろいろな監督が話すのを聞いた。言葉を工夫して選手を焚きつけようとしたり、短い動画を見せて闘争心に火をつけようとする監督は大勢いた。奇跡的なゴールのモンタージュを見せる監督もいた。でもそのやり方はあまり好きではない。攻撃の選手は監督の望みどおり奮い立つだろうけれど、ゴールキーパーには何の効果もないだろう。ミロスラフ・クローゼのスーパーゴール集を観たところで、マヌエル・ノイアーにとって何かいいことがあるだろうか。ロナウドがみごとにフィニッシュするのを観て、イケル・カシージャスが奮起するだろうか。オリヴィエ・ジルーが仲間とゴールを祝う場面を見せられて、ペトル・チェフはどうしろと言うのか。

記憶に残ったり、長く影響を受けたりしたロッカールームのスピーチなど片手で数えるくらいだ。二〇〇九年U-21欧州選手権決勝のイングランド戦を前に、ホルスト・ルベッシュが語ったことは印象的だった。ロッカールームにはスクリーンとプロジェクターが用意されていた。「今日は、完璧な言葉を残したこの男に話を代わってもらおう。彼以上にうまく言うことはできない。よく聞いて、噛みしめるんだ」そう言ってルベッシュが再生ボタンを押した。

僕たちはグループリーグを二位で通過してノックアウトステージに挑んでいた。首位はこれから対決するイングランドで、グループステージでは引き分けだった。準決勝ではマリオ・バロテッリを擁するイタリアを破った。これからイングランドと二度目の対戦だ。ルベッシュが演説を託したのはアル・パチーノだった。

再生された映像はカルト的人気を誇る〈エニイ・ギブン・サンデー〉で、アル・パチーノ扮《ふん》するアメフト監督のトニー・ダマトが、低迷するマイアミ・シャークスに活を入れようとしていた。もちろん僕たちのほとんどが、一九九九年公開のその映画を観ていた。それでも全員、ダマトが熱弁をふるう場面を夢中になって観た。「あと二分でプロ生活最大の戦いが始まる。今日にすべてが懸かっている。チームとして立ち直るか、崩壊するか、ふたつにひとつだ」巧みで考えぬかれた言葉が、チームの魂に火をつける。言葉は鋭く、メッセージは鮮烈だ。「どんな戦いでも勝利するのは死ぬ覚悟ができているやつだ」ダマトは大声でまくし立ててから、突然声をひそめる。「隣に立っているやつを見ろ。目をのぞきこむんだ。チームに身をささげるつもりの男がいるはずだ。おまえもおなじことをするとわかっているはずだ。チームとはそういうものだ。立ちなおるか、勝手に死んでいくか……さあ、どうする？」

映像が終わると、僕たちはたがいに顔を見あわせた。チームメイトの瞳には怖いくらいの決意が浮かんでいた。必ずイングランド代表を撃破できる、という揺るぎない自信がにじんでいた。僕たちは大声を出し、両手を痛くなるくらい打ちあわせた。ビデオのおかげで一致団結した僕たちは四対〇で勝利した。僕はゴンサロ・カストロの先制点をアシストし、二点目を自分で決め、サンドロ・ヴァーグナーの三点目の起点となるパスを出した。アル・パチーノを利用したルベッシュのおかげだ。

二〇一〇年の南アW杯の直前、シチリア島で合宿をしていたときは、ヨアヒム・レーヴが僕たちにやる気を与えるという特別なスピーカーを連れてきた。ニュージーランドのラグビーの名選手ジョナ・ロムーで、自身のライフストーリーを語ってくれた。ふだん僕はこの手のアプローチに懐疑的だ。スピーカーのほとんどが、うわべをつくろった話をするからだ。でもロムーが人生で成しとげてきたのは本当に素晴らしいことで、僕はそのひとことずつに食いついた。ロムーが乗りこえてきた試練のことは忘れない。

トンガ移民の子として生まれたロムーは、オークランド近郊の治安のよくない土地の、決して豊かではない家庭で育った。父親は酒を飲み、ロムーに手をあげることもあったという。ロムーは家を飛びだし、地元のチンピラに加わって、もう少しで犯罪に手を染めるところだったけれど、そんなとき友人のひとりが刺し殺された。そこで心を入れかえ、持てるエネルギーのすべてをラグビーに注ぐようになったそうだ。

必死でトレーニングに励んだロムーは、やがてラグビーニュージーランド代表「オールブラックス」に選ばれる。一九九五年の南アW杯では国際舞台に旋風を巻きおこした。でも実はその前の年、腎臓がかなり良くない状態にあると宣告されていた。病気のせいでロムーは一九九六年の試合にまったく出場できなかった。けれど驚くほどの勢いで復活を果たし、一九九九年のW杯でも大活躍した。

勇敢でアグレッシブなプレースタイルは世界中の賞賛を集めた。ロムーは「ターボチャージされたブルドーザー」、「サイ」、「アンストッパブル」、「大自然の力」、「黒いバス」と呼ばれた。体重百二十キロながら百メートルを十秒八で走ることができた。「オールブラックスのユニフォームに袖を通すと、たちまち俺はスーパーマンのような気分になる」と、ロムーは語った。その立ち姿を見ていると、アメコミの強くて優しいキャラクター「オベリクス」を思いだした。

ロムーは敵をごぼう抜きにしたし、目の前に立ちふさがろうとする選手は跳ねとばした。ところがどんな敵も止められなかったロムーを、腎臓の病気が止めた。ロムーはとうとう膝をついた。人工透析を受け、手術も避けられなくなった。「以前の俺は敵をらくらくと蹴散らし、試合に勝つことを楽しんでいた。ところが急にひどく具合が悪くなって、赤んぼうを抜きさることもできなくなった」

かつての超人はすべて一から学びなおさなければいけなくなった。「どうやって足を動かせばいいのだろう？　どうやったら左足が持ちあがるんだ？　どうやって歩けばいい？」悪戦苦闘のすえに車いす生活を脱し、筋肉を鍛えなおし、エネルギーにあふれた日々を取りもどしたけれど、残念ながら二〇一五年、ロムーは四十歳の若さで亡くなった。五年前、ドイツ代表の合宿地を訪れたときは、まだ生きる力に満ちていたというのに。「おまえたちの邪魔をするものは何もない。俺を止めるものが何もなかったように。転んだら、また起きあがればいい。きっと成功する」

僕は今でもときどきジョナ・ロムーのことを考える。文句を並べたて、運命を呪っていてもおかしくなかったのに、前向きな姿勢で生きぬいたのだ。下を向くかわりに、ロムーはいつも明るく前を見ていた。

記憶に残っているいちばん最近のロッカールームのスピーチは、二〇一四年ブラジルW杯のときのものだ。試合ごとにヨアヒム・レーヴは、あるときはフィリップ・ラーム、あるときはロマン・ヴァイデンフェラーといった具合に、選手を指名して話をさせた。それぞれ自分の期待や試合の見通しについて語るチャンスを与えられ、自分の好きなことをしゃべってもよかった。開催国ブラジルが相手の準決勝前は監督みずからが話した。「ピッチに出たらほぼ全員が我々の敵だ。だからこそ団結しなければいけない。協力して試合を進めるんだ。ピッチにいる全員だぞ。誰かがいいプレーを見せたら、全員で拍手をしよう。誰かがミスを犯したら、勇気づけよう。リオでの決勝に進出するまで闘いぬくんだ。王者のような試合を見せようじゃないか」

ロッカールームでのスピーチに定型はない。その場に合わせて選ぶのだ。誰かを叱責しなければいけないのなら、相手が教訓を得るよう仕向けなければいけない。

モウリーニョの話に戻ると、彼の大きな強みはいつも選手と正直に接するところだった。隠しだてすることはないし、陰口を言うことも絶対になかった。モウリーニョは厳しいけれどフェアで、とことん正直な人だ。それが彼の武器で、誉めることもあれば叱ることもある。なかには叱るのをためらう監督もいる。自軍の選手に厳しい言葉をかけるのが嫌なのだ。マスコミの前では強い監督のふりをするものの、影響力の大きな選手と対決するのを怖がっていたりする。モウリーニョは違う。だからこそいつもうまくいっている。「きみたちのプレーがよくないとき、それをよしと言ったりはしない」と、モウリーニョは強調した。マドリード在任中、選手から不満の声があがることなどなかったはずだ。彼とうまくいかなかった選手などひとりもいないと僕は断言する。モウリーニョはいつも紳士だった。率直で、正直だった。そんな監督だからこそ、多くの選手が決定的な一歩を踏みだせたのだ——僕のように。

# セルヒオ・ラモスからの言葉

セルヒオ・ラモスはレアル・マドリードの中心選手で、もっとも成功をおさめたサッカー選手のひとりだ。二〇〇五年に「ロス・ブランコス」に加入して、レアル・マドリードの一員として二度チャンピオンズリーグを制した。二〇一四年のアトレティコ・マドリードとの決勝戦ではアディショナルタイムに同点弾を叩きこみ、延長戦での勝負に持ちこんだ。レアルは四対一で勝った。スペイン代表としてW杯を一度、欧州選手権を二度制覇している。僕がレアル・マドリードに到着したその日から親身に世話してくれて、かけがえのない友人になった。

メスト・エジルというサッカー選手について考えたとき、頭に浮かぶのは「マジック、才能、プレーの質、ひと握りの選手しか持ちあわせない試合を読む能力」だ。

メスト・エジルという男について考えたとき、頭に浮かぶのは「友情、気遣い、人なつこさ、礼儀、快活さと人間味」だ。

実を言うとメストのことはレアル・マドリードに来る前から知っていた。黄金の左足とずば抜けたボールコントロールの技術を持つ、一味違う選手だと思っていた。

クラブのなかでその名前がささやかれはじめ、みんなレアル・マドリードにとって重要な加入になると確信した。このクラブで長年過ごしている身としては、誰であれ新しい選手がやってきたらできるだけ早く溶けこめるよう手を貸すのは義務だ。マドリードの街を案内し、住む場所を紹介するのだ。俺はメストに対しておなじことをしたが、あいつは特別だった。本当に楽しかった。

当然ながら言葉が壁になる心配はあった。メストはスペイン語を話せなかったからだ。でもすぐ親しく言葉をかわすようになった。おたがい英語のレベルはたいして変わらないから、言葉を練習するいいチャンスだった。俺たちはすぐ仲よくなった。しばらくして隣に引っ越してきたので、家に招待し、スペインに溶けこむ手助けをしたり、いっしょに過ごそうとした。

俺たちは同業者でおなじクラブに所属していたというだけではなく、好みもおなじだった。ファッションや音楽のセンスがいっしょなのだ。そんなこともあってすぐ親しくなった。どこで服を買ったらいいか、おまえはどんな音楽を演奏するのか、とよく訊かれた。ふたりともR&Bとヒップホップが好きだった。すぐにたがいのことを理解できるようになった。

そんな絆で結ばれていたから、デポルティーボ戦の後半にユニフォームを重ね着したのだ。友情のしるしだった。メストはとても繊細なやつで、とてつもない才能と可能性を持っている。だからゴールを決めたらあいつにささげようと思って、ユニフォームの下に着た。

レアル・マドリードを退団する前、メストは個人的な感謝のしるしとして、最後の試合で着たユニフォームを俺によこした。かけがえのない思い出の品で、自宅の展示室の特別な場所に飾ってある。

スポーツという意味では、俺たちはよく似たキャリアを歩んでいる。運よく俺はスペイン代表として二〇一〇年南アW杯を制覇し、メストはドイツ代表として二〇一四年ブラジルW杯で頂点に輝いた。世界王者になったあいつにおめでとう、と言ったことはよく覚えている。どんな選手にとっても最高の結果で、四年前の俺とおなじ感情をメストが味わえたのはとてもうれしかった。

メストとは今でも連絡を取っている。たがいの家族やチーム、住んでいる街について話をする。マドリード在籍中、メストはとても幸せで、このクラブやマドリードの街、サポーターにはずっと特別な思いを抱いている。だから今でもクラブの様子を追っているんだ。メスト、おまえはスペシャルなやつだよ。

これからもよろしく頼むぞ！

# 第13章 銀河系の一騎打ち――直感を信じる

モウリーニョの試合前のスピーチは最高だった。その大きな理由は正直という点にある。クリスティアーノ・ロナウドを平気で叱ったし、セルヒオ・ラモスやイケル・カシージャスにも遠慮しなかった。ひいきの選手がいて、特別扱いするなんてことはなかったのだ。どの選手にも遠慮しないし、腫れものにさわるように接したりしなかった。モウリーニョにとって僕たちはひとつの家族で、誰もが大切に、区別なく扱われていた。

モウリーニョの話が終わると、僕たちはいつも監督とクラブのためにすべてを差しだす気持ちになっていた。たとえばバルセロナ戦だ。チームの誰もが、あのとてつもないチームを倒してやろうと闘志を燃やしていた。直接対決のときだけではなく、より大きな勝負の一環として、どのリーグ戦のときもそう意識していた。

モウリーニョが来るまで、バルセロナがレアル・マドリードにどれくらい差をつけていたか、ちゃんとわかっている人はすくないのではないか。モウリーニョが就任したとき、バルセロナはスペインとヨーロッパに君臨するサッカー界の巨人だった。クラブ史上最強、向かうところ敵なしで、バルセロナの前ではどんなクラブもかすんでしまった。最高のプレーをしても通用しないのだ。彼らはすべて答えを用意していて、なかでもレアル・マドリードは絶望の淵《ふち》に追いやられた。〇八～〇九シーズン、レアル・マドリードはバルセロナの手で史上最悪の屈辱を味わわされた。当時チームはファンデ・ラモス監督の指揮下で、シーズン後半戦を好調のうちに過ごし、獲得可能な勝ち点五十四のうち五十二点を手にしていたので、ほとんどのサッカーファンがシーズン五度目のクラシコは互角な戦いになると期待していた。ところが互角に戦うどころか、レアル・マドリードは本拠地で六対二の負けを喫し、完膚なきまでに叩きのめされた。せっかく先制点を取ったというのに。「人生でもこんなに幸せな日はそう訪れない。我々は多くの人間を幸せにした」と、記者会見で監督のペップ・グアルディオラは完璧な試合を振りかえって語った。

翌日、地元の空港に降りたったバルセロナの面々は、チャンピオンズリーグで優勝してトロフィーを持ちかえったかのように歓迎された。

レアル・マドリードが失われた自信を取りもどすには何ヶ月もかかった。積年のライバル、バルセロナはリーグタイトルを奪取し、コパ・デル・レイ（スペイン国王杯）でも優勝した。バルセロナの選手たちこそリーガ・エスパニョーラの顔だった。

影響はスペイン国内にとどまらなかった。チャンピオンズリーグ決勝でバルセロナはマンチェスター・ユナイテッドと対戦した。プレミアリーグで十一度目の優勝を飾り、自信にあふれている相手だった。それでも決勝の二日前、ペップ・グアルディオラは中盤のキーマン、シャビを呼びよせてささやいたという。「決勝戦でどうやって勝つか、私には完璧にわかっている。すべて計算ずみだ。我々は二、三点取る。私を信じろ」

記者会見の席でグアルディオラは豪語した。「勇気あるプレーやボールポゼッションという点で、我々を上回るチームはどこにもない。つねに攻撃にさらされる恐怖を味わってもらおう」試合開始直後、グアルディオラの約束は実現される気配がなかった。言葉どおり攻撃を続けるかわりに、バルセロナはずるずると後退し、開始直後に失点しなかったのはただ運がよかったというしかない。でも勝ったのはバルセロナだった。グアルディオラの予言どおりとはいかなかったけれど、リオネル・メッシとサムエル・エトオが得点して、二対〇になったのだ。

バルセロナはスペインのスーペルコパ、UEFAスーパーカップ、FIFAクラブワールドカップを制し、なんと二〇〇九年は六冠を達成した。参加した大会すべてで優勝したというわけだ。

正直に認めるけれど、当時のレアル・マドリードとバルセロナは、サッカーという面で月とすっぽんだった。べつの比喩を使うならバルセロナはメルデセスAMGで、すべての部品が完璧に調和し、五百十馬力のエンジンを支えていた。運転席には超一流のドライバーが座り、どんな道でもらくらくと車をあやつってハイスピードで走っていった。モウリーニョが到着するまでのバルセロナはそんな感じだった。当時のレアル・マドリードはフェラーリだったけれど、車体は風雨にさらされ、エンジンには虫がはびこり、オイルの種類も間違っていた。

モウリーニョ、サミ・ケディラ、僕が加入したころのレアル・マドリードはそんな状態だったのだ。つづく三年間の成績は、そんな事情を考えて評価されるべきだろう。

最初のシーズン、僕たちは好スタートを切った。開幕十二試合のうち十試合に勝利し、残る二試合も引き分けだった。僕は三ゴール六アシストだった。チャンピオンズリーグでも順調に勝っていた。五試合のうち四試合に勝利し、五戦目でACミランと引き分けた。僕は一ゴール四アシストだった。

そうこうしているうちに、僕の最初のクラシコ（レアル・マドリードとバルセロナの直接対決は特別にそう呼ばれる）が訪れた。何が待ち受けているのか、僕には想像すらつかなかった。きっと熱い試合なのだろうとは思っていた——ブレーメン対ハンブルガー、あるいはシャルケ対ドルトムントのように。ところがクラシコは僕を嵐の渦に巻きこみ、ぺしゃんこにしてしまった。あれは想像を絶するほど大きな試合だ。世界のどんな試合も、あれほどの熱狂は生みださない。クラシコは別格なのだ。巨大という言葉さえ超えるような試合で、選手はぎりぎりまで追いこまれる。スペイン国内で騒がれるだけでなく、ほとんど全世界がその熱狂に巻きこまれる。チームバスでスタジアムに向かうことができるのはホームゲームのときだけだ。見わたすかぎりの人々がバスを取りまき、追いかけてくる。バスは人の波のせいでのろのろとしか前進できない。花火が炸裂する。歌声が響く。みんながバスを追いかけてくる。スタジアムに入場する直前には、蜂の巣をつついたような騒ぎになる。みんながバスの車体を力いっぱい揺すぶり、拳でどんどんと叩く。ライブコンサートよりうるさく、カーニバルより華やかだ。熱狂は試合が始まっても続く。気の利いたプレーに観客が大歓声をあげる。コーナーキックを蹴りに行くと、一万人が耳元でがなっているような気がする。

この試合は僕にとってはじめてのクラシコというだけではなく、ペップ・グアルディオラとジョゼ・モウリーニョが、両クラブの監督としてはじめて激突する試合でもあった。モウリーニョがイタリアからやってきたとき、ペップ・グアルディオラはオフシーズン明けの記者会見で言った。「モウリーニョは私を監督としてさらに成長させるだろう。彼がスペインで仕事をするのはすばらしいことだ。世界のトップクラスの監督だからね。彼はここにいる誰もを成長させるだろう」しまいにはモウリーニョが彼のエネルギーを搾りとった。それがグアルディオラがバルセロナを去った理由のひとつのはずだ。あのときの試合は、まざまざと思いだすことができる。僕たちはバルセロナと一点差の勝ち点三十二、リーグ首位のチームとしてカンプ・ノウに乗りこんだ。マスコミは互角な試合を予想していた。わずか数ヶ月前、モウリーニョがインテル・ミラノの監督としてバルセロナを破っていたからだ。

試合は異例の月曜開催だった。カタルーニャ地方で選挙がおこなわれることになり、試合の日程が再調整されたのだ。僕は先発メンバーとして、クリスティアーノ・ロナウド、アンヘル・ディマリア、カリム・ベンゼマと肩を並べた。前半九分、シャビに先制点を奪われる。立てつづけにペドロが追加点を取る。ダビド・ビジャが二分間で二点取る。四対〇だ。ジェフレンが終了間際にもう一点決めた。そのあいだロナウドはペップ・グアルディオラと小競り合いになっていた。急いでスローインをするロナウドを邪魔するかのように、グアルディオラがボールを渡さず地面に落としたのだ。ロナウドが相手を押し、軽い揉みあいになる。アンドレス・イニエスタとビクトル・バルデスも加わった。アディショナルタイムにはリオネル・メッシへのファウルを取られてセルヒオ・ラモスが退場になった。ロッカールームに戻る途中で、ラモスはカルレス・プジョルとシャビのふたりとも口論になった。

僕にとって試合は前半で二対〇になった時点で終わっていた。モウリーニョが指揮するチームがこんな惨敗を喫したことはいまだかつてなかった。「このような敗戦を受けいれるのは難しい。内容は勝利に値したとか、何度もクロスバーを叩いたなどとも言えないたぐいの敗戦だ」と、モウリーニョは試合後に言った。「片方のチームは実力をすべて発揮し、もう片方のチームはみじめな出来だった。前向きにとらえなければいけない。チームが大きなタイトルを獲得したら、涙を流すのはまったくかまわない。だが今日のような負けかたをしたら、泣くのは許されない。すぐさま練習を始めなければいけないんだ。もし可能なら、私はすぐ次の試合にのぞんでいる」

シャビはこんなことを言っていた。「レアル・マドリードはまったくボールを持てなかった。バルセロナに永遠の眠りにつかされたんだよ」ゴールキーパーのビクトル・バルデスも、誇らしさではちきれそうになっていた。「味方のパス回しを見ていると頭がくらくらしてきて、まともに見るのをやめたくらいだ。どっちにせよ、ボールはずっと俺たちが持っていた」グアルディオラも試合後に言った。「この試合は人々の記憶に残り、サッカー史にも残るだろう。大差がついたからというだけでなく、その勝ちかたのためだ。レアル・マドリードのような強いチームを相手に、あれほどいいプレーをするのは簡単ではない。スペイン国内外の敵を粉砕するようなチームだからね。我々は今夜の出来を誇りに思っていいだろう。バルセロナ独自のやりかたで勝ったという意味で、世界的に価値のある勝利だ。世界のどのクラブも、我々以上に選手を信頼することはない」

それは僕の心に焼きつき、痛みを引きおこし、決して忘れられない言葉となった。五対〇というスコアはいまだかつて経験したことがなかった。最悪の気分で、打ちのめされ、僕は自己嫌悪にさいなまれながらすごすごとロッカールームに引きあげた。

恥ずかしい試合だった。あんな負けかたは許されるものではなく、「失望した」というくらいでは生ぬるいだろう。全世界が見つめていたのだ。僕たちはクラブのスタッフ全員の期待を裏切った。僕たちが万全の状態で試合を迎えられるようにしてくれたドクターやフィジオ、そしてもちろん、交通費とチケット代を払って観戦にきた大勢のサポーターを裏切ってしまった。

僕自身そしてレアル・マドリードでプレーする全員が、世界でいちばんのサッカー選手でありたいという志を持っていた。レアル・マドリードはスーパースターの軍団で、ベスト・オブ・ザ・ベストの集まりなのだ。けれどあの夜、世界一の選手たちはベストを尽くすことも、いいプレーをすることも、平均的なプレーをすることさえできなかった。ひとことで言って、ぶざまに失敗したのだ。あんな屈辱的な目に遭ったあとは、自信喪失におそわれるものだ。どうやら——と、僕自身は思った——僕は日ごろ思っていたほど優れた選手ではないようだ。もしかしたら単にひどく思いあがっていただけかもしれない。

サッカーのいいところは、ものごとが急ピッチで進むことだ。たいていの場合、あっというまにヒーローとして再浮上し、ミスや失敗を埋めあわせることができる。けれど次節バレンシアに勝利し、つづいてサラゴサに勝っても、僕たちはまだあの惨敗を引きずっていた。恥ずかしさは消えないまま、頭のなかに残っていた。モウリーニョは不名誉を埋めあわせようとベストを尽くしていた。試合直後、監督は短い話をした。「この試合のことは忘れろ。ひどい敗戦だった。それ以上でも、それ以下でもない。長いリーグ戦のなかのただの一試合だ。あれこれ考えこむのはやめろ。我々はいずれ国内におけるバルセロナの覇権を破り、必ずチャンピオンになる。とにかくこの敗戦のせいですっかり調子を崩すのだけはやめろ」

モウリーニョの姿勢はとても印象的だった。トレーニングを追加して僕たちを罰することだってできたのに、そうではなくひとりひとりがどんな気持ちでいるのか、よくわかってくれたのだ。僕たちは打ちのめされていて、あらためて罰を受ける必要などなかった。

モウリーニョは何度も、選手に対する深い理解を見せてくれた。あるときはシーズン半ばに僕が疲れきっていて休みを必要としていることに気づき、声を掛けてくれた。「メスト、少し休め。気分転換するんだ。数日はサッカーのことを考えるのをやめて、好きなように過ごせ」

そんなことを言ってくれる監督は見たことがなかった。モウリーニョが試合から解放してくれたおかげで、僕は体力を戻すことができた。普通は反対のことが起きる。監督はチームの中心選手を一秒たりとも手ばなそうとしないのだ。少し調子が悪くても、何もさせないより八十パーセントでプレーさせることを選ぶ。けれど僕がメンタルに絶好調とはいかず、きつい数週間を過ごしてきたことを知っていたモウリーニョは、最高の対応をしてくれた。五日後、監督から調子をたずねる電話がかかってきた。「少し元気になったか？　どんな調子だ？」プロの世界では、こんなふうに訊いてもらえるのはめずらしいことだ。たいていの監督は、選手が自分でコンディションを整えることを期待する。うまくいかなければ、見放すだけだ。

十一月のあの月曜日、完璧に磨きあげた部品を搭載した「バルセロナ・メルセデス」は試合に勝っただけでなく、すべてにわたって僕たちを圧倒した。

第一ラウンドはグアルディオラの勝ちだった。けれど幸運にも、シーズン中には強敵に挑んで差を詰めるチャンスがまだ四度あった。

ロス・ブランコスはリーグ戦でバルセロナをぴたりと追走し、リーグ二位を守りつづけた。コパ・デル・レイでは決勝に進出した。チャンピオンズリーグでは二千五百六十二日、七十四試合、九度の監督交代のすえにジョゼ・モウリーニョのもとで準々決勝に進出した。七年間にわたってレアル・マドリードはベスト十六の壁を突破できずにいたのだ。準々決勝ではトッテナムを倒し、準決勝でバルセロナと当たった。完璧なショーをおこなうチャンスだった。

べつの表現をするなら、十八日間で四度のクラシコがおこなわれるというわけだった。四度のグアルディオラ対モウリーニョ。四度の互角とはいえない対戦。モウリーニョは完璧な仕事をしていたけれど、それでもまだフェラーリの車検と修理を始めたばかりで、完璧なチューニングを模索しているところだった。それでももちろん、モウリーニョは王者バルセロナの穴を探していた。

実際モウリーニョはそれを見つけた。グアルディオラはチームに集中することにかけては名人で、チームの調子を整え、最大限の情熱をかたむけて次の試合の準備をしていた。完璧な集中ぶりで、ほかのことには一滴の余計なエネルギーも注いでいなかった。

でもそれがモウリーニョの狙い目だったのだ。次の試合、彼は陽動作戦をしかけることでグアルディオラの固い集中を破った。相手の強さを奪う手段をとった。モウリーニョは巧みにグアルディオラとバルセロナからエネルギーを搾りとり、集中を乱し、自分たちの土俵に引きいれた。それと同時に、絶対にバルセロナを倒すという信念を自軍に植えつけた。

「ベストを尽くすために相手を憎む必要はないが、できるならそうするのがいい」と、モウリーニョはマドリード時代をとおして何度か口にした。「とりわけ自分が大きな成功をおさめていて、そこにあぐらをかく傾向があるのなら」僕はその言葉を心に刻んだ。バルセロナを憎んだことはなかったし、悪のクラブだとも思わなかったけれど、絶対に負かしてやるという執念に燃えていた。どのリーグ戦で、どんな相手と対峙《たいじ》していても、黒星を契してバルセロナの優勝に手を貸すことがあってはならないと思っていた。連中が僕たちの失点に喜ぶところを想像すると、ますます勝ちたいという気持ちが強くなった。

シャルケ時代はサポーターとクラブ全員のために、ドルトムントだけには負けるわけにはいかないと思っていた。ブレーメンとハンブルガーは不倶戴天《ふぐたいてん》の敵だった。こういった試合の前、ドイツのマスコミは狂乱状態になり、対決をいっそう盛りあげようとする。ドルトムントとゲルゼンキルヘンの住人たちは、エルベ川をはさんで激しい言葉の応酬をしていた。けれどクラシコとはくらべものにならなかった。

クラシコは何がなくても世界一の試合だけれど、タッチライン際に立つふたりの監督のせいで、さらに熱く燃えていた。

四連戦の初戦を落とすことをモウリーニョが望むわけがなかった。監督はディフェンダーのペペを呼び、リオネル・メッシに張りついているよう指示した。「首すじにおまえの息を感じさせてやれ」と、ある日のミーティングでは言った。そしてレアル・マドリードでは見たこともないほど守備的な布陣にした。僕がサイドの位置でプレーを始めたのも、そんな理由だった。

サンチャゴ・ベルナベウのロッカールームを出て、ピッチに出るのをトンネルのなかで待っているとき、選手の感情はびっくりするほど高ぶってくる。世界中のほとんどのスタジアムは、ふたつのチームがとなりあって列をつくるようになっている。片側にホームチーム、片側にアウェイチームで、たがいにちょっと握手をしたり、顔なじみの選手と雑談したりしているうちに、ピッチに入場する時間になる。リラックスした、なごやかな空気が流れている。でもサンチャゴ・ベルナベウは違う。ふたつのチームはフェンスで隔てられていて、声をかけることもできない。最初から空気の匂いが違うのだ。そこには親しさのかけらもない。人生を賭けた戦いにのぞむ剣闘士のような気分だ。

トンネルのなかにいると五感が研ぎすまされ、時間はより濃密に、ゆっくりと流れていく。サッカー選手にはよくあるように、感覚に歪みが生じる。自分を鼓舞する言葉をつぶやいているチームメイトの声が、くぐもって聞こえる。靴底のカチンという音が脅威のひびきをもつ。フェンスの向こうのイニエスタやメッシ、ビジャにおだやかな空気はなく、笑みひとつ浮かべていない。弱さと見なされるようなものは決して表に出さない。この正真正銘の激突に欠けているのは戦士のボディペイントだけだ。

僕にとって二度目のクラシコは二〇一一年四月におこなわれた。レアル・マドリードは深めの陣形を敷き、最初はバルセロナが試合をつくるのをうまく止めていた。ペペはモウリーニョの命令どおりメッシにぴたりと張りつき、五回きつめのタックルを仕掛けて、相手が思いどおりにプレーするのを邪魔した。まんまとやる気を削《そ》がれたメッシは、試合終盤には怒ってボールをスタンドに蹴りこみ、観客に当ててしまったくらいだ。

得点も生まれた。どちらもPKからだった。メッシがダビド・ビジャへのファウルとして与えられたPKを得点すると、ロナウドはマルセロへのファウルとして与えられたぶんを得点する。一対一だ。レアル・マドリードにとっては五連敗のあとはじめてライバルからもぎ取った勝ち点一だった。二〇〇八年五月以降、一度目の成功だ。

それにもかかわらずレアル・マドリードのレジェンド、アルフレド・ディ・ステファノにはモウリーニョの守備的な戦術を非難された。レアル・マドリードとはそういうクラブだ。美しくプレーしなければ、今後の自信になる勝ち点一もよしとされないのだ。

四日後にはバレンシアの地でおこなわれたカップ戦の決勝でふたたび激突した。ペップ・グアルディオラのバルセロナ監督として十度目の決勝で、そのうち九試合に勝っていたという。レアル・マドリードが最後にコパ・デル・レイで優勝したのは二十年近く前の一九九二〜九三シーズンだった。

モウリーニョはふたたび僕をスタメンに起用した。今度は中盤でプレーし、相手のラインを乱す役割で、そこそこうまくいった。バルセロナを封じこめるのにも成功した。相手はほぼ枠内シュートゼロだった。百一分にわたって得点は生まれず、張りつめた空気の延長戦が始まった。主審は荒っぽいタックルに対して六枚のイエローカードを出し、メッシもフリーキックの位置が近すぎるとして警告を受けた。

百二分、ディマリアが左サイドからクロスを上げる。ロナウドが宙に身を躍らせ、ヘディングで叩きこむ。一対〇。決勝点だ。タイトルを獲得したのだ。たしかに小さなタイトルではある——コパ・デル・レイにはリーグ優勝ほどの重みはない。でも「あの」チームを、揺るぎない王者にしてほぼ完璧なチームを破ったのは、価値ある勝利だった。

終了の笛が鳴ると、メッシは泣き顔でロッカールームに逃げこんだ。決勝戦で敗れたのが悔しくてたまらないのだ。決勝の舞台でヒーローになりそこねる気持ちを長いこと忘れていたのだろう。僕たちにとって価値ある涙だった。これでバルセロナも、僕たちを軽く見るわけにはいかなくなった。もがき苦しんだすえに、レアル・マドリードは長年失っていた誇りを取りもどした。

残る二試合の準備を整えながら、モウリーニョは言葉のミサイルを何発か放った。もっとグアルディオラを弱らせようとしていたのだ。狙いどおり、グアルディオラは彼らしくもなくマスコミと激しい言葉の応酬をした。チャンピオンズリーグ準々決勝前の記者会見ではこう言った。「ピッチ外でモウリーニョは何年も何シーズンも勝ちつづけた。これからもそうするだろう。ピッチの外でチャンピオンズリーグの優勝杯がほしいのならくれてやる。勝手にしたらいい。私には関係ないことだ。家に持ちかえって見とれていればいい。この部屋（記者会見場）ではモウリーニョがボスだ。記者会見のしくみを知りつくしている。この場では一秒でも彼と戦いたくない」

またしても熱い試合になった。アルバロ・アルベロアとダニ・アウベスが、それぞれ前半のうちにイエローカードを食らう。ロッカールームに戻るあいだも、両軍ともにヒートアップしていて、アルベロアがセイドゥ・ケイタを小突いた。バルセロナの控えゴールキーパー、ホセ・マヌエル・ピントが飛びかかってきてレッドカードを受ける。休憩後まもなくペペがつい足の裏を見せてダニ・アウベスにタックルをかまし、こちらもレッドカードを出された。これは打撃だった。大事な試合で、残り三十分をひとりすくないまま戦わなければいけなくなった。

モウリーニョはカードに納得できず、皮肉たっぷりに主審に拍手を送った。第四審判のトルステン・キンヘファーにも文句を言い、とうとうタッチライン際を追われた。でもペペをかばい、チームのためにやっているのが僕たちにはよくわかった。

残念ながらバルセロナに数的優位に立たれたあとは、ホームグラウンドでメッシに二点取られた。こんなに悔しいことはない。

記者会見でモウリーニョはふたたび、ペペを退場処分にした主審を批判した。あれが試合の分かれ目だった、と彼は言った。「まだ決着のついていない、イーブンな試合でなぜあんな判断が必要だったのか？」そして嫌味たっぷりに言った。「私がグアルディオラだとして、あんな形でチャンピオンズリーグの試合に勝ったとしたら、自己嫌悪におちいっていただろう。今宵《こよい》何があったか主審とUEFAに正直に言えば、私のキャリアは一瞬で水の泡だ。レアル・マドリードは決勝戦に進む権利を奪われた。我々は頭を高く上げてこの場所を去ろう。ときに胸のむかつくようなサッカーという世界に敬意をこめて。この世界で生きるのはぞっとすることだが、我々はここでやっていくしかない」

UEFAをこきおろしたモウリーニョは五試合のベンチ入り禁止処分を受けた。のちにクラブが抗議したことで、処分は三試合に減らされた。それでもリターンマッチでは監督がそばにいられず、指揮できない羽目になり、結果は一対一だった。カンプ・ノウでの試合としては上等だけれど、敗退したことには変わりなかった。

それでも、クラシコがより対等な戦いになってきたのは明らかだった。レアル・マドリードがどうやってもバルセロナに歯が立たなかった時代は終わった。屈辱的な六対二や五対〇の敗北は過去の話だ。僕たちは二度バルセロナと引き分け、一度勝利して――それも決勝戦だった――相手は一度勝ち、チャンピオンズリーグ決勝に駒を進めた。

四度の対決では二十五枚もイエローカードが出され、四度の退場処分とモウリーニョのベンチ入り禁止というおまけまでついた。

戦いはまる三週間かかった。みんなエネルギーを消耗したけれど、とりわけグアルディオラは疲れたようで、あとで言っていた。「きつい日々で、ストレスがたまった。毎日の密度が濃く、私はくたびれ果てた」

チャンピオンズリーグを敗退したあとでは、グアルディオラのスペインでの優勢を崩そうとモウリーニョはいっそう燃えていた。「インテル・ミラノの監督をやっていたころは、三試合でバルセロナの倒しかたを見抜き、グアルディオラの手の内を読むことができた」と、監督は僕たちに言い、自信満々に続けた。「我々ももう少しでその段階だ」

次のチャンスは僕のレアル・マドリード二年目、シーズンの開幕直後に訪れた。コパ・デル・レイの勝者は、スペイン・スーペルコパでリーグ覇者と対戦することになっていたのだ。バルセロナはリーグ二連覇だった。

僕はカリム・ベンゼマのパスを受けて十三分に先制点を奪った。ダビド・ビジャに同点にされ、メッシに追加点を取られたものの、シャビ・アロンソが一点取って二対二にする。三日後のカンプ・ノウで勝利する可能性はじゅうぶんにあった。僕のキャリアのなかでも相当熱い試合になるはずだった。バルセロナは勝利が当たり前になっているけれど、連中からもうひとつタイトルを奪う可能性はある、と僕たちは踏んでいた。ただし連中は優位を守るためならなんでもするだろう。この試合に懸かるものは大きかった。

イニエスタが先制点を奪い、ロナウドが同点にする。メッシが点を取る。ベンゼマが二対二にする。メッシがもう一点奪って三対二にする。不運な結果だった。バルセロナは見たこともないようなダイブを連発していた。僕たちがタックルを仕掛けようと近づくと、もう連中は宙に舞っていた。ほんの少しのボディコンタクトで、大きな怪我をしたかのようにのたうちまわるのだ。選手のひとりが倒れこむと、まったくたいしたことがないのに全員がタックルを仕掛けた選手を取りかこんだ。あんなに人が集まってくる試合は経験したことがなかった。

バルセロナの選手はかわるがわる言葉でも挑発してきて、ピッチのそこかしこで騒ぎが起きた。その夜のバルセロナは優等生の軍団からはほど遠かった。それでも当然ながら、イエローカードのほとんどを食らったのは僕たちだった。試合終了の五分前までで五枚だ。バルセロナは二枚だった。

九十三分、一点差を守るバルセロナはタッチライン際でボールをキープしていた。そのままの結果になるのは予想がついた。シャビがシャビ・アロンソの頭越しにボールを送り、セスク・ファブレガスが右足の甲でエレガントにトラップして足もとにおさめる。ふいにマルセロが突進した。左足を伸ばし、右足をはさみのように開いて、両チームの控えのベンチのちょうど中間の位置でセスクをなぎ倒す。まるっきり必要のないチャージで、カードはまぬがれなかった。

数秒でピッチは大混乱におちいった。遠目には白、赤、青のユニフォームのかたまりが揉みあい、脅し、罵倒の言葉を吐いているようにしか見えなかっただろう。争いの輪のなかはスクラム状態で、フィジオやスーツ姿の男たちまで混じっていた。バルセロナの選手は集団でマルセロに詰めよって、ののしり、必要のないほど激しく悪態をついていた。レッドカードは当然だった。でも、そのあとあんなふうに罵倒されるいわれはなかったはずだ。

僕はマルセロの前に立って、なんとか仲間を守ろうとしていた。これ以上バカな真似をしないように体を押さえつける。こんなときにはつい我を忘れるものだ。マルセロはこの試合にすべてを賭けていた。ありとあらゆるタックルを仕掛け、ボールを追い、全力でロス・ブランコスの誇りを守っていた。そんなときにはつい乱暴なタックルも犯してしまうものだ。敵の選手が群がり、誰もが感情をむき出しにしているといつの間にかアドレナリンの数値があがり、バカな真似に走ってしまう。わざと頭突きをかましたり、ひっぱたいたりする選手はどこにもいない。意図的に、冷静にパンチを繰りだすような選手もいない。それは異常な状況でだけ起きることだ。だから僕はマルセロを守ろうとしていた。ところがそうやって理性的に振る舞おうとしていたとき、ダビド・ビジャが卑怯にも背後からやってきて、僕の頭をひっぱたいた。なんてやつだ。

そんな汚い真似が許されるわけがない。カンプ・ノウでも、サンチャゴ・ベルナベウでも、世界中のどこのスタジアムでも、そのへんの公園でもNGだろう。たとえ軽い一発だろうと、相手を後ろからひっぱたくのは反則だ。こっちはよけることも、身を守ることもできないのだから。そもそも敵の選手に手を出すことじたいが間違っている。

ダビド・ビジャが下手人だと気づいた瞬間、僕は頭に血がのぼった。マルセロを守り、その場をおさめようとしていたのに、なぜ襲われなければいけないのか。チームメイトをかばうことも忘れて、僕は怒りのかたまりになった。べつに強い一撃ではなく、乱暴でもなければ痛みもなかった。でもその卑怯なやり方に猛然と腹が立ったのだ。ビジャに仕返しをしようとして、僕は理性をなくした。このままにさせておくものか。自己コントロールをかなぐり捨て、僕は相手を殴りつけようとピッチを走っていった。プライドが傷つけられ、復讐したかった。相手はまずいことをしたと思っていたはずだ。

ペペとリカルド・カルバリョが僕を押しとどめる。離せ、と僕はわめき、身をよじって自由になろうとした。完全に目の前が真っ赤になっていた。バルセロナのアドリアーノも飛んできて僕をなだめようとした。敵であっても、今となってはそのことにとても感謝している。でも当時の僕は、ありがたいなどと思わなかった。

僕とビジャは両方ともレッドカードを食らった。僕はトンネルのなかでやつをつかまえて当然の一発を見舞ってやろうとしたけれど、幸いにも今度はマルセロとモウリーニョが止めてくれた。

あのときの僕は、自分を止めようとする相手に見境なく怒っていた。ビジャに思い知らせてやらなければ、というわけだ。今となっては、あれ以上の事態にならなくて本当によかったと思う。もし望みどおりビジャに一発食らわせていたら、少し気分が晴れていただろう。でも、そのあとはどうなっていたことか。レアル・マドリードのクラブ史にチンピラとして名を残したはずだ。乱暴者、大バカ者と呼ばれ、今までのアシストもすっかり忘れられていたはずだ。サッカーファンは僕の選手としての能力ではなく、かんしゃくの爆発についてだけ語るようになっていただろう。評判も台無しだったはずだ——ほんのわずかのあいだ、我を忘れただけで。

ビジャと僕がピッチでやりあっているあいだ、モウリーニョ自身も理性を欠く行動に走っていた。騒ぎのなか、バルセロナの助監督ティト・ビラノバに近づいて、右手の人さし指で右目を突いたのだ。何がどうしてああなったのかはわからない。今でもモウリーニョは、自分の行動をうまく説明できないはずだ。おそらく思いつきでやってしまったのだろう。マスコミを煽ったり、駆け引きしたりするものの、素顔のモウリーニョは紳士だ。

のちにモウリーニョは「目つぶし」について謝罪した。「あのようなことをするべきではなかった。私は間抜けではない。選手には感情をコントロールするよう念入りに指導している。私はあやまちを犯した。言い訳をするつもりはない」

スーペルコパのあとのマスコミの批判は、僕たちの結束をいっそう強めた。何を言ったり書いたりされようと、調子を崩したりするまいとたがいに誓った。チームにひびを入れるようなことをさせてたまるか。僕たちはたがいに助けあい、高めあうのだ。

それからの試合ではサラゴサ、ラージョ・バジェカーノ、セビージャ相手に六点取り、グラナダ、エスパニョール、レアル・ソシエダからは五点、オサスナからは七点も取った。三十三節を終えた時点で首位に立ち、二十七勝二引き分けという成績だった。総得点はなんと百七点だ。二位はバルセロナで、勝ち点四の差があった。直接対決で負けたら四試合を残して優勝の行方はふたたびわからなくなる。

けれどモウリーニョは既にバルセロナ対策を完成させていた。そのためにコパ・デル・レイであと一回、経験が必要だったのだ。ファーストレグを二対一で勝ったバルセロナはリターンマッチでもたちまち二対〇とリードした。けれど僕たちはスコアに影響されず、守備的にプレーするより自分たちで試合をつくっていこうと決めていた。カンプ・ノウで僕はロナウドにアシストし、二対一になった。それからベンゼマが二対二にした。アウェイチームの姿勢はバルセロナをおじけづかせた。こうしてリーグ戦で首位をキープするために必要なあと一歩の自信が生まれた。

過去数年でバルセロナが獲得したあらゆるトロフィーを忘れるな、とモウリーニョは言った。「リーグ四連覇はさせない。我々は全員でやつらを止めるんだ」それを聞いて僕たちはますますタイトルへの執念を燃やした。

そしてついにカンプ・ノウでおこなわれた第三十四節の試合に勝った。サミ・ケディラが先制点を奪い、アレクシス・サンチェスが同点にする。僕にボールが回ってきた。既にリーグ戦十八アシストだった。クリスティアーノ・ロナウドのために、僕は十九個目のアシストをした。

僕が質のいいクロスを上げさえすれば、ストライカーのひとりがネットに押しこんでくれる。バルセロナに勝利したことで、僕たちは優勝に向けて決定的な一歩を踏みだした。結局そのままバルセロナの三年間の一強時代を破って優勝することになる。モウリーニョはフェラーリのエンジンを修理し、壊れたパーツをすべて取り替え、情熱と冷静さをもって疾走してみせた。シーズン終了時には百二十一得点で、三十二勝して敗戦はわずかふたつだった。

モウリーニョのおかげで、僕たちはバルセロナの支配にひびを入れ、たった二年で追いついてみせた。驚くべき成果だ。モウリーニョは僕たちを強力なチームに変えた。彼こそがバルセロナの帝国を崩すという最大の手柄の立役者だ。

もちろん、優勝も大きな手柄だった。走りが安定していて、調整もできているレーシングカーに飛びのり、つぎつぎと優勝を手中にするのはさほど難しくないだろう。でもきしみを上げている車に乗り、優勝できるまで調整したのは自慢してもいいことだ。

それまで僕はキャリアをとおしてブンデスリーガで二度準優勝し、一度は三位になり、一度は十位まで落ちた。スペインでの一年目はまた準優勝だった。そしてキャリア六度目の挑戦で初のリーグタイトルを手にした。

レアル・マドリードでこんな結果を出せたのは名誉なことだ。ロス・ブランコスのユニフォームに袖を通すことを望まないサッカー選手はいないだろう。レアル・マドリードで得点するチャンスを得る選手はひと握りだ。優勝という喜びを味わえるのはさらにすくない。僕はそのうちのひとりになることができて幸運だった。加えてこのすばらしいシーズンの最後、〈マルカ〉紙上で読者選出のスペインの年間ベストイレブンになった。

二〇一二年、バルセロナを去ることを発表したグアルディオラは言った。「私は自分のすべてを差しだし、抜け殻になってしまった。ひとことで言えばそういうわけだ。エネルギーを充電しなければいけない」モウリーニョといっしょに僕たちは「最強の監督」にふたたび負け方を教えて、エネルギーを吸いとってやった。モウリーニョはすべて正しかった。ピッチの外で騒ぎを起こし、サッカーの歴史に残るライバルチームを揺さぶったことは、金メダルに値する。

レアル・マドリードは僕が所属したなかでもっとも緊張感の高いクラブのひとつだ。ここにいると、からからに干上がってしまう。マドリードでの一シーズンはほかのクラブでの三、四年に相当する。この時期、僕はサッカー選手として大きな変化を遂げた。とりわけ守備に関して戦術面でたくさん学んだけれど、それ以上に大事な視点を得た。ピッチでは自分の心の声に耳をかたむけなければいけないのだ。監督の与えるプレーの指針が厳しすぎたら、僕はしおれてしまう。自分の体が「左に行け」と言ったら、そうするべきだ。ひとつのポジションに貼りついていることはできない。選手は決断をしなければいけないし、自由でいなければならない。創造性の高い選手を、監督がいじってはいけない。あやつり人形になってはだめだ。もちろん、チームの戦術を無視するような真似をしてはいけないのも事実だけれど。

二〇一〇年の南アW杯で、僕は考えすぎると良いプレーができなくなるようだと気づいていた。でもそのことはレアル・マドリードに行くまで本当には理解できなかった。

三年目はそこそこうまくいったけれど、レアル・マドリードの基準としては物足りなかった。僕たちはリーグ戦でバルセロナの後塵《こうじん》を拝する二位だった。チャンピオンズリーグでは三年連続で準決勝に進出したものの、ロベルト・レバンドフスキに一試合で四点奪われ、ボルシア・ドルトムントに負けて敗退した。スーペルコパでは準決勝でバルセロナを下して決勝に進出しながら、アトレティコ・マドリードに敗れた。結局、僕がレアル・マドリードに入団してからはじめて無冠に終わった。「銀河系」と呼ばれるクラブでは許されない結果だった。

# 第14章 ロンドンに向かう——閉じる扉、開く扉

ジョゼ・モウリーニョは二〇一三年にマドリードを去った。イタリア人監督のカルロ・アンチェロッティがあとを継ぎ、僕のスペインでの日々も終わった——予想もしなかった形で。

僕の退団についてはさまざまに語られている。数えきれないくらいの噂、果てしない臆測、さまざまな主張、解釈と説明。山のようなナンセンス記事が書かれた。僕が平然と嘘をついたという報道にはとりわけ腹が立った。

ある程度の自己批判をこめて言うのだけれど、ただひとつの真実は次のとおりだ。当時は父のムスタファが代理人を務めていた。父はもう自分が代理人という職業についてよく理解していて、同業者の助けを借りるまでもないと確信していた。じゅうぶんに腕がよく、業界のことに通じていて、レアル・マドリードの会長フロレンティーノ・ペレスのような人物とも真っ向から対決し、対等に話しあいができると思っていたのだ。

そのことで父を責めるつもりはない。父はロジャー・ヴィットマン、ミヒャエル・ベッカー、レ

ザ・ファゼリの仕事ぶりを見て勉強していた。レアルを去るそのときまで僕のもっとも信頼する相談相手で、いつも僕のために走りまわってくれていた。誰よりも僕に対して辛口で、成長を後押しし、もっといいプレーをしろと言いつづけてきた。小さなメストをシャルケ、ブレーメンを経てレアル・マドリードでプレーする選手にまで育てた人間として、自分の腕を信じていた。

キャリアが始まって以来、僕には才能と実績があり、いつでも当時所属していたクラブより一段階上のクラブが僕の獲得を望んでいた。所属先のクラブと早めの契約更新をしなくても、簡単に移籍できるという状況だった。

それまでに何度か、父は代理人たちが有利な立場を生かしてうまく交渉をまとめるのを見てきた。でもあのときは少し状況が違った。もちろん三年間きちんと結果を出してきたのだから、交渉の席での立場はそんなに悪くなかった。二〇一〇年以来、スペインのトップリーグで僕とリオネル・メッシ以上にアシストをした人間はいない。僕たちは四十七アシストで並んでいた。

でもあの当時、僕を獲得しようとしているクラブはなかった。二〇一三年夏、まだ二年間残る契約の違約金を払ってまで買い取りたいというクラブはなかったのだ。無理もないだろう。僕にもレアル・マドリードを去るつもりなどなかったのだから。移籍の扉が開いているなど、誰も思わなかった。父と僕は数年分の契約更新を早めにすませておこうと思っていた。レアル・マドリードで充実したキャリアを歩み、いつの日かチャンピオンズリーグを制覇する。それだけが僕たちの目標だった。

そんなとき交渉人の役目を引きついだ父は、建築業界の大物、フロレンティーノ・ペレスに面談を申しいれた。話しあいの目的はただひとつ、よりよい内容で長期の契約を結ぶことだった。

ブレーメンからやってきたとき、僕は無名の選手で、国際試合の経験も浅かった。チャンピオンズリーグの試合に六試合しか出たことがなかったし、ドイツ代表としても若手だった。マドリードで三年プレーしたこの時点ではヨーロッパの試合に三十一試合出ていたし、ヨアヒム・レーヴのもとでドイツ代表に定着して、胸に鷲《わし》の描かれた代表ユニフォームで二十九試合に出場していた。つまり、もっと高い給料をもらう資格があったということだ。

元マンチェスター・ユナイテッド所属のファン・マタが、あるとき鋭いことを言った。「プロサッカー界の基準で言うなら、僕の給料は人並みだ。でもスペインの人口の九十九・九パーセントや、世界中の人々と比較したらとんでもない金額だ。まわりの社会への礼儀として、選手は自分たちがバカバカしいほど高い金を稼いでいると認めるべきだ。理解できないほどの金額だ」

僕の母は決して楽しくない仕事を必死でこなした。他人が汚したあとを掃除するのが楽しいはずがない。そして稼ぎはスズメの涙くらいだった。母と比較したら僕の給料はべらぼうに高い。でも僕はあんなに一生懸命働いているだろうか。そうは言えない。母より楽しい仕事をしているだろうか。もちろん、そうだ。母があれっぽっちしか稼いでいなかったのに、僕がこれだけ金をもらうのが公平なわけがない。

金について言うなら、僕はすべて公明正大にやっていて、税金は正直におさめている。二〇一六年末に〈シュピーゲル〉が「汚いやり口」と銘打って、僕が税金逃れをしていると報じたけれど、それは間違いだ。深刻そうな顔をした、ひどい写りの白黒写真の僕が雑誌の十二月号の表紙を飾った。創造性豊かな雑誌編集者たちは、僕の瞳を毒々しい黄色のユーロの記号に置き換えていた。見出しは「金のエキスパート」で、中身はクリスティアーノ・ロナウド、ジョゼ・モウリーニョ、僕がやったとされる脱税についてだった。記事はこんな調子で始まった。「十八ヶ月にわたってスペインの税務署はドイツ代表メスト・エジルを追っていた。そして数百万ユーロの罰金を科した」非難の記事が載った雑誌は十二月三日に発行された。僕は前の晩に代理人のエルクトからの電話で、記事が出ると警告を受けていた。翌日のウェストハム戦にそなえて、アーセナルのチームホテルに泊まっていたときだった。

「明日の表紙写真になるぞ」と、エルクトは言った。「〈シュピーゲル〉が話を広めようとしている」

その記事が出ることについて驚きはなかった。記者から数日前に、山のように質問するメールが届いていたからだ。僕たちは頭から無視して、虚偽の報道には抗議すると伝えただけだった。僕はベッドに腰かけてエルクトの話を聞いた。「冷静に対応しよう。相手のペースに巻きこまれるな」

「僕たちは法に触れるようなことを何もしていないだろう」と、僕は確かめた。記者の質問が届いて何度も訊いていることだけれど、念のためだった。もちろん、税金の処理は自分ではしていない。信頼できる専門家に任せている。自分でやる時間はないし、はっきり言ってやり方もわからないのだ。だからこそスペインの税務署から余分に税金を払うよう指示されたとき、スペイン、ドイツ、イギリスの税理士にアドバイスを求めた。わかるように状況を説明してもらい、細かい点までクリアにした。「大丈夫だ、メスト。すべて透明にやっている。責められるようなことは何もない」と、エルクトは落ちついて言った。それからもう一度、細かいポイントを説明してくれた。

「きみの肖像権や人格権については、すべてきちんと処理されている。きみはドイツが拠点の会社『エジル・マーケティング』に権利を託している。それは法的に適正だし、当然の手続きだ。つまりきみはちゃんと税金を払っているし、八人分の雇用を生みだしたわけで、彼らはドイツで税金を払っている」

エルクト曰く、当時スペインの税務署は会社の調査をして、すぐ問題ないと判断したそうだ。

「我々は何ひとつ隠しだてしなかった。ドイツですべてきちんと税金を払っていると説明した。肖像権についての疑問は、追加課税の件とは何の関係もない」

これは事実として言うのだけれど、二〇一六年頭に僕は追加課税として二百一万七千百五十二ユーロと十八ユーロセントの支払いを命じられた。そのあとすぐスペインの税務署に不服を訴えた。その理由として、手数料を代理人に払っていたのはクラブ側だったのだ。世界のどこでもおなじだ。バイエルン・ミュンヘンだろうと、パリ・サンジェルマンだろうと、アーセナルだろうと、代理人の手数料はクラブが払う。

何年もそのやり方でやってきて、役所にも認められてきた。たとえばレアル・マドリードは——この点において〈シュピーゲル〉の報道は正しかった——当時の代理人レザ・ファゼリに百二十万ユーロ払い、アーセナルは現在の代理人エルクト・ソウトに百四十七万ユーロ払っている。これらの支払いは各クラブと代理人が申告し、きちんと課税されている。けれどエルクト曰く、余裕のないスペインのお役所はいきなり法律にべつの解釈を加えてきたそうだ。法的な根拠の変更もないという。

スペインの税務署によると、クラブが払った手数料は僕に経済的なメリットをもたらすので、税金の申告に含まれなければいけないそうだ。

前にも言ったように、これまで税務署にこんなことを求められはしなかった。だからその情報を税金の申告に含まなかったからといって、何を隠していたわけでも、だましていたわけでもない。スペインの税務署があらゆる手段で金を集めようとしていただけだった。

話がこじれないよう、僕たちは二百万ユーロという理不尽な要求を受けいれたけれど、上級の裁判所では追加課税が無効だと認められ、金を返してもらえるはずだった。七十八万九百六十三ユーロと三十六ユーロセントの罰金を払うのも拒否し、抗議した。

僕はあらためてエルクトの説明に耳をかたむけ、明解で迷いのない言葉に勇気づけられた。「きみは幽霊会社をつくったわけじゃないし、税金逃れをしたわけでもない。いつも期日までに税金を払っているだろう。母国ドイツでプロ生活を始めたそのときから、規則にしたがって何百万ユーロもの税金を払ってきたんだ。きみは何百万もドイツに貢献してきた。海外にマーケティング会社を立ちあげることだってできたけれど、それをドイツに置くことで、母国にもっと税金をもたらしたんだ。その返礼がこれだとはな。〈シュピーゲル〉の狙いはスキャンダルで、きみを犠牲にして部数を稼ぎたいだけなんだ。きみは〈シュピーゲル〉の宣伝活動のスケープゴートだ。相当に汚い中傷キャンペーンだが、必ず乗りきれるから大丈夫だ」

僕はじっと聞いていた。心はおだやかだった。

「我々はさらに強くなるだけだ。きみは今までにもいろいろなことを乗りこえてきた。あくまで事実で反論しよう。スペインの税務署からもらった税金関連の書類だってある。レアル・マドリードも先方がレザ・ファゼリの手数料を負担すると書面で言っている。ファゼリの我々に対する書類の返答もあるし、何も問題ない。きみのベストの答えは得点することだ。こんなバカげた話を気にしている暇などない、と知らせてやれ」

「あなたを信じているよ。僕は落ちついているし、すべてうまくいくだろう。先に話を聞くことができてよかった」

その晩、僕はぐっすり眠った。チーム・エジルは正しいことをしているし、責められるようなことも何もない。

翌日ロンドンのオリンピック・スタジアムでウェストハムと試合をしたとき、例のことはもう何も考えていなかった。自分で先制点を決め、アレックス・オクスレード＝チェンバレンの得点をお膳立てした。

デュッセルドルフの代理人の事務所がどんな状態にあったか知っていたら、そんなに落ちついていられなかったかもしれない。向こうは電話が鳴りやまなかったという。〈シュピーゲル〉の記事が出てからというもの、社員のもとには脅迫電話がかかり、罵詈雑言を浴びせられていたらしい。今すぐドイツ代表を引退しろ、と言う連中もいた。エジルは恥さらしで、ドイツ代表のユニフォームを汚しているというのだ。いい加減な調査しかしていない記事を読んで、よくそこまで言えたものだ。記事の内容はＲＴＬチャンネルの〈シュピーゲルＴＶ〉でも放映された。これ以上の人格攻撃をやめさせるため、僕たちは発売のその日に新聞社に抗議の文書を送った。

ひとつだけ間違いないのは、移籍金の高騰ぶりは正気の沙汰ではないということだ。僕たちサッカー選手は商品で、所属クラブや試合の出来によって値段が変わる。もちろん、ひとりの人間としての市場価値も影響する。サッカー界はますます規模が大きくなり、グローバル化していて、値段は爆発的に上昇している。

今どきの移籍金の額は不健全なほどで、サポーターも納得していないはずだ。個人的な意見だけれど、どれほど優秀で人気があっても、五千万、六千万、八千万、一億ユーロに値する選手なんてこの世界にはいないだろう。天文学的な数字で、僕にはその根拠も見えない。選手の価値というだけではないのだ。あくまで僕自身の印象だけれど、クラブの会長が移籍金の記録をつくるためだけに金を出しているように見えることもある。ただ自慢したいというだけだ。

ポール・ポグバがいい選手なのは間違いないけれど、彼にしてもほかのどの選手にしても、一億ユーロ以上の価値があるはずがない。だったらジネディーヌ・ジダンのような不世出の選手にはどれだけ金を払うというのだろう。あまりに現実離れした話だ。

僕は自分のルーツを忘れたりしない。子どものころ、ネズミがはびこる地下室から自転車を出すのを手伝ってくれた親友たちは、今でも僕のそばにいる。みんな僕のマーケティング会社の社員で、僕は彼らに給料を支払っている。母には小さくてきれいな家を一軒買い、これ以上働かなくてもいいよう仕送りをしている。

話をもとに戻すけれど、父が契約延長にともなってもっと高い年俸を求めたのには単純な理由があった。要はクラブが僕をどう評価するかという問題だった。契約を延長するとき、年俸を調整するのはどんな仕事でも当然だろう。

誰かがいい結果を出したら、それに見合う報酬が支払われるべきだ。見習いが努力と野心、残業をとおして腕のいいプロフェッショナルに成長し、ビジネスを前進させたのなら、昇給は当然だろう。ひとりのサッカー選手が成長し、戦術眼を磨き、バルセロナの一強状態を崩す力となり、なおかつ高いレベルを維持したのに、新加入の選手とおなじくらいの年俸というのはおかしい。

契約更新はクラブと選手、両方の利益にならなければいけない――それが、フロレンティーノ・

ペレスに父が伝えようとしたことだった。そこが交渉のスタート地点で、それ以上の含みがあったわけではない。強欲でもなんでもないし、現状に満足できずにいたわけでもない。あくまで公平に年俸を与えられるかどうかという話だった。残念ながらレアル・マドリードから最初に提示されたオファーに、この点は反映されていなかった。

クラブを非難するつもりはない。交渉の初期の段階では、たがいに意見が異なり、話が進むにつれて折りあいをつけていくものだ。片方がある要望を出し、もう片方がべつのオファーを出し、たがいに納得できるまでそれを続ける。話しはじめてすぐ両者が合意するのはごくめずらしいことだ。

けれど父にとっては未知の状況で、この種の交渉につきもののプレッシャーにさらされるのもはじめてだった。指一本動かせばすべて解決できる専門家だと思っていたのに、気がつくとまったく知らない状況に置かれていた。今となってみれば、父はトップクラブの会長と何十回も交渉したわけでもなく、難しい状況でうまく交渉するような客観性に欠けていたのだと思う。だから残念なことに、必要とされる冷静さを発揮することができなかった。

父にはひどく頑固なところがある。それが功を奏することもある。ミュンスターのトルコ総領事館でパスポートを返納したときのように、僕は父のそうした面に何度も助けられてきた。でもフロレンティーノ・ペレスのような、まわりが自分に合わせるべきだと思っている人間と渡りあうとき、その頑固さは裏目に出た。父が怒りにまかせてペレスの部屋を飛びだし、ドアを叩きつけたのはまずかった。

レアル・マドリードの会長は父の態度にひるむどころか、腹を立てただけで、ふたりの頑固者が殴りあいをしている状態になってしまった。すくなくとも僕には、どちらも自分の優位を見せつけようとしているとしか思えなかった。

はじめのうちは、正面衝突も長く続かないと思っていた。衝突したのとおなじくらいの早さで和解するはずだ。どのみちふたりは僕の契約更新という、おなじものを求めていたのだ。そう信じながら、僕は二〇一三年八月二十八日、新スポンサーのアディダスの記者会見にのぞんだ。

会見場にはヨーロッパ中のジャーナリストが集まっていた。TVカメラが回り、カメラマンが忙しくシャッターを切っている。正直に質問に答えて、またしてもマスコミが臆測を立てて騒ぐのを封じるつもりだった。今でもその場面の動画はユーチューブで観ることができるけれど、みんなの目の前で僕は言った。「僕はレアル・マドリードとの契約が残っている。このチームに残るつもりだ」あとで〈マルカ〉と〈ビルト〉の単独インタビューを受けたときは、おなじような言葉を使いながらも、実際どういうことなのかもっと詳しく説明した。「このクラブでプレーできることを誇りに思っている。ここにいて幸せなんだ。どうして退団しなければいけないんだろう。移籍なんてまったく考えたことがない。僕自身の意見を言うなら、ほかに検討するべきクラブなんてないよ。二〇一六年まで契約をまっとうすると約束できる」

百二十時間以内にその約束を破るという予感がほんの少しでもあったら、こんなにはっきりと言わなかっただろう。僕自身を傷つけ、半永久的に嘘つきと非難されるような言葉は選ばなかったはずだ。記者会見の席では、自分の言葉の影響を考えず思いつくまま話すような真似はしない。ただ憶測に終止符を打ちたかった。フロレンティーノ・ペレスに、僕がどれだけレアル・マドリードを愛しているか伝えたかった。

けれど頑固者対決はバカバカしいショーや小競り合いの域を越えて、僕自身に影響する段階に来ていたのだった。僕自身は何もしていないのに、クラブの会長の不興を買っていたのだ。自分のキャリアを救うために、急いで何かしなければいけなかった。試合に出場できなくなるなんて冗談ではない。とりわけ、僕のプレーの出来とは何の関係もないことが原因で。

そんなわけで、つらいことではあったけれど、僕は二〇一〇年から携帯電話に登録しておいた番号にかけた。

「ヴェンゲル監督、僕が移籍先を探すようになったらまっさきに連絡をする、とお約束しましたよね。今がそのときです」

きみにはずっと注目していた、とヴェンゲルは言い、成長ぶりにも満足していると言ってくれた。二〇一〇年に電話で言葉をかわしたときとおなじような、ポジティブな感覚がふいによみがえってきた。一度も会ったことのない監督ではあるけれど、どうやら僕のことを信頼し、高く評価してくれているようだ。今の僕にはそれが必要だった。

もちろんペレスが折れて、父との口論のせいで僕を罰するのをやめてくれたらいいとは思っていた。もう一度ペレスと話しあいをしたかった。でもそうはならなかった。僕たちの関係はもう冷えきっていたのだ。

レアル・マドリードへの忠誠を誓った二日後、僕はよそのクラブとコンタクトを取っていた。それが唯一できることだった。時間がなかった。もし本当にロンドンに行くなら、片づけなければいけないことが山ほどある。僕自身はどこまで移籍を望んでいるのか。移籍したら幸せになれるのか。

僕は二〇〇八年から十二年にかけてトッテナムでプレーしていたチームメイトのルカ・モドリッチに声を掛けた。「ロンドンってどんなところだろう?」質問の意図を正直に伝えながらたずねる。「世界一クールな街だ」というのがモドリッチの答えで、僕はその言葉を信じた。それ以上訊いている時間はなかった。

サンチャゴ・ベルナベウで二〇一三〜一四シーズンの第三節ビルバオ戦がおこなわれる前の晩、友人のバルシュから連絡があった。僕が何か悩んでいて、普段と様子が違うのに気づいたらしい。「本当にそれでいいのか」事情を打ち明けると、バルシュは言った。「本気で移籍したいのか」

レアル・マドリードを去ってロンドンに行くのは、嘘偽りなく人生でいちばん難しい決断だった。ブレーメンを出たときは、それが正しい道だと百パーセント確信できた。ブレーメンに恩があるのはわかっていたし、大きなものを手ばなそうとしているのも知っていた。けれど将来は光に満ちていて、判断の是非を考える必要などなかった。ヴェルダー・ブレーメンでの仕事は終わったと、頭と心が同時に訴えていたのだ。

けれど今、僕は自分が本当に幸せだった場所を離れようとしていた。ベルナベウのピッチに駆けだすのは最高だった。最初は背番号23、つづいてフェレンツ・プシュカシュ、ギュンター・ネッツァー、ロビーニョ、ウェズレイ・スナイデルがつけていた背番号10のユニフォームを着るのも最高だった。サポーターの熱い応援も感じた。何より、まだここでの自分の使命を果たしていなかった。レアル・マドリードでチャンピオンズリーグを制したかった。チームメイトの助けを借りて、世界一のサッカー選手になりたかった。レアル・マドリードでの旅は終わりにはほど遠かった。けれど僕がいちばん避けたかったのは、衛星のようにスペインサッカー界の上空を旋回し、いつか地上に墜落することだった。

そして電話の向こうには落ちついた声で話し、人柄も魅力的で、きみをぜひ獲得したいと巧みに説得してくる男がいた。ヴェンゲルは僕のことを三年ほど熱心に見守っていたそうで、当時レアルにいたカルロ・アンチェロッティよりも安心感を与えてくれた。

こうして世界一クールな街と魅力的なサッカーリーグが僕の前にあらわれた。当時ドイツ代表のチームメイト、ペア・メルテザッカーとルーカス・ポドルスキがプレーしていたチームだ。二〇〇五年のFAカップ優勝以来タイトルから遠ざかっていたけれど、名門チームだった。そしてヴェンゲルという監督がいた。

「正しい選択だと思う」僕は考えていたことをすべてバルシュに打ち明けた。

二〇一三年九月一日、最後にベルナベウに向かうのは本当につらかった。アルバロ・モラタ、カゼミロ、イケル・カシージャスの隣に座っていると胸が詰まった。この栄光のスタジアムの一部でいられるのも今日が最後だ。サポーターのスペイン語の歌を耳にするのも最後だ。クラブの応援歌が聞こえる。「アラ・マドリー、イ・ナダ・マス（立ちあがれ、レアル・マドリード。それ以上の望みはない）」

イスコの二ゴールとロナウドの一ゴールで三対一の勝利をおさめたあと、僕は親しい友人たち――アルバロ・アルベロア、セルヒオ・ラモス、カリム・ベンゼマ、そしてもちろんサミ・ケディラに、チームを去るのはかぎりなく確実だと伝えた。

そのあと空港に向かった。翌日はドイツ代表としてミュンヘンに行き、オーストリアとフェロー諸島が相手のW杯予選の準備をすることになっていた。

飛行機が離陸すると、僕は窓の外に目をやった。はじめて滑走路がみるみる小さくなっていくのを見た。マドリードのバラハス空港のターミナルは小さな点になり、この三年間僕を温かく受けいれてくれた街と同様、飛行機が雲を抜けるともう見えなくなっていた。

この空港では百回以上乗り降りしたはずだ。でもじっくり見ることはなかった。いつもは飛行機に乗って席に座るとすぐ、外の音をシャットアウトしようと大ぶりのヘッドホンを取りだし、タブレットに差しこんで映画を観る。安全の案内は聞いていないし、離陸にも気づかない。でもマドリードを発つのが最後の今回だけは別だった。いつのまにか目頭が熱くなっていた。「アラ・マドリー！」

ドイツ代表は全員、ミュンヘンのホテルに午後一時集合ということになっていた。僕も例外ではなかったけれど、大事な打ちあわせの予定があったので、ヨアヒム・レーヴに移籍の話を伝え、合流を遅らせてもかまわないかと訊くしかなかった。ミュンヘンに向かいながらも、最初に足を向けたのは規定のメディカルチェックだった。ロンドンですませればよかったのだけれど、移籍市場がもうすぐ閉まるところで時間がなかったのだ。アーセナルの強化部長リチャード・ロウとチームドクターをハンス・ヴィルヘルム・ミュラー・ヴォールファートの診療所に招いて、必要なチェックをしてもらった。

同時に父はアーセナルと最後の調整をしていた。アーセナルとレアル・マドリードは移籍金をめぐる激しい駆け引きをしていた。その日の夜、移籍市場の終了まで一時間を切ったところで、僕は新しい契約書にサインをした。十一時十六分、僕はアーセナルの選手になった。

元バイエルンのゴールキーパー、オリバー・カーンは僕の移籍についてこうコメントした。「ガレス・ベイルの加入に際してアルゼンチン人選手のディマリア、あるいはエジルのどちらを犠牲にするかという選択を迫られ、カルロ・アンチェロッティはドイツ代表を切りすてた」カーン曰く、僕はマドリードで「替えの利かない選手」にはなれなかった。〈フランクフルター・アルゲマイン〉はこう書いた。「レアル・マドリードでの競争は、ボールを持てば芸術家だが必要なガッツを欠く選手には荷が重かったようだ」僕が「逃げた」と評する新聞もあった。そのあとふいにフロレンティーノ・ペレスのものとされるコメントがスペインのマスコミを賑わせた。僕が「女にのぼせあがっていて、プロ意識に欠けていた」というのだ。のちにそのコメントはでっちあげだと判明するものの、そのころにはヨーロッパの半分近い新聞に掲載されていた。ペレスの「口撃」に腹を立てた父はこう言った。「優秀なビジネスマンだからといって、品位のある人間とはかぎらない。ペレスは低劣な男だ。メストはスケープゴートにされた。そして俺は大金がほしくてたまらない強欲な父親というわけだ。たいしたやり口だ」

一連の騒動について僕が言いたいのはただひとつ、ガレス・ベイルに個人的な感情はないということだけだ。レアル・マドリードが一億ユーロ近く出して獲得したことに嫉妬などしていないし、不快になったりもしていない。レアル・マドリードが獲得を決め、金を積んだのはベイルの意思ではないのだ。彼は僕の人生には無関係な存在で、僕が恨みに思っているなどというのはバカバカしいもいいところだ。

カルロ・アンチェロッティとも何も問題はなかった。僕がクラブで難しい立場に置かれていたほんの一時期、ともに仕事をしたというだけだ。たがいの人間性を知る機会も、信頼関係を築く時間もなかった。

同様にフロレンティーノ・ペレスとも問題はない。敵対したのは僕の父親だ。ちょっとしたことだけれど、その違いは大きい。

移籍を決めた日の晩、携帯電話を見るとたくさんのメッセージが届いていた。妻とトルコを旅行中だった兄のムトゥルからも連絡が入っていた。留守番電話にメッセージが吹きこまれている。ホテルの受付で、僕がアーセナルに移籍するというのは本当かと訊かれたらしい。新聞は臆測でいっぱいだった。それまで僕には親しい人たちに連絡する暇もなかった。すべてが立て続けに決まり、頭を回転させつづけていなければいけなかった。ひと息つく暇もなければ、物思いにふけることもできなかった。

本当にアーセナルに行くのだと電話で告げると、兄は絶句していた。「そんなことになるとは思わなかった」ジョゼ・モウリーニョも仰天して、メールを送ってきた。「私に何も言わなかったじゃないか。きみはレアル・マドリードで引退するのだと思っていた」

ガレス・ベイルがロス・ブランコスの一員としてお披露目された日、何千人ものサポーターが声を張りあげた。「エジル、ノ・セ・ヴェンデ！」（エジルは売り物じゃない！）セルヒオ・ラモスも、僕の移籍話の顛末を聞いて非難の言葉を口にした。「俺に口を出す権利があるなら、エジルだけは決してチームから出したりしない」クリスティアーノ・ロナウドまで不満そうだった。「エジルの移籍は僕にとってバッドニュースだ。相当腹が立つよ」

スペイン紙に載ったアンケートによると、八十パーセントのレアル・マドリードのサポーターが僕の売却に反対していたという。つまり所属していた三年間、僕は決して間違ったことをしていなかったというわけだ。

ロンドンに落ちついてから、時間をかけて一連の移籍騒動を振りかえった。本当にこれでよかったのだろうか。ペレスとの対立と、マスコミの煽りは必要だったのだろうか。違うやり方をすることはできなかったのだろうか。

もちろん、父に責任を押しつけるのは簡単だ。ペレスに対して意地を張り、和解もしなかった。だから父が悪い。いや、そんなに簡単な話ではないだろう。何年もずっと父は僕を守り、サポートしてくれたし、難しい時期には力を貸してくれた。多くの正しい決断をして、そのおかげで僕は安定したキャリアの一歩を踏みだせた。

人間誰でもそうだけれど、父は完全無欠ではない。そして最後のところで、ペレスやレアル・マドリードとの交渉は父の手にあまった。

二〇一三年十月、デュッセルドルフでドイツ代表の合宿がおこなわれたとき、僕は父をチームの宿泊地に招いた。二十五歳の誕生日の直前で、これからは代理人の仕事を離れてもらう、と僕は父に告げた。これ以上なく難しい会話だった。子どもが自分のもとを離れていこうとするのは、どんな親にとってもつらいことだろう。家を出て独立するにしても、よその街で勉強するにしても、子どもが自分なしでやっていこうというのは多くの親にとって信じられないことで、ショックは当然だ。

そして父との別れは、単に家を出るというような話ではなく、ビジネス上の関係の終わりだった。一段階、話のレベルが違う。何にせよ、父にはひどくこたえたようだ。僕は父を傷つけたくなかったし、あやまちを犯したと思ってほしくもなかった。成長過程の最後の一歩として、変化が必要なのだと理解してほしかった。

もちろん、父を遠くに追いやるつもりなどなかった。これからは自分の足で立ち、自分の決断に百パーセントの責任を負うというだけだ。大事な決断を下すとき、いつ、どこで、なぜそうするのか、僕自身が決める。

残念ながら父はそれを大人の決断だと喜んではくれず、怒り、傷ついていた。父は僕のツイッターの管理をしていたのだけれど、感情にまかせてアカウントを削除してしまったほどだ。おかげで僕は数百万人のフォロワーを失った。

あれは二〇一三年十一月二十三日の金曜の夜だった。翌日はサウサンプトン相手のホームでの試合だったので、いつもより早く寝ようと思っていた。十時ごろ、携帯電話が何度か鳴った。アカウントがなくなっている、という友人たちからの連絡だった。ファンとの交流の場が突然消えるのが困るのはもちろん、それは経済的なダメージにもなる。そのころ一時的にメディア対応をしてくれていたフーベルト・ラシュカによると、経済的な観点から言ってSNSへのアクセスは一回につき数ユーロの価値があった。つまり父はその行動で僕をインターネット上から消しただけではなく、百万ユーロ相当の宣伝効果を台無しにしかかったというわけだ。フーベルト・ラシュカはツイッター社の助けを借りて僕のアカウントを復活させ、父が手を出せないようにしてくれた。ラシュカはそのまま僕のチームの一員になった。僕が心から信頼する兄のムトゥル以外には、ベテラン弁護士のドクター・エルクト・ソウトにも代理人を頼んでいる。僕たちはキャリアに関する決断について細かく連絡を取りあっている。

結果的に父との別離は僕が望んだほどスムーズにはいかなかった。追いだされたように感じた父は、アディダスとスポンサー契約を結んだことを盾に手数料を求めて裁判まで起こした。どんな家族にも摩擦はつきもので、たがいのそばにいることが耐えられない時期もある。ほとんどの場合、そういった喧嘩は見えないところで起きて、他人が首を突っこむことはそうそうない。でも残念ながら僕たちの軋轢《あつれき》は、デュッセルドルフの裁判所のミスで公になってしまった。僕たちは実際、世間の目にふれないまま仲直りする段階まで進んでいたのだ。それなのに裁判所が、既に和解したのでキャンセルしたはずの公聴会の日程を公表してしまった。のちに謝罪があり、スポークスマンは「内々の行き違い」で発表されてしまったと言った。その失敗さえなければ、誰も僕たちの問題に気がつかなかっただろう。

あの対立のことはとても残念に思っている。父と息子の長くおだやかな歴史のなかの悲しい一章だ。サッカー選手としてここまで来ることができたのは父のおかげだ。それだけは絶対に忘れない。

# サミ・ケディラからの言葉

サミ・ケディラは僕とおなじ年にレアル・マドリードに入団した。僕の移籍が正式に発表されるずっと前から、ふたりでロス・ブランコスについてメールで情報交換をしていた。レアル・マドリードで僕たちは国王杯を獲得。のちにドイツ代表として世界王者になる。ケディラはレアル・マドリードで百二試合に出場し、一三～一四シーズンにチャンピオンズリーグを獲得した。

メストとおなじチームになったことはあっても——二〇〇九年にスウェーデンで開催されたU-21欧州選手権でいっしょだった——本当に親しくなったのはレアル・マドリードに行ってからだ。振りかえると妙な気分になる。それぞれトルコとチュニジアにルーツを持つドイツ代表のふたりが、スペインで親しくなったのだ。すべてポルトガル人監督、ジョゼ・モウリーニョのおかげだ。モウリーニョは南アW杯のあとで僕をレアル・マドリードに誘った。ロス・ブランコスに加入してほんの数週間後のロサンゼルス遠征で、メストを獲得するつもりだとベンチで教えてくれた。いいぞ、と僕は思った。二十三歳でスペイン語がまだ話せない身としては、レアル・マドリードでやっていくのはなかなか大変だった。メストがいたら話し相手ができるし、いろいろやりやすくなるだろう。

そのあとメスト自身から、マドリードとはどんなところか教えてほしい、とメールで連絡があった。バルセロナにも獲得の意思があるらしく、どちらかを選ばなければいけないという。正直なところ、僕はまだクラブの大きさ、サポーターとマスコミの熱狂ぶりに慣れるのに精いっぱいだった。「でかいクラブだぞ」と、僕はメールに書いた。「ものすごく大きなステップアップだ」けれどジョゼ・モウリーニョが本気で獲得したがっているのなら絶対に大丈夫だ、とも言った。「モウリーニョ自身に求められているのなら、育ててもらえるだろう。監督のおかげで毎日、自分は重要だと感じることができているよ」

そして数週間後、メストがあらわれた。引っ越したばかりの僕の家で、いつのまにかここへ来ることになったんだな、とふたりで語りあった。最初の打診から最終的な契約書へのサインまで、細かいことをあれこれ話した。メストは笑みを浮かべた。「モウリーニョのおかげで、レアルには長いこと目をつけていたよ。でもレアル・マドリードを選んだのは、おまえがいたせいもある。おまえがマドリードに行くと聞いて、ようやく気持ちが固まったよ。もっと安心できると思った」

それからというものメストは、誰のおかげで輝かしいキャリアを歩めることになったのか、と僕が言うのを何回も聞く羽目になった。ただしはじめてのリーグ戦では、ふたりそろってベンチに座った。マジョルカ戦では招集外だった。そんなことになるとは思ってもみなかった。この栄光のチームの一員になれると信じきっていたのだ。

イベロスター・スタジアムで試合が進むあいだ、僕たちはただとまどいながら肩を寄せあっていた。「どこで間違ったんだろう？　レアル・マドリードに移籍したのに、試合に出られないなんて」

幸いにもフラストレーションは長く続かなかった。第二節のオサスナ戦、モウリーニョはふたりとも先発に選んでくれた。その日から僕たちはレギュラーに名をつらねた。ロッカールームはいつもにぎやかだ。雑談、唐突なジョーク、音楽、もちろん試合についての会話。メストとはプライベートでもよくいっしょに過ごす。試合直後の姿やインタビューをとおして選手としてのメストは知られていても、ひとりの人間としてはそう知られていない。メストはまわりが考えるよりもっと奥が深く、複雑な人間だ。びっくりするほど気を遣ってくれるし、心が優しい。サッカーの世界ではあまりないことだ。プライベートでは自分より相手の気持ちを優先することが多い。

メストにはリーダーシップがないという批判がある。ピッチでもロッカールームでも、大声を張りあげたりはしないのは確かだ。でもチームメイトの世話をするし、加入したばかりの若い選手の面倒を見ている。それはリーダーとして大事な資質だ。

大きな試合になると消えてしまうという批判もある。すべての試合で活躍する選手がいないのは当たり前として、メストのボディランゲージは誤解されることが多い。びっくりするほど能力が高くて、なんでも簡単にこなしてしまうので、気楽にやっているように見えるのだ。チームのために骨身を削って戦っているときも、怖い顔をしているのはほとんど見たことがない。もちろん若いころは、思うようにプレーできないと肩を落としたり、理想的とはいえない態度を見せたりしたこともあると思うが、今ではそんなこともなくなった。

フランスでの欧州選手権準々決勝イタリア戦で、メストはすばらしい活躍を見せた。点を取ったからではなく、ライオンのように闘ったからだ。準決勝のフランス戦でも、前線でチームを引っぱった。負傷してベンチにいた僕にはその様子がよく見えた。ボディランゲージには勝利への執念がにじんでいた。

それはモウリーニョのおかげもあると思う。メストが人生最大の雷を落とされたとき、僕もその場にいた。ふたりがめったに見ないレベルの口論になったのは、三対一でリードしていたデポルティボ・ラ・コルーニャ戦のハーフタイムだ。

モウリーニョの口撃の激しさといったら相当なものだった。プロサッカーという荒っぽい世界では、あの種の言葉遣いも許されるのだろうが、慣れるにはしばらく時間がかかる。メストがそここいいプレーをしたくらいでは、モウリーニョは満足しなかった。つねにすばらしい出来を求めていたのだ。モウリーニョは相手の感情を刺激するコツを心得ていて、メストの痛いところをみごとに突いた。隣に座っていた僕には、メストが目をむき、真っ赤になるのがわかった。いきなりすね当てを外し、シューズを脱ぎすて、ソックスを下ろした。モウリーニョは交代させるなどとひとことも言っていなかったのに。

今度はメストが乱暴な言葉を使う番で、自分から交代という事態を引きよせているようなものだった。僕はただ思った。「参ったな。このふたりは二度と口をきかないんじゃないか」

けれどそういうことにはならなかった。メストは叱責された理由について考え、自分と向きあった。僕が感心するのは、モウリーニョがメストの反発を根に持たなかったところだ。数日後にはすべて元どおりだった。

そしてはじめてのクラシコで、僕たちは五対〇という手ひどい負けを喫した。試合のあとでは何がいけなかったのかずいぶん話しあったし、こんな屈辱的な試合は二度としないと誓った。「今に見ていろ」と、僕たちは言った。「バルセロナを粉砕してやる。今日の結果はそのままやつらに跳ねかえるんだ」

次のシーズン、僕たちはその言葉を実行した。三十四節を終えて首位に立ち、バルセロナに勝ち点四の差をつけていた。いよいよカンプ・ノウで対決だ。バルセロナが勝てば、優勝争いの行方はふたたびわからなくなる。けれどそんなことにさせるつもりはなかった。前半十七分、僕が先制点を決め、一時間後にはバルセロナのアレクシス・サンチェスに同点弾を決められた。数分後、メストがボールを持った。ハーフウェイラインの数メートル下で、かなり右寄りの位置だった。ボールを預けたディマリアはメストがパスを返すだろうと予測して、三人の敵を振りきって上がっていった。九十八パーセントのサッカー選手ならそのとおりにしただろう。でもメストは違った。一瞬でクリスティアーノ・ロナウドがハビエル・マスチェラーノの裏に飛びだすのをとらえた。あれが見える選手はそう多くない。そのあとマスチェラーノ越しに通した六十メートルのパスは芸術だった。

僕たちは二対一で勝ち、優勝に向けて決定的な一歩を踏みだした。三十五節を終えて二位と勝ち点七の差だ。「俺たちは王者だ」と、僕たちは優勝を導く勝利を祝いながら言い、次の一歩にそなえた。「今度はチャンピオンズリーグを獲得するぞ」残念ながら、準決勝は三度不運な結果に終わり、ふたりで大きな目標を達成することはできなかった。

レアル・マドリードでの三年間については、一生メストに感謝することだろう。才能豊かな人間と友だちになることができた。さて、メストは料理でも天才なのだろうか。それは意見の分かれるところだ。あるとき夕食に誘われた。「今夜はいっしょに料理をつくって、映画を観よう」世界中の料理をためすのが好きな僕としては、トルコ料理を食べるチャンスはあまりないので楽しみにしていた。すると家を出る三十分ほど前、メストから電話がかかってきて、何を食べたいかと訊かれた。なんと、デリバリーサービスのメニューを読みあげている。僕ならそれを「料理をつくる」とは言わない。メストの名誉のために言っておくが、あいつのつくる「スジュク」（トルコ風ガーリッ クサラミ）は、この世のものとは思えない味だ。

二〇一三年にメストがレアル・マドリードを離れてしまったのはつらかった。アーセナルと交渉中で、レアル・マドリードといくつか問題をかかえているのは知っていたけれど、取り返しがつかないような事態だとは思わなかった。交渉の場において、たがいに要望を強く主張するのはごく当たり前のことだ。

九月一日、ベルナベウに向かうチームバスに乗っていたとき、隣の席のメストは身じろぎもしなかった。まったく口をきかなかったし、新監督のカルロ・アンチェロッティに先発に選ばれなかったのも気にしていないようだった。どうしたのかと訊くと、メストは言った。「たぶんアーセナルに移籍することになる」

僕にとっては本当にショックだった。事情があるのは知っていても、レアル・マドリードを去るとは思わなかった。試合後、ロッカールームでメストは僕に言った。「チームを離れる。試合中にクラブどうしが合意したんだ」

きつい一撃を食らったような気分だった。すばらしい選手が去るというだけでも、人間としてりっぱな選手が去るというだけでもない。友人がいなくなるのだ。

僕とメストは仲間としてあらゆることを達成した。二〇一四年ブラジルW杯制覇も含めてだ。けれどいっしょのチームでチャンピオンズリーグを制覇するのは、まだ今後の予定表に載ったままだ。もしかしたら、いつの日か……。

# 第15章

# 黄金の檻を出て——自分らしく生きる

イギリスに到着して最初の数週間は高級ホテルで過ごした。イギリス南部の〈ザ・グローブ〉といって、人気作家ロザムンド・ピルチャーの小説の世界をそっくり映画化した宮殿のようなところだった。

窓の外にはゴルフコースが広がっていて、見たこともないほどみごとな芝が敷かれていた。びっくりするほど正確に刈られていて、黄色い穴ぼこなどどこにも開いていないし、へこみやふくらみもなかった。ディフェンダーにスパイクで削られたあとのピッチのようなえぐれもなかった。窓際に立って物思いにふけっていると、あの芝の上でボールを蹴ったらどんな気分だろうか、と考えていることがあった。

ロンドンでの新生活になじむため、友人のバルシュがついてきてくれていた。マドリードでは従兄のセルダルが僕の身の回りの品をせっせと梱包《こんぽう》し、家の契約についての書類などを送ってくれていた。

僕は着の身着のままでロンドンに向かったようなものだった。ドイツ代表に合流するため飛行機を予約したときは、そのあとマドリードに帰るつもりでいた。スペインへの帰りの便を予約してさえいたのだ。けれど五日間のあいだに僕の人生はすっかり変わってしまった。新しい言語。新しい街。たくさんの雨。ちょっぴりの陽ざし。左側通行。新しい色のユニフォーム。これから認めてもらわなければいけない大勢のサポーター。新しい監督。新しいプレースタイル。本当に、一から十まですべて新しかった。

ある朝起きたら、まわりの風景がそっくり変わっていたところを想像してみてほしい。普通ならそんな大きな変化の前には準備の時間があるはずだ。まず、住むところを探し、言語を勉強するし、その国の習慣について本で読むだろう（すくなくとも僕ならそうする）。何週間もかけて荷造りをし、移動への心の準備をするはずだ。ところが僕には何ひとつする暇がなかった。ルカ・モドリッチが簡単に教えてくれたことをのぞけば、ロンドンについてまったく知らなかった。誰かが指をパチンと鳴らして、突然僕をマドリードからロンドンに飛ばしてしまったようだった。

ときたま、隣人のセルヒオ・ラモスがどうしているのか考えた。ロナウドは何をしているのだろう。飼い犬たちはセルダダルのもとで無事にやっているだろうか。

僕はもともとセンチメンタルな人間ではない。もちろん、新しい冒険に胸を躍らせるいっぽうでマドリードが恋しかった。だけど、なんといっても決めたのは僕なのだ。ともに仕事をするときが来たかもしれない、とアーセン・ヴェンゲルに告げたのは僕だった。すべては僕から始まった。

それでもレアル・マドリードを一晩で忘れることはできなかった。あの美しい首都を、心のなかからすぐに消し去ってしまうことは不可能だ。僕はマドリードを愛していた。今でも愛している。

レアル・マドリードを去るときになってはじめて、このクラブが本当に特別だったことに気づいた。人間はすぐに慣れる生き物だ。しばらくクラブで過ごしていると、まわりの騒ぎも当たり前のように思えてきてしまう。レアル・マドリードを去るときになってはじめて、すべてが特別だったという事実を噛みしめるのだ。

バルシュと僕はふたたび、ホテルの外に住む場所を探しはじめた。六年間で四度目の物件探しだ。そしてハムステッド・ヒースとハイゲート・ウッドのあいだに一軒見つけた。元スーパーモデルのクローディア・シファーも目をつけていた家らしく、なぜオーナーが彼女ではなく僕に貸してくれたのかはよくわからない。きれいな顔に興味がなかったのは確かだ。ひょっとしてアーセナルのファンだったのだろうか。

はじめてアーセナルに足を踏みいれたとき、あたりはがらんとしていた。選手たちは一日オフを与えられていて、アレックス・オクスレード＝チェンバレンだけが特別にトレーニングをしていた。僕が新しいロッカールームをながめていると、チェンバレンが満面の笑みを浮かべてやってきて、手を差しだした。「ようこそ。俺たちにはあなたのような選手が必要だったんだ。本当によかった」

新しい場所に行ったとき、僕は慎重だ。ロッカールームに腰をおろし、あたりの様子を観察する。ロッカールームはそれぞれ独特のルールにしたがって動いていて、そこだけの人間関係がある。もの静かな選手と、うるさい選手がいる。いつもしゃべっていて、指示を出している選手がいる。ロッカールームではほとんど存在感のない、控えめな選手がいる。ロッカーを散らかしている選手もいるし、神経質なくらい整理している選手もいる。

実際のところ、ロッカールームは学校の教室とそう変わりない。リーダー格の選手がいるし、ふざけている選手がいるし、いいやつも嫌なやつもいる。みんなとうまく付きあう選手もいるし、浮いてしまっている選手もいる。監督の言うことにきちんと耳をかたむけ、まじめにノートを取る選手もいれば、心ここにあらずですぐ注意散漫になる選手もいる。

新入りとしては、それぞれの選手がどんなタイプなのか見抜かなければいけない。そのため最初の数日は、チームの様子を見ながら過ごす。シャルケでも、ブレーメンでも、マドリードでも、まったくおなじだった。

ところがアーセナルでは、隅っこにひっそり座り、新しいチームを観察しているチャンスはなかった。ひとつの理由はチームメイトにルーカス・ポドルスキがいたせいだ。ポドルスキは一瞬もそっとしておいてくれない。ペア・メルテザッカーとふたりですかさず僕の腕を取り、僕がアーセナル・ファミリーに快く迎えいれられるよう、あちこち連れまわした。

僕はロンドンでおこなわれたボクシングの試合をポドルスキと観に行った。チームで過ごす機会が数多く用意されているおかげで、溶けこむことができた。メルテザッカーも名をつらねる選手委員会の企画で、だいたい二ヶ月に一回行われる。あるときはコスプレパーティが開かれた。それぞれくじを引いて、紙に書いてあるとおり仮装してパーティに出るのだ。ラッキーなことに僕はスーパーマンだった。ポドルスキは超人ハルクだった。ちょっと誰だったか思いだせないのだけれど、オーバーオールに帽子をかぶり、大きな口ひげをつけてスーパーマリオにならなければいけなかった選手もいたはずだ。もちろんパーティにはスーパーマリオだけではなく、弟のルイージもいた。どちらも僕には「ヒーロー」だとは思えないのだけれど。レアル・マドリードではこういった親睦会はほとんどなく、そろって出かけるとしてもランチくらいだった。ブレーメンでは毎月開かれていた。

アーセン・ヴェンゲル自身も、僕がロンドンになじめるよう配慮してくれた。僕と友人たちが初日から心地よく過ごせるよう、家族ぐるみで何くれとなく気遣ってくれた。

新しいチームではじめて試合に出場したとき――サンダーランドとのアウェイの試合だった――ヴェンゲルは当時の妻のアニーに頼み、僕の友人と家族がロンドンで時間をもてあますことがないようにしてくれた。全員、家に招いてくれたのだ。ヴェンゲル夫人が手料理をふるまい、娘のリーも見守るなか、試合が進行した。試合の最中、ヴェンゲル夫人はとても興奮していたという。夫のチームがプレーするのを真剣に見つめ、前半十一分、僕がオリヴィエ・ジルーの先制点をアシストすると自家製のチーズケーキの皿を持ったまま跳びあがり、踊りながらあたりを歩いたそうだ。すくなくとも、僕はそんなふうに聞いた。

二対一の勝利に終わる試合の前にはイニシエーションをしなければいけなかった。ペア・メルテザッカーに話を聞いていたので、いちおう心の準備はできていた。

アーセナルの新加入選手は全員、チームメイトが見守るなか、椅子の上に立って歌わなければいけないことになっている。残念ながら僕は世界一の美声の持ち主ではない。レコーディングルームにテクノロジーという魔術をフル装備したヤン・ディレイでさえ、それをごまかすことはできなかった。二〇一〇年、ドイツ人ヒップホップアーティストにして元アブソリュート・ビギナーのメンバーのディレイは、僕とレコーディングしようと思いたったらしい。ヴェルダー・ブレーメンの熱烈なサポーターだったヤン・ディレイは〈ラージ〉という題名のラップを書き、僕は歌った（と、言えるのなら)。「こんなこと言うオレらのキャプテン、おまえらはチキン、オレはヨーロッパチャンピオン、さあカモン」ラップではブレーメンじたいも笑いの種にされていた。「オレらは出身ブレーメン、魚の臭いがプンプン」僕は自分の野望をラップしたけれど、残念ながら実現はかなわなかった。「オレは若い、生まれは八十年代、南アフリカでは優勝杯」

本当に楽しかったし、何度でも挑戦してみたいけれど、僕に歌の才能はこれっぽっちもない。音程は外れまくるし、リズム感もないのだ。小さいころ、楽譜の読みかたは教わらなかったし、楽器の練習もできなかった。音楽性ゼロだ。でもヤン・ディレイは格好よかったし、おもしろいアイデアだと思ったから、赤っ恥をかくことになってもかまわなかった。

サンダーランド戦を前に、デビュー戦を祝ってこの歌を歌うべきか迷った。さすがに歌声がひどすぎるので、みんなが知っていていっしょに歌える曲を選ぶことにした。いちばんいいのは、まわりの野次に僕の声が埋もれてしまうことだ。椅子に乗り、僕はタルカンの「キス・キス」を歌いはじめた。小声で歌っていたらチームメイトがブーイングを浴びせてきたので、声を張りあげ、やがて遠慮なく楽しむようになった。僕はトルコ語でがなった。「カデリム ピュスキュルル ベラーム ヤカラルサム(なんてことだ。おまえにメロメロ。つかまえたら……)」仲間たちが合いの手を入れる。「キス、キス」

その歌のおかげで、チームメイトとも親しくなれた――二〇一五年にチェルシーから加入したペトル・チェフのパフォーマンスには及ばなかったにしても。その年のシーズン前、シンガポールで合宿をしていたとき、チェフのイニシエーションの番がやってきた。チェフはみごとなラップができて、何人かの選手を歌の題材にし、それぞれにささげてみせた。監督についてはこれしか言わなかった。「あなたについては黙っていよう。さもなきゃベンチに座ることになる」

歌っている姿を携帯電話で撮影しないよう、僕はチームメイトに釘を刺しておいた。チェフも不名誉な「証拠」なしに歌を終えた。でも一曲だけ動画がある。のちにアーセナルのサポーターが僕を応援するときに歌うようになったもので、サポーターは僕のために特別な曲をつくり、スタジアムやロンドンの地下鉄で歌った。「エジルはオレたちのものだ。メスト・エジル。おまえらにはわからない。エジルはアーセン・ヴェンゲルの選手だ。エジルはジダンよりいい。オレたちはエジルを獲った」

最初に聴いたときは自分の耳が信じられなかった。何千人もの観客が歌ってくれていると思うと、幸せで胸がはちきれそうになる。僕はシャルケのサポーターを愛していたし、ブレーメンのサポーターはクレイジーだった。マドリディスタの声援を聴くといつも鳥肌が立った。でも僕だけのミニ応援歌を聴くのははじめてだった。

その歌を聴くたびに、身長が伸びたような気分になる。自分の背丈は一八〇センチほどのはずなのに、百九十センチの連中を見おろしているような感じがする。肩幅が広がり、頭がすっきりする。アーセナルの次なる勝利のメンバーでありたいという気持ちがいっそう強くなる。一度でいいから、誰も僕に気がついていないという状況で、何千人もが僕の歌を歌っている地下鉄に乗ってみたい。

でもそれは残念ながら無理だろう。ロンドンで僕は世間と切りはなされた生活を送っていて、ほとんど自宅を出ることもできない。みんなに顔を知られている状況で、公の場をうろついて楽しい人間はいないだろう。それにロンドンのパパラッチを甘く見てはいけない。まだイギリスの首都に来て日が浅く、新しい家に越したばかりのころ、連中は驚くほど図々しく僕に近づいてきた。朝から晩まで、ズームレンズをかまえたカメラマンが玄関前に立っていた。それだけではなく、芯からぞっとさせられるような出来事もあった。

ある日僕は友人と代理人を連れて、ルーカス・ポドルスキが勧めてくれたゴールダーズ・グリーンの近くのトルコ料理レストラン〈リキヤ〉に向かった。ちょっと外出して、頭を空っぽにしたかったのだ。僕はチャンピオンズリーグのバイエルン戦でつまらないＰＫを外し、チームはベスト十六のリターンマッチを前にビハインドを負っていた。

僕は車に乗りこみ、鉄製の門扉を開けて慎重に外に出た。するといっせいにカメラマンたちが群がってきた。連中は市内を走るあいだずっと僕たちをつけまわし、バンパーにひっついているような状態だった。そんな真似が許されるのだろうか。

数キロ行ったところで車を停め、外に出て追跡者たちに話しかけた。「僕は個人的に外出しようとしているんです。食事に行きたいんですよ。僕のプライバシーを尊重してくれませんか」礼儀正しい振る舞いも、何の役にも立たなかった。車を動かすとたちまち追跡が再開した。そこで外で食事をするのを諦めて、家に帰ることにした。自宅に戻ってみると、敷地の外にはますます多くのカメラマンが集まっていた。

代理人のエルクトが言った。「慎重に運転しろ。ひとりでも絶対に当てるな」僕がのろのろと敷地内に入るあいだ、パパラッチはウィンドウ越しにシャッターを切っていた。悪夢のようなフラッシュの洪水で、徒歩でも車でもいいから逃げだしたくなった。そのときガチャンと音がした。カメラマンのひとりの肘がサイドミラーに当たり、ガラスの破片が地面に落ちたのだ。自分の目がおかしくなったのかと思った。カメラマンが大きな叫び声をあげ、痛みに顔を歪める。肘を押さえ、失神でもするかのように目を回していたかと思うと、たちまち騒ぎはじめた。「車で突っこんできた。エジルは俺を轢《ひ》こうとしたんだ」

僕は麻痺したように運転席に座りこんでいた。僕は何もしていない。敷地内に入ったときは五キロも出していなかったはずだし、車体にさわるほど近くにいるやつもいなかった。「見たか？」と、僕はおなじくらい顔面蒼白なエルクトに訊いた。「ああ」とだけ答えが返ってきた。「落ちつけ。巻きこまれるな」あれは誰かが僕を怒らせせようとしたなかでもいちばんひどいやり口だった。クラシコで卑怯者のダビド・ビジャがやったのよりもっと性質《たち》が悪い。

パパラッチの嫌がらせは止まらなかった。その男は数分してやってきた救急車に乗って病院に向かい、警察も玄関先までやってきた。アルコール検査がおこなわれたけれど、当然結果は陰性だった。やっと僕たちは何があったのか説明するチャンスを与えられた。

警官たちは最後まで冷静で、まだくだらない主張を続けていたパパラッチのほうを疑っていた。エルクトが言った。「もしよければ、邸内のあちこちに防犯カメラがあるので映像をチェックしてください。外の路上や近所の家にもついています。連中が主張するようなことをメストは何ひとつしていませんよ」映像を見るまでもなく、警官たちは僕たちの言い分を信じてくれた。それでもパパラッチが嘘をついているとはっきり示す証拠があったのは、僕にとって幸いだった。

パパラッチの連中は僕が激高するところを見たかったのだろう。僕が車から飛びだし、カメラマンのひとりに殴りかかるところを写真に撮り、新聞に売りつけてたんまり儲《もう》けようとしていたのだ。それがうまくいかないと見るや、僕が危険な運転をしたと言おうとした。写真を撮られるのが人生の一部なのは承知している。世間の目にさらされる以上、プライバシーを完全に守ることはできない。でも僕をあやつり、悪人に見せようとするのはひどすぎた。

数年前、祖母が亡くなったときもおなじようなことがあった。祖母は二〇一〇年W杯期間中に息を引きとったのだけれど、そのときも僕は無神経な追跡を受けた。

イングランドとの準々決勝の数日前、愛する祖母ミュネッヴェルが七十三歳で亡くなった。父は僕が集中力を切らさないよう、W杯が終わるまで黙っているつもりだったという。でも兄は悲しい知らせをすぐに伝えるべきだと言った。葬儀はすぐにおこなわれる予定で、マスコミが嗅ぎつけて記事にするのではないかと心配していたのだ。「メストが俺たちからじゃなく、新聞を読んで知ったらどうするんだ」父も納得した。

祖母は毎年、僕たちのアパートに泊まりながらドイツで数ヶ月過ごした。忘れることのない、愛に満ちたひとときだった。祖母は僕の試合が終わるといつも電話をかけてきて、ゴールやアシストがあると誉めてくれた。

そんな祖母が亡くなった。直接お別れを言えなかっただけでもつらかったし、フシュルオール近郊のウズンアリオール・マハッレスィ・モスクでおこなわれた葬儀に出席できなかったのも残念だった。でもW杯のあと、カメラマンにつけまわされ、祖母の墓の前に立つ姿を撮られたのは我慢の限界を超えていた。

僕は祖母にさよならを言おうとしていたのだ。ひとりで悲しみにひたりたかった。有名なサッカー選手ではなく、ただのメスト・エジルでいたかった。愛する人を亡くしたひとりの人間として思い出にひたろうとしていた、そんなときに後ろでシャッター音が響いたのだ。

つねに注目を浴びているというのがどういうことなのか、ほとんどの人は想像できないだろう。もちろんいいときもあって、楽しいこともある。けれど二十四時間、人目が離れないのは相当きつい。僕は豊かな人生を歩んでいる。ほとんどの人には手の届かない、特権的な人生だ。でも有名であることには代償もある。僕は黄金の檻に住んでいるようなものだ。

あるときジョゼ・モウリーニョが言った。「サッカーは私にすべてをもたらした。だがサッカーは私からすべてを奪った」真実を衝いたコメントだ。サッカーのおかげで僕は何不自由ない生活を送り、両親や親戚も金の心配なく暮らしていけている。サッカーは普通なら手の届かなかった世界をもたらしてくれた。

サッカーのおかげで僕は金持ちになった。でも同時に僕は人生経験という意味でひどく貧しくなった。四方を壁に囲われたときしかプライベートを過ごすことができない。ショッピングをしてアーケードをうろつくこともできなければ、映画館に行くこともできない。たとえ変装したとしても、すぐ見破られる。どれくらいポップコーンを頬張っていたか、コカ・コーラと水のどっちを飲んでいたのか、みんな僕を遠慮なく見つめる。一挙一動を誰かの携帯電話が狙っていて、世界中に僕の姿が公開される。何百枚ものセルフィーにも付きあわなければいけない。

決して大げさに言っているわけではない。仕事の一部だと言われたらそうだ。でもひとりきりでいたいときだってある。めずらしく僕がセルフィーを断っても、みんな理解してくれない。「たかが写真一枚であんな態度を取らなくてもいいじゃないか」と思われるのだ。その日だけで四十〜五十枚のセルフィーに付きあったのだと気づいてくれる人はいない。先を急ぎたかったり、約束があったり、あまり気乗りがしないだけだとわかってくれないのだ。

もっとロンドンという街を楽しめたらいいと思う。テムズ川沿いの大観覧車〈ロンドン・アイ〉に乗ってみたいし、二階建てバスに乗って街を見物したい。観光客、あるいは無名の人間として、みんなが毎日している普通のことをいろいろとやってみたい。

僕の毎日はおなじことの繰りかえしだ。練習するか、試合に出場し、それから車で家に帰って友人たちと会う。実のところ、ロンドンのことはろくに知らない。きっと観光スポットがたくさんある、すばらしい都市なのだろう。でも出かけるだけで一苦労なので、僕はほとんど自分の「黄金の檻」を離れず、いつ終わるとも知れないかくれんぼをしている。

だから僕は、今から引退の日を待ち遠しく思っている。今のような人気がなくなり、マスコミやサポーターがべつの選手を追いまわし、それまでできなかったことをせっせとできる日が楽しみだ。今の僕は世の中のことをTVで学んでいる。BBCの歴史番組から、世界でいちばん高い摩天楼の話まで、何時間もドキュメンタリー番組を観る。お気に入りは動物のドキュメンタリーで、特にライオンが好きだ。

二〇一二年の欧州選手権のあと、僕は雲隠れした。準決勝を二対一でみすみす落とし、イタリア相手に負けたのが本当に悔しかったのだ。

二年前に南アW杯で敗退したときはまだ我慢できた。がっかりしたけれど、チームはまだ若く経験不足で、準決勝に進出しただけで上出来だったと認めるしかなかった。そのときの負けは受けいれられた。あと一歩で勝利を逃したとはいえ、前向きな材料があった。

イタリア戦の負けはそう単純ではなかった。僕は青いユニフォームを見るだけでも気分が悪くなり、マリオ・バロテッリという名前を聞くと頭に血がのぼった。個人的に何かされたというわけではなかったのだけれど、準決勝のあとはバロテッリの顔を見たくもなかった。僕にとって彼の名前は、どうしても受けいれられない苦い敗戦と結びついてしまっていた。

僕は自分に対して怒り心頭だった。自分の出来には納得いかなかったし、一夜にして批判の記事が乱発されたドイツ国内の論調にも傷ついていた。ドイツ代表には「敗者の遺伝子」が埋めこまれている、とマスコミは言った。ヨアヒム・レーヴは「魔法を失った」のだと。敗戦のあとの記者会見で、レーヴは監督の座を捨てるのかと訊かれた。

もう一度言うけれど、準決勝でのチームの出来は批判を受けてもしかたない。それをごまかすわけにはいかないだろう。僕たちは出来が悪かった。でも大会でいちばん若いチームである以上、ふとした加減でパフォーマンスが落ちたのも驚くには値しなかったはずだ。僕たちはちゃんと準決勝に進出し、チャンスもつくったのだ。前半マッツ・フンメルスは絶好機を迎え、アンドレア・ピルロがライン上でクリアしなければ得点だった。その直後、トニ・クロースのミドルシュートをジャンルイジ・ブッフォンが巧みに防いだ。

こうなってしまったあとでは、僕たちが二〇一四年W杯を制するのは「不可能だ」と言われるのもまったくもって当然だった。でも準決勝の試合がタブロイド紙の主張するように「腰抜けと大人の男」の対決だったと言われるのは不愉快だったし、試合とは何の関係もないだろう。「国歌が演奏されているときから、TV観戦している二千七百九十八万人のドイツ人は思っていた――今夜は、負ける」と〈ビルト〉は書いた。「イタリア代表は熱をこめて国歌を歌った。ガーナ移民を両親に持つマリオ・バロテッリでさえ。ゴールキーパーのブッフォンは両目をつぶっていた。その情熱のままに、イタリア代表はピッチに足を踏みだした」〈ビルト〉の記事はこう締めくくられていた。「おまえたちの国歌の歌い方はなんだ。イタリア代表に教えてもらえ」

その理屈が正しいのなら、僕たちは二〇一四年七月八日にベロ・オリゾンテでおこなわれた試合をあっというまに落としていたはずだ。

ブラジルのキャプテン、ダビド・ルイスがキックオフ直前にトンネルのなかで見せていた表情は忘れられない。右肩にはゴールキーパーのジュリオ・セザールが手を置いていた。そんな格好でブラジル代表はエスタディオ・ゴベルナドール・マガラース・ピントに入場した。十一人の選手たちが数珠つなぎになり、前の選手のかかとを踏まないよう、小走りになりながら寄りそって入場した。

僕たちはいつもどおり、ひとりずつ入場した。先頭はフィリップ・ラーム、次にマヌエル・ノイアー、マッツ・フンメルス、トマス・ミュラー、トニ・クロース、ベネディクト・ヘヴェデス、ミロスラフ・クローゼ、サミ・ケディラ、イェロメ・ボアテング、その後ろに僕、しんがりにバスティアン・シュバインシュタイガー。

僕たちはたがいに手を取らなかったし、数珠つなぎにもなっていなかった。もし負けたらどんな評価を下されていただろうか。ドイツ代表はブラジル代表のような絆で結ばれていなかった、とマスコミは言っただろうか。ブラジル代表は十一人の親友たちで、たがいのために闘っていたけれど、ドイツ代表は自分のことばかりで、それはピッチに出ていくときはっきりあらわれていた、と書かれたのだろうか。

ドイツ国歌が流れるあいだ、僕はキックオフ前のいつもの慣習どおり祈りをささげた。国歌は歌わない。イェロメ・ボアテングも、サミ・ケディラもおなじだ。

ブラジル代表はひとりの例外もなく全員歌っていた。「歌う」という表現は控えめすぎたかもしれない。ルイス・グスタボがブラジル国歌を力いっぱい怒鳴っているのは、見ていてちょっと怖いくらいだった。アンプなしでブラジル全土に響きわたっていたのではないか。ダビド・ルイスとジュリオ・セザールも、ものすごい大声を出していた。なんという力強さ、決意の固さ、意思の強さ、情熱だろう。ブラジル代表はひとり残らず、ドイツ代表より情熱をこめて歌っていた。

もしサッカーにそんな法則が存在するなら――「歌う姿と、プレーの結果は比例してできる」――ブラジル代表は僕たちを粉砕していたはずだ。七対一で勝ったのは向こうだっただろう。

イタリアに敗戦したあと、バロテッリへのすばらしいパスで先制点をアシストしたピルロが僕のもとにやってきて腕を取った。「きみは一流の選手だ」と、ささやく。「きみのチームはりっぱに欧州選手権を戦った。いつか優勝杯を手にするだろう」父親が息子の腕を取り、失敗から立ちなおらせようとしているようだった。温かく、真心にあふれ、敬意に満ちた、心からの言葉だった。カメラを意識したうわっつらのセリフではなかった。優勝を祝う前、形だけ肩を叩くのでもなかった。僕がうちひしがれているのを見て、ピルロは本当にすまないと思っているようだった。おなじスポーツ選手として、こんなふうに負けることの痛みをよく知っていたのだ。深く心を動かされた僕は、このときのことを胸に刻み、二年後に自分でも実践した。

相手のホームでブラジル代表を七対一で破ったあと、ピッチに立ちつくすダビド・ルイスの姿が目に入った。どうしたらいいかわからないといった様子で、ベロ・オリゾンテ・スタジアムをふらふらとさまよいだす。僕はダビド・ルイスの手を取り、強く抱きよせて、なぐさめの言葉をささやいた。こんな勝ちかたをして悪かった、と謝罪までした。

二〇一二年、ピルロの言葉は難しい時期を耐える助けになってくれたけれど、それでも敗戦を乗りこえるのには少し時間がかかった。そこで人の集まるところを逃れるように旅行の準備をした。インターネットから離れ、誰にも連絡のつかないところに行くのだ。日常生活を離れ、サッカーを離れ、黄金の檻を飛びだしてアフリカの奥地へ。得点もパスも意味を持たない土地へ。センターステージに立つのをやめて、動物や自然がイマジネーションを刺激する場所へ。

アフリカの大自然にいると、僕はあの青いユニフォームを忘れることができ、笑顔を取りもどした。何よりも、僕に注目する人間が誰もいないなか、自由に行動することができた。ジョルジョ・キエッリーニにパスを出すピルロをなぜ追わなかったのか、と問いつめる人間にも会わなかった。学校を卒業したごほうびに娘を連れてきたというオーストラリア人の母親は、写真やサインに興味を示さなかった。ここ十年間、毎年夏になるとサファリに来ているそうだ。

ふたりには僕が数日前、何百万人の見つめるなかでサッカーをしていたなど知る由もなかった。ふたりにとって僕は、スタート地点で言い含められていたサファリの簡単なルールを守ることもできないバカな男だった。ガイドにはリュックに食べものを入れたり、ふらふら歩きまわったりしないよう強く言われていた。はじめて宿泊地のまわりを歩いたとき、なぜか僕の頭からはその警告が抜けおちていた。小腹がすいたときのためにバナナを数本持っていってもかまわないだろうと思った——次の食事までもたせる、おなじみのスポーツスナックだ。ところが建物を出るやいなや、僕はヒヒの群れに囲まれた。二十頭近くいて、なかには体長八十センチ近いやつもいる。リュックをひったくろうとしてついてきていたのだ。背中に飛びつき、袋を無理やり開けようとするやつまでいた。僕はやっとのことでそいつを振りきり、部屋に逃げもどった。ヒヒたちがコテージの屋根にのぼり、もう一度僕が外に出てくるのを待っているので、係員に連絡して自分の失敗を白状しなければいけなかった。

まもなく二度目の野生動物との出会いが訪れた。いきなり目の前にインパラがあらわれて、黒々とした瞳でこちらをじっと見つめていた。きれいな獣だ。優雅で、無駄のない体つきをしている。毛皮があんまり柔らかそうなので、つい手を伸ばしてなでたくなった。けれどインパラには九十センチ近い栓抜きのような角が生えていて、なかなかおっかなかった。ひと突きで大怪我をしていただろう。そこで僕はじっと立ったままでいた。相手も動く気配がなかったので、僕たちは顔を突きあわせたままずっと立ちつくしていた。やがて動物のほうが飽きて、ひとっとびで藪の向こうに消えていった。

三日目には二メートルの距離からライオンを見た。フェンスも溝もないサバンナの地面に寝そべり、木の下で落ちつきはらっている。二百キロの獣の王者だ。こんなに威風堂々として、数百キロの範囲で狩りをする動物が、動物園の小さな檻に押しこめられていると思うとぞっとした。

ライオンたちはときおり頭を左右に動かし、まばたきしたり、悠々とあくびをしていたくらいだったけれど、僕は目が離せなかった。数日間でも見ていられただろう。

僕がライオンを気に入っているのは、誇り高く、恐れを知らず、家族をあらゆる危険から守ろうとするところが自分に似ていると思うからだ。そんな共通点にちなんで、ライオンのタトゥーを入れた。決心するまで、だいぶ時間がかかったのだけれど。従兄にもタトゥーを入れるよう説得して、ふたりで店を何度か訪れた。デザインの相談までしたけれど、勇気を振りしぼるのには時間がかかった。ようやく決心がついたのは二〇一四年、全治三ヶ月の靱帯の部分断裂という大きな怪我をしたときだった。

僕はバイエルン州のドナウシュタウフに滞在し、クラウス・エデルのもとでリハビリに励んでいた。治療をしていないときは、退屈で頭がどうにかなりそうだった。そこで新しいタトゥーの店を見つけてきた。四月一日、まずセルダルがタトゥーを入れた。痛みに顔をゆがめるのを見ていると、僕はおそろしくなった。「やっぱりやめておくよ」と、施術を終えた従兄に僕は言い、それから付けたした。「エイプリル・フールだよ！」

今度こそ僕は逃げださず、一回の施術で大きなタトゥーを入れてもらった。拷問は八時間にわたった。最初、針をさされたときは目に涙がにじんだ。細い針が傷口をちくちくと刺していくと、逃げだしたいくらい痛かった。四時間経つと皮膚が麻痺し、とうとう何も感じなくなった。

ライオンのタトゥーとそこに刻んだ「神だけが僕を評価できる」という言葉を、僕は誇りに思っている。それはアフリカの大草原で思いついたものだ。アフリカ大陸への旅行は、黄金の檻を離れる数すくないチャンスだった。そのときの思い出は長いこと僕を支えてくれたし、視野も広がった。

二〇一二年、アフリカでは新しい世界を発見した。二〇一三年、ロンドンでも発見した――サッカーという意味に限られるにしても。アーセン・ヴェンゲルがチームを動かすやり方は、ジョゼ・モウリーニョとは違った。ヴェンゲルはもっと厳格だ。たとえばロッカールームに入る前にシューズを脱ぐよう厳しく言う。日本で名古屋グランパスを指導したときのなごりだという。アーセナルのロッカールームの床はぴかぴかで、料理をじかに置いても平気なくらいだ。

アーセナルで過ごすのは学校に通うのと少し似ている。ヴェンゲルはマッサージ室で携帯電話を使うことを厳しく禁止している。学校のように、選手たちがおなじ服装であらわれるのを好む。試合の前には、半袖と長袖のどちらを着るか監督が決める。半袖を着ている選手と、長袖を着ている選手が混じるのが嫌なのだ。寒さが厳しいとき、僕はユニフォームの下に長袖のシャツを着たいと思うことがある。でもそれは禁止されている。バイエルン・ミュンヘンのアリエン・ロッベンが冬場に穿《は》いているような長ズボンなどもってのほかだ。

ヴェンゲルは前向きな性格だけれど、厳しいところもあるのは事実だ。一度、僕の飼い犬のバルボアとカポーネが逃げてしまったことがあった。フェンスのすき間にもぐりこみ、外へ出てしまったらしい。心配でたまらなかったけれど、どんなに探しても見つからなかった。ロンドンは大都会で交通量も多い。友人たちが近所じゅうを走りまわり、名前を呼んで探してくれた。庭に入っていないか、とまでご近所に聞いてくれたらしい。でも二匹の姿はどこにもなかった。その日は午前中にトレーニングが予定されていた。監督に電話をして、犬を探すから練習を休んでいいか、と訊くわけにはいかない。下手な言い訳に聞こえるだけだろう。遅くまでしこたま飲んで、調子が悪いからプレーできないなどと思われてはたまらない。そこで僕は心配事をかかえたまま、トレーニングに急いだ。

選手はトレーニング開始の一時間前に集合するよう言われている。幸いチームメイトがかばってくれたので、僕が五分前にやっと到着したことはバレなかった。「監督、飼い犬が逃げてしまったんです。探しに行ってもいいでしょうか」僕はおずおずと訊いた。ヴェンゲルも自分の目で見たら、僕がつまらない言い訳をしているのではなく、ちゃんと健康で調子もいいとわかったはずだ。

でもヴェンゲルは聞く耳を持たなかった。「そのうち戻ってくるだろう」とだけクールに言い、ピッチに戻るよう指示した。どうしてそんなに冷淡なのか、僕には理解できなかった。家族の一員といってもいい犬が消えてしまったのだ。二匹が車に轢かれてどこかの溝に横たわり、内臓にひどい怪我をして苦しみながら死んでいくところを思いうかべると耐えられなかった。

でもどうしようもなかった。ヴェンゲルはてこでも動かないだろう。トレーニングが終わるまで僕は犬探しを再開できなかった。そのあいだ友人たちは近所じゅうにポスターを貼っていた。そしてその晩、二匹の家出人たちが運よく誰かの手でペットショップに持ちこまれたと連絡があった。

スポーツという面では、最初の数ヶ月はとてもうまくいった。開幕戦こそアストン・ヴィラに敗れたものの、フラムとトッテナムの連戦を制した。そのあと、さっき触れたサンダーランド戦で僕はチームに合流した。アーセナルの背番号11のユニフォームを着て六百十四秒後にオリヴィエ・ジルーの得点をアシストした。パス成功率は九十パーセントだった。ヴェンゲルはご満悦で、記者たちの前で僕のデビューを「文句なし」と評した。ストーク・シティ戦に勝って首位に躍りでて、エヴァートンと一対一で引き分け、第十七節でマンチェスター・シティに六対三で敗れるまでリーグ首位を譲らなかった。そのあともすぐ首位を奪還し、四節にわたってキープした。

ものごとは順調で、僕はリーグ戦で九アシスト四ゴールだった。ところがしだいに体がまいってきた。ぎりぎりに移籍したせいでプレシーズンのトレーニングができなかったのだから、べつに不思議でもない。そして何より年末年始の中断期間なしでプレーするのははじめてだった。それまでは暮れにすこし時間があり、体を休めることができた。ところがイングランドでは、十二月二十三日と二十六日にもプレーしなければいけなかった。

二月の頭にはアウェイでのリヴァプール戦にのぞんだ。僕たちは勝ち点五十五でリーグ首位だったけれど、マンチェスター・シティとチェルシーがぴたりと背後につけていた。その下が勝ち点四十七のリヴァプールだった。開始五十三秒でマルティン・シュクルテルに先制を許す。十分にはおなじ選手に二点目を奪われた。前半二十分の時点でもう四対〇だった。僕たちはすっかり混乱し、試合の展開についていけずにいた。リヴァプールは好き放題にプレーしていて、止める手立てはなかった。僕自身も散々な出来だった。

五対一で試合が終了すると、僕はマスコミに酷評された。アーセナルが巨額の移籍金を支払っているかぎり、たまに不出来な試合があることも許されないようだ。毎試合輝くことを求められていて、それができないと〈インディペンデント〉の記事のように「気が抜けていて、ポゼッションも低かった」と書かれる。「チームが二対〇で勝っているとき、エジルは世界トップクラスの選手だ。でも逆の状況のとき、エジルがチームにいるのはありがたくない」ヴェンゲルは僕をかばった。「メストはもう長いことプロとして過ごしてきたのだから、自分のパフォーマンスがじゅうぶんでなければよくわかっている」移籍金の額のせいでプレッシャーを背負いこむことはない、と監督は言ってくれた。「私はただエジルに気持ちよくプレーしてほしいだけだ。彼がボールを持って幸せを感じるのが何より重要だ。彼はクオリティの高い選手だからだ」ヴェンゲルは僕のことを「別格の選手」とも呼んだ。

ペア・メルテザッカーも批判の芽を摘もうとしてくれた。僕をかばって、こんなふうに言ったのだ。「イングランドではボールが猛烈な勢いで行き来する。誰もがメストを痛めつけ、ここは美しいサッカーをモットーとするスペインとは違うのだと教えようとしている。メストが一度は行きづまるのは最初からわかっていた」
そんなふうに支えてもらえるのは本当にありがたいことだ。でも効果はなく、僕はあいかわらず袋叩きに遭っていた。ひとりが口を開くと、べつのひとりが便乗するさまときたら、玉突き事故のようだった。
〈スポーツ・ビルト〉にはヨッヒェン・コーネン記者による「エジルはW杯制覇に貢献できない」という記事が掲載された。

メスト・エジルが大きな試合の流れを変えたり、インパクトを残したりするところを見たことがあるだろうか。思いだせないのも当然だろう。エジルは今までそんなことをしたことがないのだから。アーセナルでの過去二戦はひどい出来だった……二〇一二年の欧州選手権準決勝イタリア戦では、アディショナルタイムに一点取って二対一にした。それだけだ。その二年前、一対〇に終わるW杯準決勝スペイン戦ではお粗末な出来だった。レアル・マドリード時代はクラシコのたびに途中交代を命じられていた。いくらだって挙げることができる。もちろん、ボールを失うこともしょっちゅうだ。でもだから何だというのだろう。所詮、ボールを持っていても何ひとつ起こらないのだから。エジルでは二〇一四年のW杯を勝ちとれないというのが苦い真実だ。ここぞというとき、彼は逃げるのだから。

もちろん、僕のボディランゲージについてもあれこれ言われた。〈南ドイツ新聞〉によると「あらゆる観察者にとってありがたい研究対象」だという。「ボールが足もとにないとき、エジルは大きい男の子たちが仲間に入れてくれないので、途方にくれている幼い男の子のようだ」

五対一の大敗の次はマンチェスター・ユナイテッド相手のスコアレスドローだった。FAカップではリヴァプールに雪辱を果たし、準々決勝に駒を進めた。ところが僕はチャンピオンズリーグのベスト十六、バイエルン・ミュンヘン戦で前半八分に与えられたPKをしくじり、逆にトニ・クロースとトマス・ミュラーの得点を許してしまった。セカンドレグは一対一の引き分けに終わり、次のラウンドに進出したのはバイエルンだった。〈デイリー・メール〉によると、僕は四千二百五十万ポンド掛かりながらPK一本決められない選手ということだった。

〈キッカー〉も三月頭に「エジル問題」に首を突っこみ、ブラジルW杯予選で八ゴール決めているという事実は無視して、エジルが大舞台で輝けるのかと問いかけた。専門家の答えは幸いにもほぼ一致していた。たとえばアンドレアス・メラーは、なぜこんなに批判があるのかわからない、という意見だった。ドイツ代表にはW杯を闘う力がじゅうぶんにあるし、僕はプレーメーカーとしてのポジションを自分の力で手に入れていた。ギュンター・ネッツァーとヴォルフガング・オベラートも好意的なコメントをしてくれた。ネッツァーは僕の技術を賞賛し、リーダーシップを発揮しなくてもエジルはチームの力になっている、と言ってくれた。オベラートはこの時期の僕の不調の原因を正確に見抜いていた。「メスト・エジルはゲームをつくり、テンポを決めることができる。決定的なパスを繰りだし、左を向きながら右にボールを送ることができる。得点力もある。揺るぎない自信をもった若い選手だ。だがどんな選手も自信を欠くときはある。高いスキルを誇るテクニシャンには特にその危険が高い」ウヴェ・バインだけが辛口だった。僕のパフォーマンスを引きあいに出して、「大舞台で輝く選手ではない」と言ったのだ。もちろん、彼には自分の意見を言う自由がある。

僕はこういった議論から距離を置き、自分でコメントするのは避けた。ピッチ上で正しい答えを出せる日が来ると信じていたからだ。

ところが三月中旬には腿を痛めて四週間離脱し、プレミアリーグでチームが調子を取りもどす手助けができなかった。そのあいだアーセナルは、ヴェンゲルの千試合目のチェルシー戦を六対〇で落とした。こともあろうに相手の監督はジョゼ・モウリーニョだった。「ヴェンゲルの身になると恥ずかしい」と、モウリーニョは記者会見で言った。モウリーニョは僕たちの監督を「失敗のスペシャリスト」とも呼び、試合のあとには言った。「我々は相手の息の根を止めるつもりでやってきて、十分で相手を破壊した。あとは簡単だった」

僕たちは四位に沈み、シーズン終わりまでその位置にとどまった。結局、チャンピオンズリーグのマンチェスター・シティ戦、リヴァプール、チェルシーをのぞけば一試合しか落とさず、首位とは勝ち点七の差だった。なんとも悔しかった。ずっと僕はアーセナルでの一年目でチャンピオンになれるものと信じてきた。もちろん、一度勝った人間はまた勝ちたいものだ。

それでも希望に満ちて始まったシーズンを救い、前向きな結末を迎えるチャンスはまだ残されていた。

FAカップ準々決勝で、僕はエヴァートン相手に文句なしの試合をやってのけた。自分の言葉で言うなら「ゾーンに入った日」だ。そんな日はボールが思うままになると確信してプレーできるし、敵の先を読み、自信に満ちていられる。堂々としていて、やることなすことすべて成功するし、時間の流れにも惑わされない。

時間とは妙なしろものだ。ときには古い言いまわしのように矢のごとく飛んでいくし、ときにはいつまでも過ぎないように思える。もちろん、すべてナンセンスだ。時間はいつもおなじ速さで過ぎる。世界のどこでもそうで、つねに二十四時間のサイクルでめぐっていく。でもサッカーのピッチだけはそうではない。すくなくとも僕にとって、時間の流れは自分の感情しだいだ。

ときには時間は伸び縮みする。九十分があっというまに終わるので驚くこともあるし、終了の笛が鳴るのが待ちきれないのに、いつまでも時計の針が進まない試合もある。時間の伸縮はサッカー選手として体験する「ゾーン」のほんの一例だ。

奥行きの感覚も変わる。調子のいい日はフリーキックを蹴ろうとすると、敵の選手たちがつくった壁の奥にいるゴールキーパーがやけに小さくて、僕のシュートにはとうてい届かないように見える。自信をもってプレーできているので、幅七メートル三十二センチ、高さ二メートル四十四センチのゴールの前に立っているのがレゴの人形のように思えてくる。ときには――幸いにもあまりないことだけれど――反対のことも起きる。ゴールが変に小さく、どうやってもボールをねじこむすき間が見つからないのだ。ゴールキーパーは巨人で、どこへ蹴ろうと長い腕で僕のシュートをかきだしてしまうだろう。身を投げだす必要さえない。

ときには四人の敵が猛ダッシュで駆けてくることもある。でも僕には相手がボールを奪おうとする動きが見えているので、難なくかわすことができる。相手がスローモーションで寄ってきて、オンタイムでその動きに反応できるような感覚だ。拳銃の弾をよける〈マトリックス〉のキアヌ・リーブスみたいなものだ。

もっと単純に言うなら、自分に自信をもっているときは、敵が一メートルの距離まで詰めてきてもどうにでもなるという気がする。自分を信じてドリブルできるのだ。次の一手を決めるのは僕自身だ。でも不安があると、おなじ状況でもきついプレッシャーを感じてしまう。

僕の印象だけれど、スポーツ選手の多くがこの「ゾーン」を経験しているはずだ。僕の大好きなテニスの名選手、ロジャー・フェデラーも前におなじようなことを言っていた。調子がいいときはテニスボールが大きく見え、ゆっくりバウンドするように感じられるそうだ。そういった状況ではより正確にボールをとらえ、ライン際の相手が届かない場所に打ちこめるという。

エヴァートンとの準々決勝は、そんな奇跡のような日だった。魔法の杖《つえ》を握っていて、試合を好きなようにあやつれるような気がした。最高の気分で、すべてコントロールしているという気分だった。前半七分、僕は先制点をゲットした。そのあとジルーが四対一にするのをお膳立てした。僕はマン・オブ・ザ・マッチに選ばれ、準決勝にのぞむ僕たちに対するマスコミの態度は多少やわらいだ。ふいに僕たちの世界は悲惨で最悪ではなくなった。〈デイリー・テレグラフ〉はこんなことを書いた。「アーセナルはFAカップの成績でシーズンの帳尻を合わせた。そのことには勝利以上の意味がある。希望がよみがえったのだ」

これでトッテナム、コヴェントリー・シティ、リヴァプール、エヴァートンを破ったことになる。準決勝ではウィガンに勝ち、ハル・シティとの決勝にのぞんだ。

開始数分で、僕たちはこの大事な試合で二対〇と後れを取っていた。またしても試合の入り方を完全に間違えたのだ。でも今回は盛りかえし、九十分のうちに二対二までスコアを戻した。百九分、アーロン・ラムジーが三点目を奪い、そのまま試合は終わった。

僕が加入する前の九年間、アーセナルは無冠だった。それが一八七一〜七二シーズンにはじめて開催された世界最古の大会で優勝したのだ。

終了の笛が鳴るやいなや、僕はTVカメラに駆けよって叫んだ。「ヤー、ガナーズ、ヤー！」（ガナーズはアーセナルサポーターの愛称）歓喜の爆発で、優勝の喜びがあふれていた。サポーターの一部は、そんなふうにカメラに向かって声を張りあげるなんて変なやつだと思ったらしい——しかもドイツ語で「ヤー」と言うなんて。僕はかまわなかった。そのかわりに、勝利をおさめるといつでもそのかけ声を使うようになり、フェイスブックやツイッターでもハッシュタグとして使った。「#YaGunnersYa」は、今ではカルト的なしろものだ。サポーターが僕やアーセナルを話題にするとき、月に五万回以上使われるという。

そんなふうにサポーターとやりとりするのは楽しい。僕は自分自身の言葉を意識的にフォロワーと分かちあっている。ツイッターの効率のよさも好きだ。たった百四十字で、気取った表現も必要なく、ただせんじ詰めたメッセージだけが届けられる。SNSのなかではツイッターがいちばん好きだ。

ツイートする前には宣伝担当のフーベルト・ラシュカに必ず相談する。ワッツアップのグループチャットを利用して、つぶやこうとするたびに話しあう。ときにはフーベルトが意見を言うこともあるし、僕が言うこともある。僕たちは対等な立場にあるふたりの監督のようなものだ。

SNSのおかげで、僕にはファンと交流する新しい機会が生まれている。たとえばあるとき、フーベルトがユーチューブで結婚式のスピーチの動画を見つけた。花婿はこんなことを言っていた。「今日ここにいるみなさんは、僕を世界でいちばん幸せにしてくれる人のことを知っている……特別なその人のことを僕がどれだけ思っているか、みなさんには感じとってほしい。そんなふうに思わせてくれる人を見つけるのは簡単ではないし、いてくれるのが当たり前だなんて思わない。さあ、みなさん、グラスを手に」そうして花婿は誰もを驚かせるひとことを放った。「メスト・エジルに乾杯」

なんともいえないユーモアがある、おもしろい動画だった。僕とフーベルトはその男性に感謝したいと思い、ツイートした。「おみごと。おふたりのハネムーンのあと、個人的に祝福させてほしい。アーセナルの試合にも招待するよ」もちろん、ふたりはその誘いに乗った。

こうしてアーセナルはとうとう二〇一四年にタイトルを手にした。カップ戦は僕に合った大会のようだ。ブレーメンでも、レアル・マドリードでも優勝し、今度はアーセナルだ。次の年も勝った。アストン・ヴィラを四対〇で下すと、〈サン〉のジャーナリストは書いた。「メスト・エジルには降参だ。過去二シーズン、彼のことはさんざん批判してきた。だが芸術家気質のドイツ人選手は、昨日のためにベストのプレーを取っておいたようだ」

一部で言われていることとは反対に、僕はビッグゲームで勝利したことがある。ちゃんとした決勝戦、オール・オア・ナッシングの試合だ。僕はきちんと試合に入り、いいパスを出してきた。

移籍金の額のせいで、ロンドンでの僕にはいまだかつてない期待がのしかかった。マスコミにいっそう注目され、普段以上に細かく観察された。シャルケ、ブレーメン、マドリードのどこにいたときよりも厳しい批判を何度も食らった。でも僕は揺らがなかった。いちばん大事なのは自分を信じ、自分の能力への信頼を失わないことだとわかっていたからだ。四方八方から批判が飛んできても、自分のプレーがいつか成功を呼ぶと信じるのをやめなかった。こうしてタイトルを勝ちとっただけではなく、人間として成長し、黄金の檻を出たのだ——ひとまず内面的には。

# 第16章

# ブラジルW杯優勝——結果を出すための情熱と規律

突然、まわりのことはどうでもよくなった。メールの受信を告げる携帯電話のバイブレーションも無視したくなった。画面を見て気を散らしたりしないで、この瞬間を味わいつくしたい。この場の光景を目に焼きつけ、信じられないほどの美しさをただ楽しみたい。

僕は古ぼけたフェリーのデッキに立ち、ブラジルのジョアン・デ・ティバ川をくだりながら、W杯宿泊地のカンポ・バイアに向かっていた。

直前合宿を終えて夜十時、フランクフルトからLH二〇一四「ファンハンザ」機に乗ってブラジルに向かっていると、W杯の始まりが実感できた。けれどすくなくとも僕は、その場で感情に飲みこまれはしなかった。これから数週間はすばらしいときになるだろう。まもなく世界中の目が僕たちにそそがれる。それでも結局のところ、これは僕たちが毎年こなす数多くのフライトのひとつに過ぎなかった。離陸し、機内食を食べ、映画を観て、左から右、右から左へと進路を変え、眠り、どこかに着陸する。今回は現地時間朝三時四十分、サルヴァドール・デ・バイアで乗り継ぎだった。空港は世界のどこに行ってもおなじだ。ゲート付近のプラスチックの椅子は緑色のこともあれば、灰色や黄色、白いこともあり、座り心地がいいものもよくないものもある。キャリアを通して七、八百回のフライトをこなしてきたのだから、そんなふうに思ってもしかたないだろう。

飛行機を降りてあたりをぶらつき、また乗りこむ。フライトが再開する。次に停まるのはポルト・セグーロで、W杯にまた一歩近づく。それでも頭を殴られるような感情の波は訪れない。あまりに機械的なルーティンなのだ。荷物をまとめ、座席を立って飛行機を降り、バスに乗りこむ。合宿地に向かう。長いフライトを終えたあとでは、たとえ快適に過ごせたとしてもさっさと目的地にたどり着き、部屋に入ってベッドに倒れこみたい。

ところが僕たちは、いつのまにか合宿地に向かうフェリーに乗せられていた。バスに残った選手はいなかった。僕たちは全員、デッキに出て、どこかドイツとは違う匂いの空気を楽しんでいた。古びたフェリーのエンジンがやかましい音を立て、マングローブの森に住む鳥たちを驚かせる。カニが何匹かボートにもぐりこみ、錆びた金属の下に隠れる。川面に金色の太陽が反射している。

フェリーは青、緑、黄色の縞《しま》に塗りわけられたカラフルな釣り船を追いぬく。巨大な根っこを持つ木が水中に漂っている。

めったにないことだけれど、僕は胸がいっぱいになっていた。ブラジルの森林はアフリカのサファリと、あの地で味わった自由を思いださせた。「W杯が始まる。さあ、W杯だ。僕たちはここへやってきた」

ドイツサッカー協会の準備は完璧だった。キャンプ地のなかが整備されていただけではなく、最先端のテクノロジーも導入されていた。たとえばドイツサッカー協会からは、携帯電話にインストールするアプリを配布された。部屋でくつろぎながら、次に対戦する敵について予習することができて、何度かタップするだけで相手の強みと弱みがわかるというわけだ。好きなだけ情報が手に入るし、気がすむまで相手を観察できた。

コーチングスタッフがかかげるW杯のモットーは「いいスタートを切るには熱意が必要だ。いいフィニッシュを迎えるには規律が必要だ」だった。こうして僕たちは、熱意をみなぎらせながら大会を迎えた。初戦の相手はペペ、コエントラン、ナニ、そして当然ながらクリスティアーノ・ロナウドを擁するポルトガルだった。

まず早い時間帯にロナウドが決定機を迎えたけれど、マヌエル・ノイアーが阻止した。つづいてマリオ・ゲッツェがエリア内で倒される。ペレイラはゲッツェのユニフォームをつかんで引きずるしかなかったのだ。トマス・ミュラーが氷のような冷静さでPKを沈める。いい気分だった。トニ・クロースからのすばらしいパスをエリア内で受ける。ゲッツェが背後から駆けこんでくる。僕よりいいポジションにいたので、ボールを渡す。シュートは相手に当たってわずかにそれていった。もうちょっとで決まるところだった。

その直後、マッツ・フンメルスがヘディングで追加点を奪う。それからトマス・ミュラーのショーが始まった。まず相手のディフェンスを力で突破して三点目を奪い、つづいて抜け目なく四点目を決める。初戦でハットトリックだ。

胸がすくような試合だった。初戦の内容がよければ自信が生まれ、肩の力が抜ける。僕たちの戦略はうまくいっていて、チームの出来について批判されることもなかった。

二戦目のガーナ戦はより難しく、二対一とリードを許したあとで、どうにかこうにか引き分けに持ちこんだ。グループステージ最終戦では米国を一対〇で下し、ベスト一六に駒を進めた。

ベスト一六で対戦したアルジェリアは予想もつかないほどすばらしい戦いぶりを見せた。僕たちは本当に苦しめられ、九十分間で勝負をつけられなかった。マヌエル・ノイアーが、この大会で何度もやるようにとんでもないプレーを見せていなかったら、考えたくもない結果に終わっていたかもしれない。

けれど僕たちは諦めなかった。延長戦が始まって二分後、アンドレ・シュールレが左足のヒールで一点決める。百十九分には僕が追加点を奪った。五メートルの位置から渾身の力で蹴ると、ゴールキーパーのライス・エムボリは両手を挙げるのが間に合わず、シュートはマジド・ブーゲラとエサイッド・ベルカレムの頭のあいだ、ほんの数ミリのすき間を抜けていった。ここで得点しておいてよかった。延長戦後半のアディショナルタイムに、アブデルムーメン・ジャブーに一点許してしまったのだ。

世界中のマスコミは非難一色だった。「百二十分間をとおして、ドイツ代表はW杯優勝候補という立ち位置を手ばなした」と、ブラジルの新聞〈オ・グローボ〉は書いた。〈ノイエ・チューヒャー・ツァイトゥング〉はこうだった。「優勝候補はふらつくが、転ばず」スイスの〈ターゲス・アンツァイガー〉はこう結論した。「ディフェンス陣のおそるべき失策で、ドイツはあわやW杯敗退というところだった。果たして調子を取り戻せるのだろうか」

試合終了直後、ペア・メルテザッカーはZDFの解説者ボリス・ブフラーのインタビューを受けた。最初の質問はこうだった。「準々決勝進出おめでとう。それにしてもなぜ、こんなに不安定で脆《もろ》い試合をしたのだろう？」メルテザッカーの答えは大きな話題になった。「どうでもいいだろう」

と、そっけなく返したのだ。「大事なのはベスト八に進出したということだ」

非難の色を弱めないブフラーと、反論するメルテザッカーのやりとりが続く。途中でメルテザッカーはいらだって訊いた。「ベスト十六に入るのはカーニバルのパレードに出るようなものだと思っているのか」そしてこんなセリフでインタビューを締めくくった。「どうしろというんだ。W杯で成功をおさめてほしいのか、美しくプレーしてまた敗退してほしいのか？　本当にあなたの質問の意図はさっぱりわからない。俺たちは試合に勝ってとても満足しているし、全力を出した。フランス戦の準備をするのみだ」

メルテザッカーの答えはみごとだったと思う。僕ではあんなに鋭い切り返しはできなかっただろう。公平を期すなら、質問やコメントは決してつまらないものではなかった。翌朝ならメルテザッカーも、もっとリラックスして答えていたかもしれないし、試合の質を上げていかなければというブフラーの意見に賛成していたかもしれない。でも質問するにはタイミングが悪かった。ボクサーのヴラディミール・クリチコがデヴィッド・ヘイと対戦したばかりだと考えてみてほしい。たがいにきつい拳を食らい、ふらついている。どちらが次の一発でリングに横たわっていても不思議ではない。どちらにも勝機があり、試合の結果を占うことは誰にもできない。最後にクリチコが渾身《こんしん》のアッパーを見舞い、ヘイを床に転がす。最初の質問は防御の弱さを指摘するのではなく、どうやってあんなみごとな一撃を繰りだしたのか、ではないだろうか。

百二十分間のアルジェリア戦で、僕たちはあやうく大会から姿を消すところだった。敵はドイツにあらゆる努力を求め、予想よりずっと難しい試合にした。もちろん、意外なことだったし、格好のいい試合とはいかなかった。でも百二十分走りつづけ、筋肉に乳酸がたまっているのもかまわずスライディングをし、タックルをかました直後、試合のまずかった点について話したくはない。どれだけきわどかったとはいえ、準々決勝に進んだのだ。大事なのはその点だけだった。

次の試合でも、僕の友人カリム・ベンゼマを擁するフランスとはおそろしく厳しい戦いを強いられた。マッツ・フンメルスのヘディングで早々に一点取ったものの、二対〇にするチャンスを逃してしまった。ヨアヒム・レーヴは時間稼ぎのため八十三分に僕を交代させた。

監督からすると、あの交代は完全に理にかなったものだった。そのことで文句を言うほど僕は図々しくない。とりわけレーヴとは信頼しあっているのだから。僕にとって彼は監督以上の存在だ。いつも選手の話にしっかり耳をかたむけてくれるし、ピッチを離れているときでさえ最高の話し相手だ。なかには仕事上の付きあいだけという関係もあるけれど、レーヴとはそうではない。ロンドンに来てくれたこともあった。トルコでフェネルバフチェほかの監督をしていたと知っていたので、僕は気に入っているトルコ料理レストラン〈リキヤ〉に誘った。レーヴはすっかりくつろいでいて、トルコ語で料理の注文までしていた。ちょっとおかしな癖はあるけれど、びっくりするくらい流暢だった。その晩レーヴは、トルコ風の紅茶を一リットルくらい飲んでいた。

たとえドイツ代表のキャプテンではなくても、レーヴは僕の意見を重視してくれている。レストランでレーヴはブンデスリーガの若い選手たちについて語り、ドイツ代表でプレーできる選手はいるだろうか、と訊いてきた。僕の目から見て、国際試合で通用する選手はいるだろうか。でも国内でプレーする若手を評価するのは難しい。あまり観戦する機会がないし、ましてや対決することもないからだ。

監督の指示でフランス戦のピッチを下りたときは、まだ七分間残っていた。僕にとってはひたすら苦しい七分間だった。たぶん、今回のW杯ではずっと出場していたからだろう。ここまでの七試合ですべて先発し、そのうち四試合ではフル出場した。それでも自分の力で試合を変えられないと気が変になりそうになる。サッカー選手にとって、チームの力になることもできず、ただ座っていなければいけないのは最悪だ。ベンチにいるのは拷問に等しい——特にこんな息づまる試合の終盤、試合がどう転ぶかわからない状況では。もちろんチームメイトのことは百パーセント信頼しているし、それぞれの実力を知っている。それでもピッチに駆けだしたい。タックルを仕掛け、攻撃を食いとめたい。あるいは得点して試合を終わらせたい。

TVの前に座ったり、観客席に陣取ったりするのは大好きだけれど、こんな状況でベンチに座っているのは死ぬほど嫌いだ。僕はフランスがアディショナルタイム四分目にあと一度だけ、ドイツのゴールを脅かすのを見ていなければいけなかった。アーセナルのチームメイト、ローラン・コシエルニーがドイツのゴールに向かってパスを出す。カリム・ベンゼマの足もとにおさまり、オリヴィエ・ジルーとワンツーをかわしたあと、マヌエル・ノイアーの前に飛びだしてくる。六メートルの距離から左足で強烈な一発を繰りだす。

僕は息をのんだ。頼む、延長戦はやめてくれ。レアル・マドリードでともにプレーしていたころ、ベンゼマは八十一ゴール決めた。そのうち十三ゴールは左足だった。しかもそれは公式戦だけの数字で、トレーニングでは何百点も決めていた。その瞬間はドイツ対フランスではなく、ベンゼマ対ノイアーだった。ノイアーめがけて強烈なシュートが飛んでいく。大砲並みの威力だ。僕がゴールキーパーなら、直撃されて失神するのが怖くて頭をかばっていたかもしれない。でもノイアーは一ミリも動かず、巨人のように立っていた。仁王立ちして全身の筋肉に力を入れ、ほんのわずかの恐怖や疑いもにじませず、視線はボールに固定している。やおら右手を伸ばした。ぎりぎりでボールの進路が変わり、ドイツの優位は守られた。試合が終わり、僕たちは準決勝に進出した。

次の相手は開催国ブラジルだ。友人たちに訊くと、ドイツはお祭り騒ぎだという。ヴォルフスブルクのフォルクスワーゲンといった会社は、ひとまず試合のあいだだけ従業員に休みを与えることにしたそうだ。

もちろん、ブラジル国民も熱に浮かされたようになっていた。試合がおこなわれるスタジアムにバスで乗りつけるときは、九台の白バイと二台のパトカーがついてきて、頭上をヘリコプターが飛んでいた。バスは緑と黄色の海を縫ってのろのろと進んだ。群衆の誰ひとりとして、普通の格好をしている人間はいない。見わたすかぎりボディペイント、ウィッグ、旗だ。

ドイツ代表のバスはどちらかというと見分けがつけやすい。ロンドンにいるとき、アーセナルのバスがわかりにくい車体をしているのとは違う。プレミアリーグのチームはどこもおなじモデルの、車体にデザインもないバスでスタジアムに向かうので、外から見ただけではどのチームなのかさっぱりわからない。

僕は後部座席が定位置だ。レアル・マドリード時代もそうしていたし、アーセナルでもそうしている。

車の旅のあいだは、できるだけゆったり過ごすようにしている。座席で音楽を聴いているか、TVドラマを観ているくらいだ。なかにはバスに乗っているときから自分の世界に入り、試合に向けて集中を高める選手もいる。いっぽう僕は映像のなかのジョークに笑い声をあげたりと、まだリラックスしている。でもチームメイトが自分のやり方で準備をしたいのなら、その点はリスペクトし、邪魔しないように気をつけている。

準決勝に向かう途中はいつもより窓の外が気になった。緑と黄色の洪水に目を奪われていたのだ。レアル・マドリード時代なら、バルセロナのサポーターを見ながらこんなことを思っていただろう――「今晩、祝杯は挙げさせないぞ」でもブラジルのサポーターは見ていて楽しかった。スタジアムに向かう自信に満ちた足取りときたら、誰も彼も全身全霊で代表チームを応援しているようだ。試合前からブラジル国歌が鳴り響いていた。世界一の合唱隊のようで、敵チームの僕でさえ鳥肌が立った。

ピッチに立ってスタジアムの驚くべき光景を見つめていると、時間が止まったかのようだった。主審が笛を吹き、センタースポットのミロスラフ・クローゼがボールにさわるまで二分近くかかる。ＦＩＦＡのスケジュールは厳密で、準備が整っていても試合を早く始めるのは許されない。こういった大会は、秒単位で進行が決められている。完璧なエンターテインメントを提供できるよう、すべてが計算されているのだ。試合は五時ぴったりに開始した。

開始直後、ブラジルは猛攻をかけてきた。怒濤《どとう》のようにドイツ陣内に攻めこみ、わずか四十二秒でコーナーキックを獲得する。それでも僕たちはコーチ陣に言われていたので、落ちつきを失わなかった。ブラジルはチリとコロンビアの二カ国からコーナーキック経由で得点していて、一点はダビド・ルイス、もう一点はチアゴ・シウバだった。けれどイエローカードを二枚獲得していたシウバはこの試合を欠場していた。危険なキッカーのネイマールも、コロンビア戦でファン・スニガの膝が背中に入り、腰椎を骨折して欠場していた。

前半三分、マルセロが十八メートルの距離から放ったシュートは一メートル近くそれていった。

そのあとミュラーがボールを拾い、右サイドにいた僕に送る。マイコンは僕がマークを外したことに気づいていなく、クロスに追いつけない。視界の端でケディラが上がっていくのが見えたので、軽くボールを送った。ケディラが完璧なドロップキックを放つ。トニ・クロースに当たっていなければ先制点になっていただろう。

数分間、ボールが行き来する。僕たちは状況を確認し、敵がどこまでさせてくれるのか探っていた。すると予想もつかない出来事が起きた。ブラジルが試合のコントロールを失ったのだ——ホームでの試合で、全国民が応援しているなかで。九分四十秒、左サイドでボールを持っていたフッキがフィリップ・ラームのタックルを避けようとして、ボールごと責任をマルセロに託した。マルセロは味方のいない場所に蹴ってしまい、サミ・ケディラがすかさず拾った。そのときから試合はドイツのものになり、一度も相手に渡さなかった。

前半十一分、ドイツのコーナーキック。ここ数週間のトレーニングどおり、トニ・クロースが蹴りに行く。ゴールキーパーを含めて、エリア内には九人のブラジル選手がいる。ドイツは四人だけだ。でも僕たちには、たがいにどこへ動くか完璧に理解しているという強みがあった。内輪だけの秘密のようなものだ。ブラジル選手は一歩後れを取る。試合のリズムをつくり、状況を支配しているのは僕たちだった。クロースのコーナーキックが練習どおりの場所に飛べば、そこではトマス・ミュラーが待っている。

ミロスラフ・クローゼ、マッツ・フンメルス、ベネディクト・ヘヴェデスがボールに駆けよるいっぽう、ミュラーはじっとしていた。逆方向に二、三歩動く。マーカーのダビド・ルイスはついてこない。僕はボールがはじかれるか、ミュラーが追いつけなかったときにそなえてエリアぎりぎりに位置を取っていた。

いっぺんにたくさんの駒が動くという点をのぞけば、コーナーキックはちょっとチェスに似ている。すべての動きが完璧におこなわれればチェックメイト、すなわち得点だ。ベロ・オリゾンテではそれが起きた。

W杯でドイツがブラジルからコーナーキックで得点するのははじめてだ。もともと直接対決は二〇〇二年の決勝だけで、ドイツは二対〇で敗れた。

ミュラーが得点する。そして二十三分から二十六分にかけて——正確には百七十八秒だ——ミロスラフ・クローゼが一点、トニ・クロースが二点取る。

今までこんな時間帯を経験したことなどなかった。すべてのパスがぴたりとはまる。すべてのランが効果を発揮する。すべてのアイデアが的中する。僕たちはひとつ成功するたびに過去の自分たちを越えていった。同時にブラジル代表の自信を根こそぎ奪っていった。全員にアイデアがあり、ボールをほしがっていた。いっぽうブラジル代表は失敗するのが怖くて、誰もボールを受けようとしていなかった。

対戦していたのがフルメンバーのレアル・マドリードと九部リーグのチームだったら、一方的な展開になることも予想できただろう。でもこの場ではあり得ない。どうして準決勝がこんな形になったのか、今でも僕は説明できない。ブラジル代表が何におじけづき、どうして崩壊したのか、よくわからないのだ。彼らは一流のサッカー選手で、それぞれ実力がある。ネイマールの欠場が致命的だったのだろうか。全員、ネイマールのことで頭がいっぱいだったのだろうか。たしかに国歌演奏の前、ダビド・ルイスとジュリオ・セザールはネイマールのユニフォームをかかげていた。〈デイリー・テレグラフ〉のオンラインの記者は試合中にこうコメントした。「ブラジルは麻酔を打たれたかのようだ」

とても現実とは思えなかった。何かの間違いではないか。でもクロースの二得点目のあとでスコアボードを見あげると、たしかに四対〇と表示されていた。まだ三十分も経っていない。W杯では前代未聞だ。あとで調べたところ、一九三〇年以降の八百三十二試合でこんな展開になったことは一度もなかった。

試合後ダビド・ルイスは、必死で悪夢からさめようとしているのにうまくいかないような気分だった、と語った。

あたりに目をやると、ブラジルのサポーターが肩を落としてスタジアムを去っていくのが見えた。スローインのためにタッチライン際に立つと、目を赤くしたサポーターがすぐそばにいた。両頬に描かれたブラジル国旗は涙で崩れている。申し訳ない気分だった。涙に暮れたこの人たちは、結局七対一の敗戦を受けいれなければならなくなった。僕たちは彼らの優勝の夢を叩きつぶしてしまった。名声を誇り、すべての挑戦国を魅了した「サンバ・サッカー」の国にとって、一ゴールずつが心臓へのひと突きだった。ドイツの「マシン」は途方にくれるブラジル代表を四分間で踏みつぶした。

もちろん僕は喜びでいっぱいで、決勝進出が決まったのがうれしかった。でもブラジル代表に味わわせた屈辱は歴史的なものだった。この国は、そんな目に遭うような悪いことはしていない。こんなふうにW杯の夢を壊してしまったことを、何かの形で埋めあわせられないかと思った。多くのドイツ代表がかかえていた嘘偽りない感情を百四十文字の短いメッセージであらわそうと、僕はツイートすることにした。「みなさんは美しい国に住むすばらしい人々で、一流のサッカー選手を擁している。この試合がその誇りに傷をつけないよう。#Brazil」

僕の心の底からのメッセージで、多くの人々の気持ちを代弁したものでもあった。九万二千人以上が「いいね！」をつけ、十二万四千回以上リツイートされた。つまり英語で書いたそのメッセージは、この年もっとも閲覧されたつぶやきになったというわけだ。

いちばん印象に残ったのは、カンポ・バイアに戻る途中で出会ったブラジルのサポーターたちの姿勢だった。憎しみなどみじんも感じられず、代表チームがこてんぱんにやられたことへの怒りもなかった。大会を敗退した悲しみはあるにしても、彼らはいさぎよい敗者で、僕たちに敬意をはらってくれた。めったにないことだけれど、負かしたチームのサポーターから侮辱の言葉を浴びせられることもある。ブラジルではそんなことは一度もなかった。

帰りの飛行機のなかで、ドイツサッカー協会会長のヴォルフガング・ニールスバッハがマイクを握った。「これは歴史的偉業だといっても過言ではない。何年、何十年と経っても、子どもや孫に話すことができるだろう――二〇一四年七月八日、自分はベロ・オリゾンテにいたのだと。二十年、三十年経っても、誰もが問いつづけているはずだ。いったいどうしたら、あんな試合ができたんだ？」

あちらこちらから賞賛を浴びるのはいい気分だ。僕も当然ながら、誉め言葉を聞いてうれしかった。でも心の奥底では、どうでもいいという気もしていた。喜ぶのは結構だけれど、ひとつ忘れてはいけないことがある。まだ準決勝に勝っただけなのだ。忘れられない勝利にはなっても、子どもたちに準決勝の七対一しか語れないのはごめんだ。いつか子どもたちにはW杯を優勝したことについて、黄金のトロフィーを両手で持つ気分について語りたかった。

いま喜びにひたり、王さまのような気分になったところで、五日後にまたドイツ代表の「敗者の遺伝子」についての議論が蒸しかえされたら何の意味もない。また腰抜けだと言われたり、「無冠世代」と呼ばれたりするかもしれなかった。二〇一〇年もスペインと準決勝でぶつかるまでは賞賛の嵐だった。でも勝ったのはスペインだった。

そんなわけで僕はひとまずニールスバッハの言葉を頭から締めだした。ヨアヒム・レーヴとコーチ陣も、まだ何も達成していないと強調した。僕たちはその言葉を忘れずに決勝の日まで努力を続けた。気の抜けたトレーニングなど一度もなかったし、勘違いしている選手も、ちょっと楽をしようとしている選手もいなかった。

七対一の勝利は、僕たちに大きな自信を与えてくれたけれど、誰も甘い夢にひたることはなかった。

二〇一四年七月十三日午後一時五十分、アルゼンチンとの決勝のためマラカナン・スタジアムに向かうとき、いつもと少し違う気がした。緊張というのは当たっていない。こうした決勝の場合、スタンドの観客、ベンチの選手たち、解説者やジャーナリストのほうが僕たちよりずっと緊張しているのではないか。選手たちは誰も固くなってなどいなかったと、僕は本気で思う。緊張はよくない。そんな気分のまま最終戦にのぞむわけにはいかない。

決勝にのぞむためにはゴールは一ミリでも遠くに感じないし、一度でも決まらないタックルはないし、一度でもスライディングが外れることはないという気持ちでなければいけない。大切なのは前向きな姿勢で、チームメイトのために戦うことだ。そして勝利を絶対に確信していなければいけない。

それでも、いつもより多くの考えが頭をよぎった――「今日、きっとレジェンドになれる」といったたぐいのものが。そんな考えはどこかに追いやり、頭から締めだしておくべきだし、あくまで冷静になるべきなのに、そうできなかった。バスの旅はいつもより長く感じた。体に力がみなぎっていて、エネルギーをコントロールできず、早く走りまわり、パスを出し、シュートを打ちたかった。バスに乗っているあいだは座席のなかに閉じこめられているような気分だった。

ヨアヒム・レーヴはロッカールームで携帯電話を使うのを禁止しているので、バスのなかで母親にメールを送った。「最後まで怪我なくプレーして、勝てるように祈っていてくれ」数秒後、まるで携帯電話をにぎって僕からの連絡を待っていたかのように、母から返信があった。「あなたのためにいつも祈っているわ。試合のたびに。愛しています。きっとうまくいくわ」そして絵文字が送られてきた。

ロッカールームで待っていると、今まで聞いたこともない歓声が伝わってきた。七万四千七百三十八人の観客が、地下まで聞こえる大声をあげている。ドアを閉めていても歌声とチャントが聞こえた。ほんの少しだけれど、たしかにロッカールームに届いた。

マラカナン・スタジアムの熱気のせいで空気はひどく暑く、ウォームアップをする必要もなかった。隣の部屋で僕はペア・メルテザッカーとユリアン・ドラクスラーのふたりと、裸足でリフティングをした。大一番の前の息抜きだ。

僕たちには代表チームとして必要な意志が欠けている、という批判があった。大きなタイトルを獲得するには未熟だというわけだ。

あの日ドイツ代表の目を見たら、そんな意見がどれほどくだらないかわかっただろう。

人生最大の試合のキックオフを前にピッチに立っていると、自分が幼いメストに戻ったような気がした。ゲルゼンキルヘンの「猿の檻」で毎日サッカーをするのを心待ちにしていた小さな男の子だ。午後友だちとボールを蹴るのを楽しみにしていて、時間も空腹も忘れてしまう男の子。天気が悪くても、ピッチの幅が足りなくても気にしない男の子。ただボールを蹴って、勝利したい。プレッシャーも責任もなく、楽しむためだけに。

そんな自由の感覚が好きでたまらない。そうした状態でいると試合は簡単になるし、肩の力も抜ける。幸い試合のあいだもずっと、僕はそんな感覚だった。一秒もプレッシャーを感じなかったし、世界に何かを証明しなければと思うこともなかった。リオネル・メッシと対決することも考えなかった。相手のずば抜けたスキルを不安に思うこともなかった。

マヌエル・ノイアーは絶好調だった。ベネディクト・ヘヴェデスはすばらしい守備を見せた。イエロメ・ボアテングのポジショニングは完璧だった。マッツ・フンメルスは味方に安心感を与えた。フィリップ・ラームは落ちついていて、自信に満ちていた。バスティアン・シュバインシュタイガーは命がけで戦うライオンのようだった。トニ・クロースはボールを使って何をしたらいいのか完璧にわかっていた。一部の記者にはわからなかったようだけれど、クロースは交代するまで決定的な役割を演じていた。トマス・ミュラーはアルゼンチンをおじけづかせた。ミロスラフ・クローゼは脅威そのものだった。

ピッチ上の誰もが最高の出来を披露していた。百十三分にアンドレ・シュールレからマリオ・ゲッツェにクロスが送られたとき、僕は魔法のような瞬間が生まれるのをただちに感じとった。ゲッツェが胸でボールをトラップし、左足を振りぬく。すべてを決める得点が生まれた。一対〇だ。

そのとき何が起きたのか、うまく言葉にすることはできない。終了の笛が鳴ると、僕は我を忘れた。青いユニフォームのアルゼンチンの選手たちがピッチに倒れこみ、芝に顔をうずめる。白いユニフォームの選手たちも倒れこむけれど、喜びのためだ。勝利したという事実に、僕たちの感情はショートしていた。

自分が何をしたのかは、よく思いだせない。誰に抱きつき、何を言ったのだろうか。あらゆるものが、ぐるぐる回転していた。大声で叫びたかった。いつまでもこの瞬間が続けばいいと思った。僕たちは南米大陸で開催されたW杯を制覇した初のヨーロッパチームだ。

黄金のトロフィーを高々とかかげたときのことをうまく言葉にできたらと思う。でも、それはできない。味わった感情が激しすぎて、すくなくとも僕には難しい。

その晩は頭のなかがカオスだった――心地よいカオスではあったけれど。気がつくとピッチに立っていて、気がつくとメダルを首にかけ、フィリップ・ラームが夜空にトロフィーをかかげていた。頭上で花火が炸裂《さくれつ》する。

あまりにもいろいろなことが起きていて、いっぺんに消化できなかった。

気がつくとミシェル・プラティニが目の前に立っていた。どこからあらわれたのか、見当もつかない。一九八三年から八五年にかけて、プラティニはヨーロッパ年間最優秀選手を三度獲得し、ユベントスではほとんどのタイトルをかっさらった。「全員のユニフォームをもらおうとは思わない」と、プラティニは僕に言った。「でもきみのユニフォームはもらいたいところだ。名誉なことだよ」

こんなレジェンドに頼まれたら、断ることなどできない。プラティニの言葉は、たぶん僕がキャリアをとおして手にした最大の栄誉だった。ふたりのあいだだけのリスペクトのしるしで、心あたたまる瞬間だった。

行儀が悪いとマスコミの一部から批判を浴びるかもしれないけれど、かまうものか。僕はW杯優勝チームの写真に、ひとりだけ上半身裸で映った。筋肉を見せびらかそうとしていた、と言われたけれどナンセンスだ。はじめてトロフィーにふれると、奇妙な考えが頭をよぎった。どうしてチャンピオンズリーグの優勝杯より小さいのだろう。七十三・五センチの銀のチャンピオンズリーグ優勝杯は、W杯優勝トロフィーの二倍ほど高さがあり、ずっと重い。でも答えなんてどうでもいいし、たちまちその疑問は頭から消えた。

残念ながら僕は、はじめて自分の子どもを抱っこしたときどんな気分になるのかまだ知らない。今までそんな気持ちを味わう経験といえば、姪のミラとリナを抱きあげたときくらいだ。W杯のトロフィーは、ふたりの姪とおなじくらい大事に扱った。「なんて美しいんだろう」と思うのが精いっぱいだった。

あれよというまにバスに乗ってホテルに戻り、パーティに出席し、ドイツに帰った。おなじ歌を繰りかえし歌い、ハイタッチをした。トロフィーと記念撮影をした。けれどベルリンの路上に出て、ブランデンブルク門で祝杯を挙げるそのときまで、世界チャンピオンになるとはどういうことなのか、僕は本当の意味では理解していなかった。こんなに多くの人々を喜ばせることができるなんて思いもしなかった。こんなに幸せな気持ちを分かちあえるなんて。喜び、満足、幸せを共有できるなんて。たくさんの人々が笑みを浮かべていた。

あるとき僕はマイケル・ジャクソンのコンサートに行った。その完璧な演出と振付には舌を巻いた。観客は興奮しきっていて、熱に浮かされたように声援を送っていた。ステージにのぼってあんなふうに歓迎されるとはどういう気持ちなんだろう、とコンサートのあと僕は思った。

その答えはベルリンでわかった。すべてが報われるひとときだった。厳しいトレーニング。厳しいロッカールームでの叱責。厳しい批判。トルコ総領事館での不愉快なやりとり。スタンドの野次。辛辣《しんらつ》なコメント。

それらすべてが、このすばらしい仲間たちとこのステージにのぼるためだった。二〇一六年夏にも欧州選手権で優勝してふたたびおなじ経験をしたいと思った。ふたたび歓喜にひたり、大切な仲間たちとつながっているという体験がしたかった。愛情を一身に浴びたかった。

僕たちは欧州選手権を制することもできたはずだ。フランスではベストのチームで、天敵のイタリアを蹴落とすことにも成功した。準決勝のフランス戦では最高のプレーを見せられた。

三十分が過ぎたあたりで相手は生気を失い、もう少しで崩壊するところだった。アントワーヌ・グリーズマンも、ジルーも、ポグバも、水なしでピッチを駆けまわらなければいけなかったせいで、馬のように荒い息をついている。横を駆けぬけると、サッカー選手からは聞いたこともないほど苦しげな息遣いが聞こえた。一分近く顔を水につけられていたかのようだ。ドイツ代表は正しいことをしていた。もうすぐ歴史をつくるところだった。

でもときには、どれほど正しいことをしてもまだ足りない。ハーフタイム直前にグリーズマンがPKを決め、ふらついていたフランスは息を吹きかえした。ロッカールームでチームを立てなおし、エネルギーを充電して出てきた。そんなわけで結果的には二対〇でやられた。試合後、ジルーは自分でも信じられないといった様子で、前半は何が起きていたのかと僕にたずねてきた。敗退が決まったあと、僕は小さな子どものように泣きじゃくった。こんな負けかたは耐えられない。僕たちは二〇一六年、欧州王者になるはずだった。絶好の機会だったのだ。

帰りの飛行機のなかで、僕はほとんど口をきかず、フランクフルトからロサンゼルス行きの次の便に飛びのった。また逃避行に出たというわけだ。携帯電話も手の届かないところに置いていた。なぐさめのメールなんて読みたくもなかったし、優しいセリフも聞きたくなかった。正しい言葉を見つけられる人間は誰もいなかったはずだ。

決勝戦は観戦しなかった。ドイツ代表が勝てるはずだった二チームが対決するのを見るのはごめんだった。二〇一六年、僕たちは大きな機会をつぶしてしまった。でもこれで終わりではない。今のドイツ代表には、ヨーロッパを制する力がまだある。二〇二〇年にそのときがやってくると僕は信じている。クラブレベルでの優勝回数がまだこれから伸びると信じているように。

僕は三つの国でタイトルを獲得した。世界一のクラブの一員として、リーガ・エスパニョーラを制した。サッカー選手として望みうる最大のトロフィーを手に入れた。でも、トロフィーの数に満足してなどいない。もっと取れる可能性はあった。僕は必ずプレミアリーグで優勝したいし、絶対にチャンピオンズリーグのトロフィーをかかげたい。

何よりも、サッカーという魔法をもっと味わいたいのだ。

# 第17章
# アーセナル——キャリア最大の挑戦

僕は今、二十九歳だ。ドイツ、スペイン、イングランドでプレーして、三つの国から何かを学び、それぞれのクラブで経験を積んできた。スランプと向きあうコツも覚えたし、ワールドクラスの超ビッグスターたちが試合の準備をする姿も見てきた。ドイツは僕に多くのものを与えてくれた。スペインも豊かな経験をさせてくれた。でもロンドンに来てから、僕はひとりの人間として生きていくためにいちばん大切なことを学んだ。

プレミアリーグは僕が経験したなかでももっとも過酷なリーグだ。泣き言をいわず適応しなければ、あっというまに忘れ去られる。レアル・マドリードから移籍して数ヶ月のあいだは、まずそのことに慣れなくてはいけなかった。

スペインの場合、たとえ下部リーグのチームでもエレガントなボールさばきを念頭にプレーするものだけれど、イングランドでは引っかいたり噛みついたり、小突きあったりする。イングランドサッカーはタックルの連続だ。息つく暇もなく、次の敵が足もとを狙ってくる。

ざっくり言って、スペインではずっとボールが回っているので、まずそういった状況にはならない。パス、パス、パス。ボールがあっというまにピッチの反対側に渡り、敵には邪魔をするチャンスもない。ときどきプレミアリーグでプレーしていると、試合中はその過酷さに気づかず、体がタックルに耐えられる限界を忘れていることがある。アドレナリンがあふれているせいで、痛みを感じないのだ。シャワーを浴びるときになってようやく、体が可哀想な状態になっていることに気づく。試合が終わると僕のすねは、誰かにハンマーで叩かれたように青あざだらけになっていたりする。

首にはひっかき傷、背中や肩、胸には青あざ。主審が見ていないとき、プレミアリーグへの歓迎のしるしとばかりに敵が肘打ちを食らわせてきたせいだ。スペインから移籍したばかりのころは、しつこく罵声を浴びせてくるのにも驚かされた。あんな物言いは聞いたことがない。イングランド以上に、試合中の言葉のやりとりがあるリーグはないだろう。たえず口を動かしている選手がいるのだ。もちろん、親しみにあふれた言葉なんかではない。たとえば最初のころ、乱暴なファウルを受けてピッチに転がった僕に向かって敵が吐きすてた。「ここはレアル・マドリードじゃない。リーガ・エスパニョーラじゃないんだぞ」僕の新しい「親友」は、意地悪い笑みを浮かべながら背を向け、よく聞こえる声で言った。「さっさと起きろ、お坊ちゃん」

これはやり返さなければと思い、僕は主審に駆けよって対処を求めた。選手なら誰でもやることだ。みんな主審に声を掛け、怪我をさせられると訴えようとする。次はもっとよく見て、蹴りや肘打ちをとがめてもらうためだ。フランク・リベリー、アリエン・ロッベン、リオネル・メッシといった選手たちはみんな、リズムを乱そうとする敵にしょっちゅう蹴られては主審に言いつけに行く。それだけが相手を止める手段なのだ。

ところが驚いたことに、プレミアリーグでは主審も独自のコミュニケーションをするのだった。アーセナルに来て日が浅いころは、聞き間違いではないかと思うような言葉で訴えを却下された。たとえばこんなふうに。「泣き言をいうな。当たり前のことなんだぞ。プレミアリーグにようこそ」

敵の激しい挑発。主審の冷ややかな返事。サッカーそのものも、どこよりも厳しい。それがプレミアリーグであり、イングランドサッカーだ。今ではそのサッカーに慣れ、心から楽しんでいる。アーセナルに来て、僕はタフになった。もっと厳しい試合環境に耐えられるようになったし、レアル・マドリード時代より筋力がついたので、フィジカルな対決にも負けなくなった。これまた微妙なところではあるのだけれど。何時間もジムにこもり、筋肉を鍛えたところで僕にとっていいことはない。筋肉をつけすぎたら身軽さと敏捷《びんしょう》性を失うだろう。たぶん僕は一・五キロほど筋肉量が増えた。フィジカルな試合を耐えるにはじゅうぶんだけれど、走りにくくなるほど重いわけでもない分量だ。

それ以外の点では、選手としてあまり変わっていないと思う。理由のひとつは、親しくなったアーセナルのレジェンド、ロベルト・ピレスのアドバイスだ。二〇〇〇年から二〇〇六年にかけて二度リーグ優勝をした選手で、二〇〇二年には英国最優秀選手に輝いた。現役を引退したあともアーセナルの状態に気を配り、怪我をした選手たちといっしょにプレーすることもあったので、僕にも知りあうチャンスがあった。数年のうちに友人以上の存在になった。ピレスはアドバイザーにして相談相手で、悩みを打ち明ければ必ず参考になる意見を聞かせてくれる。

またマスコミが僕に対するバッシングを始め、もっと自己中心的にプレーして得点を増やせと言いだしたとき、僕はピレスの意見を求めた。的を射た批判かどうか知りたかったのだ。おまえらしいプレーに徹するべきだ、というのがピレスの答えだった。「言いたいやつらには言わせておけ。おまえには独特のスタイルがある。クリスティアーノ・ロナウドとは違うんだ。ほかの選手には見えないスペースが見えるし、試合を読むことができる。その特殊な才能を信頼しろ。まわりの人間が何か言うからというだけでやり方を変えるんじゃない」

ピレスの評価を聞くことができたのは、僕にとって大きな意味があった。ピレスは欧州選手権とW杯を制し、チャンピオンズリーグの決勝で戦ったこともある。その言葉には信頼が置けるし、正直な人だ。僕を批判するのを避けようとして、耳に心地よいことばかり言う人ではない。その正反対だ。出来が悪かったとき、僕はピレスの容赦ない言葉に耳をかたむけなければいけない。でもそれは本当にありがたいことで、ピッチの外でこれからも大事な存在でありつづける理由だ。

二〇一六年夏に中国からオファーが届いたときは、ピレスの助言を求めるまでもなかった。あまりにバカげたオファーだったのだ。中国のクラブは五年契約の一億ユーロを提示していた。おとぎ話のような金額で、僕の想像を超えていた。

それでも僕は三分以内にオファーを断る決断をした。オファーについては代理人のエルクトから電話で聞いていた。エルクトはクラブの名前と金額を教えてくれた。「行かないということでいいだろうな」と、電話口で訊かれた。「オファーが届いたということだけ伝えておくぞ。私の仕事だからな。検討する気はないんだろう?」もちろん、彼の言うとおりだった。「僕はキャリアの終わりからはほど遠いんだ。まだアーセナルでタイトルを勝ちとりたい。すくなくともリーグタイトルをね。どんなに金を積まれても中国でプレーする気はないよ。無理な相談だ」

こうして話は終わった。ちょっとした小話として、中国の習近平首相は僕のファンだ。あるときアーセナルのマネージングディレクターに、僕のサイン入りユニフォームがほしいとクラブに連絡があった、と言われた。実は首相がほしがっていたのはドイツ代表のユニフォームで、アーセナルでは対応できなかった。僕たちはすぐ手配すると約束し、その日のうちに自宅からシャツを郵送した。

最近ではロンドンに十一年にわたって足跡を残したレジェンド、デニス・ベルカンプの娘にユニフォームを求められた。僕の大ファンだということで、もちろんすぐ用意した。この種の大小さまざまなサポートが、アーセナルでの日々を幸せなものにしてくれている。ふたりのアーセナル専属カメラマン、デイヴとスチュアートは、めずらしいことだけれど僕の友人たちだ。よそのクラブではカメラマンを近づけたこともなければ、信頼したこともあまりなかった。

シーズンのはじめにはアーセナル会長のスタン・クロエンケの息子ジョシュといっしょに、ロンドンでおこなわれたNBAのデンバー・ナゲッツとインディアナ・ペイサーズの試合を観に行った。僕たちは並んで座り、すっかり意気投合した。いちばん大事なことだけれど、チームメイトともおなじような関係を築いている。練習でははじめに必ず五人の選手がパスを回し、輪のなかのふたりがカットを試みる「ロンド」という練習をする。できるだけ小さな輪にしておこない、パスは速ければ速いほどいい。アーセナルではだいたいおなじ七人でプレーする。僕のグループは怪我人がいなければアレクシス・サンチェス、テオ・ウォルコット、ガブリエル・パウリスタ、ペア・メルテザッカー、アレックス・オクスレード＝チェンバレン、アーロン・ラムジーという顔ぶれだ。

みんな本当にいいやつで、練習はおおいに盛りあがる。僕はアーロン・ラムジーをからかうのが好きだ。ラムジーにボールを渡すときはスピンをかけて、コントロールに苦労するようにしてやる。あるいはわざと弱いパスを出し、ラムジーが受ける前に真ん中の選手たちがカットしやすいようにする。ラムジーもおなじことを仕掛けてくる。練習ではこうやって楽しむことも必要だ。もっと楽しくなるし、高い集中力を求められる練習では、たまに笑い声をたてるのも悪くない。

トレーニングが終わるとたいていシュコドラン・ムスタフィとふたりで居残りし、ちょっとしたシュート競争をする。交代でエリア内ぎりぎりの位置に立ち、ゴールキーパーのひとりにボールを投げてもらう。それを最大ツータッチでおさめ、ゴールに蹴りこむのだ。だいたいいつも勝つのは僕で、ピッチの向こうから叫んでやる。「どうした、それで移籍金が四千百万ドルか」もちろんムスタフィが勝った場合、あいつは好き勝手なコメントをする。

試合の準備やスタメンの発表に関しては、アーセン・ヴェンゲルはだいたい僕のこれまでの監督とおなじようなやり方で、試合当日までフォーメーションは発表しない。ただしヴェンゲルにはふたつ独自のやり方がある。

まずひとつ、あんなにセットプレーをひんぱんに細かく練習させる監督は見たことがない。ヴェンゲルのこだわりなのだ。フリーキックやコーナーキックの精度を上げることを重要視して、何度も何度も、すべてのパターンを練習させる。

そしてヴェンゲルは僕が出会ったなかでももっとも紳士的な監督だ。朝ロッカールームにやってくると、ひとりひとり握手をかわす。がっちりした握手で、きちんと選手の目をのぞきこむ。もしそのとき選手の誰かと会えず、ピッチで顔を合わせることになったら、その時点で個人的に挨拶する。冬には握手する前にわざわざ手袋を外す。

どのクラブもこうした朝の習慣を持つべきだと僕は実際思っている。たがいへのリスペクトを示すのは大事だ。でも監督が握手をするのはちょっとめずらしく、この点についてはヴェンゲルが例外だろう。その年の頭に〈キッカー〉のインタビューを受けたとき、ヴェンゲルが僕の人生にとって大事な存在だと言ったのは、ただの出まかせではなかった。長年僕を追い、成長を観察し、そののち獲得して育ててくれたのだ。僕をどんなふうに批判することもできるし、下手な試合をしたら酷評されてもしかたない。ヴェンゲルの言葉は本当に大事だ。そしてヴェンゲルはものごとを客観的にとらえるのが得意だ。

二〇一七年二月のバイエルン戦の大敗は、アーセナルでの僕の日々において特につらい記憶となった。五対一の惨敗は、キャリアをとおしてもっとも暗いひとときだった。今まで味わった屈辱的な負けのワースト五に入る。ミュンヘンのアリアンツ・アレーナでの敗戦は、二〇一六年の欧州選手権準決勝の負けとおなじくらい耐えがたいものだった。レアル・マドリード一年目の、クラシコの惨劇とおなじくらい許されない。ドイツ代表として南アW杯の準決勝でスペインに負けたことや、二年後に欧州選手権のおなじ準決勝で負けたことに匹敵する。

実のところ、僕たちはしっかりと準備して試合にのぞんでいた。試合前の月曜日、アーセン・ヴェンゲルはブンデスリーガ最多優勝チームとの戦いのゲームプランを明かした。話は十分間で終わった。簡潔でシンプルだったけれど、ヴェンゲルのやりたいことははっきりしていた。いい方法だった。バイエルンのセントラルミッドフィールダー、マッツ・フンメルスを狙い、相手が得意としている起点になる役割をさせないのだ。ハビ・マルティネスにボールが渡るよう仕向けたかった。マルティネスも優秀なセントラルディフェンダーだけれど、試合をつくる選手ではない。そうすれば早い段階でバイエルンのビルドアップを食いとめ、リズムを乱せるはずだと監督は踏んでいた。ヴェンゲルは五〜十メートルの初速に優れたジエゴ・コスタ、アリエン・ロッベンにも注意するよう言っていた。なぜそのゲームプランが失敗したのか、ここで延々と書きつらねることもできるし、言い訳だってできる。でもそれはしたくない。試合後、ロッカールームでどんな話しあいがおこなわれたのかは僕たちだけの問題だ。アーセン・ヴェンゲルも僕たちの失敗をしつこく分析したりしなかった。事実はただひとつ、僕たちはみんな失敗したのだ。全員、不出来に終わった。自分たちの顔を鏡に映しながらプレーしているようなものだった。この種の試合をさっさと忘れるようではだめで、そこから学ばなくてはいけない。それぞれ自分に問いを投げかけ、敗戦の責任を負わなくてはいけない。選手全員、コーチ陣全員、クラブの経営陣もだ。大失敗は大きなチャンスを意味するものでもあるからだ。

レアル・マドリードがバルセロナに敗れたとき、ジョゼ・モウリーニョは言った。13章でも紹介したけれど、こんな具合だ。「この試合のことは忘れろ。ひどい敗戦だった。それ以上でも、それ以下でもない。長いリーグ戦のなかのただの一試合だ。あれこれ考えこむのはやめろ。我々はいずれ国内におけるバルセロナの覇権を破る。必ずチャンピオンになる。とにかくこの敗戦のせいですっかり調子を崩すのだけはやめろ」

敗戦の受け止め方はどんなときもおなじだ。僕はバイエルン戦についてじっくり考えた。何がうまくいかなかったのか、映像にして思い描いた。でも先々この試合に影響され、自信を失うようではいけない。自信こそサッカー選手にとっていちばん大事なものだ。失敗に打ちのめされていてはいけない。サッカー選手としてのキャリアをとおして、僕はよく地面に倒れこんだ。でもいつだって立ちあがり、試合に勝利したり、タイトルを獲得したりした。南アW杯やポーランド・ウクライナ欧州選手権で失意を味わっても、そののち世界チャンピオンになった。バルセロナに屈辱的な思いをさせられても、リーガ・エスパニョーラを制した。バイエルン・ミュンヘンに負けたことも、いずれいい結果に結びつくだろう。僕は小さな傷を負ったけれど、せいぜいそのくらいだ。イングランドに来たばかりのころ、乱暴なタックルですねや体に青あざを負いながら、よりタフになり、攻撃への対処の方法を覚えたように。

僕は必ず、進化した自分をアーセナルで見せるつもりだ。

# エピローグ
## ダンケシェーン、テシェッキュルレル、グラシアス、サンキュー

二〇一〇年、メルケル首相といっしょにベルリン・オリンピック・スタジアムで撮った写真は今でもデュッセルドルフのケーニヒスアレーのオフィスに飾っている。本当に大事な思い出の品だけ飾っている部屋だ。あれもこれも見せびらかすのは性に合わない。ロンドンの自宅にもサッカー関連の品はすくない。むしろ何も飾っていないのだ。マドリードでも似たような状況で、ユニフォームのコレクションも、優勝杯も置いていなかった。訪ねてきた客に自分がすごい選手だと自慢したり、知人や行ったことのある場所を見せつけたりするような、そんな恥ずかしいことはできない。それに僕はたいして多くのユニフォームを持っていない。試合が終わったあと、相手選手にユニフォームをせがむ経験はゼロだ。僕の趣味ではない。誰の邪魔もしたくないし、ユニフォームなんて僕にとってたいした意味はないのだ。

ジネディーヌ・ジダンだけは例外かもしれない。サッカー界のレジェンドで、僕が誰よりも憧れる人だ。対戦する幸運に恵まれたなら、間違いなくユニフォームを求めていただろう。でもそれは本当にジダンだけだ。僕が持っているのはほとんど自分のユニフォームで、コレクションにははじめてシャルケの一軍でプレーしたころのユニフォーム、ブレーメン、レアル・マドリード、アーセ

ナルでデビューしたときのものがある。そしてもちろん、ドイツ代表として参加した各国際大会のユニフォームだ。レアル・マドリードを去るときクリスティアーノ・ロナウドがくれたサイン入りのものも持っている。セルヒオ・ラモスがスペイン語でこう書いてくれたユニフォームも――「俺の兄弟へ。幸運を祈る。おまえとプレーするのは最高だったよ。セルヒオ」

二〇一〇年十一月、ドイツとトルコの歴史に残る対戦のきっかけ一ヶ月後、僕はマドリードからベルリンへと向かう飛行機に乗っていた。開幕から十試合の時点で、レアル・マドリードはリーグ首位だった。僕は自信に満ちていた。二対〇で勝利したアトレティコ・マドリード戦ではフリーキックを決めた。十試合で五ゴール三アシストだ。それなのに飛行機のなかの僕は、自分の体が小さくなったように感じ、自信はかき消えていた。もうすぐ生放送のＴＶでスピーチをしなければいけなかったのだ。

僕は飛行機の座席で身動きした。もう何度目になるのか、セリフを頭のなかで繰りかえす。手は緊張で汗ばみ、カンニングペーパーの文字はにじんでいる。フライトの途中で書き直さなければいけないだろう。

僕は大勢を前にしたスピーチが得意なタイプではない。注目を浴びたり、人前で話したりするのは苦手だ。これからもそれは変わらないだろう。世の中には生まれながらの名演説家もいる。誕生日パーティが開かれている部屋に入り、ものの数秒のうちに刺激的な言葉でみんなの心をがっちりとつかむのだ。たいしたものだと思う。でも僕がそれをできないからといって、悲観することはない。

二〇一〇年十一月のあの日はとりわけ緊張していた。ベルリン空港で降りたあとはリムジンでポツダムに向かった。「もう一回だけ聞いてくれ」と、僕はムトゥルに頼みこむ。兄は僕の感謝のスピーチを二十回は聞かされただろう。四十分のドライブのあいだに二十一回と二十二回目だ。フーベルト・ブルダ・メディアから、バベルスベルク・メトロポリスで開かれるバンビ賞授賞式に招待されてくれたのだ。その年で六十二回目のイベントだった。僕はドイツに融和した移民の象徴として受賞者のひとりに選ばれていた。

司会は〈セックス・アンド・ザ・シティ〉に出演したサラ・ジェシカ・パーカーだった。ファッションデザイナーのカール・ラガーフェルドがいる。〈カリブの海賊〉でウィル・ターナーを演じたオーランド・ブルームの顔も見える。ドラマーのウド・リンデンベルク、女優兼歌手のバーバラ・シェーンベルガーもいる。ドイツ代表といっしょの飛行機で南アフリカに移動したポップスターのシャキーラもいる。これからW杯公式ソング〈ワカ・ワカ〉を歌ってくれるそうだ。すごい顔ぶれだ。でも彼らに話しかけるかわりに、僕は兄と代理人のそばを離れないようにしていた。会場にいたジェーン・グッドオールに話しかけなかったことについては、今でも悔やんでいる。

その晩まで僕はグッドオールが世界的な霊長類学者だとは知らなかった。あとになって彼女の出演する映画をたくさん観た。僕は完全なドキュメンタリー依存症だ。ドキュメンタリーが大好きで、チンパンジーやワニ、ゾウの生態や、クジラやペンギンの移動に関する映像を飽きずに観ている。グッドオールがタンザニアの古代の森林でチンパンジーといっしょに暮らし、撮影したドキュメンタリーも観た。直接話が聞けたらさぞかしおもしろかっただろう。

ハンナ・ヘルツシュプルングが最優秀女優賞を獲得した。最優秀男優賞は〈ヴィンセントは海へ行きたい〉を撮影したフロリアン・デイヴィッド・フィッツだった。コメディアンのミヒャエル・ミッテルマイヤーのジョークに八百人の聴衆が笑い声をあげる。けれど僕の頭には何も入ってこない。何もかも素通りしていく。拍手が鳴り響いてもぼんやりとしてよくわからない。想像のなかでは僕はもう舞台に上がって、受賞の礼を言っている。会場のスポットライトがきらめく。二十回近く結び直してようやくちょうどいい長さになったネクタイのせいで息が苦しい。喉がからからなので、何度もグラスの水を飲む。こんなに口が渇いていてどうやったら話せるのだろう。水のボトルに手を伸ばす僕を見て、兄が笑う。「落ちつけ。うまくいくだろう」けれど落ちつくどころか、僕は洗面所に駆けこみたかった。

ナーザン・エジケスが舞台に上がる。これからが本番だ。僕は水を一口飲む。「私はケルンで生まれました。両親はトルコ人です」と、ナーザン。ドイツに到着したときの感情について語る。この国は自分の「家」だという。ドイツは、ほかのどこでも不可能なチャンスを与えてくれたそうだ。

そこから先のナーザンの話は耳に入らなかった。心臓が高鳴る音がくっきりと聞こえる。舞台上のナーザンの唇が動いている。独特のほほえみ。独特の思慮深げな表情。ナーザンが何を話していたのかは、あとでユーチューブの動画を観てようやくわかった。

「この夏」と、ナーザンが言う。「ドイツとトルコにルーツを持つひとりの人間が、ひたむきに生きることが『融和』なのだと教えてくれました。W杯のスター、メスト・エジルです。トルコ代表チームは彼がメンバーになるのを望みました。私たちもエジルを求めました。けれどメスト・エジルにとって、最初から答えははっきりしていたのです。彼はドイツで生まれ育ち、ドイツの学校に通いました。友人たちはドイツに住んでいます。だから彼はドイツ代表を選択しました。それでいながら、ドイツ人もトルコ人も、みんな彼のことを誇りに思っています。メスト・エジルがドイツ代表をW杯準決勝に導いたとき、ドイツのパブとトルコのティーハウスは応援の声であふれていました。どちらの国の人間も、彼が世界のトップ選手と肩を並べ、レアル・マドリードですぐさまレギュラーに定着したことをうれしく思っています。どちらの国にもまだほんのすこし、心の整理がつかず、エジルの選択について不満を言いたがる人々がいますが、それは少数です。彼らは幸福な大多数の人間によって、つねに陰に追いやられています。『我々にはもっと多くのエジルが必要だ』と書いたメジャーな大衆紙は、彼らにしてはめずらしく的を射ていました。『その日が来るまでは、エジルがひとりいることに感謝しよう！』」

ナーザンは僕の名前を口にしたようだ。すくなくとも僕には「メスト・エジル」と言ったように聞こえた。ムトゥルの顔を盗み見ると、そっと笑ってうなずく。僕がもう二口ほど水を飲んでいるあいだに映像が流れた。僕はドイツ社会にうまく融和した移民のお手本なのだという。ナレーションの声が言う。「どこから来た人間であれ、このすばらしい代表チームを誇りに思うでしょう。メスト・エジル、稀有《けう》なスポーツマンです。トルコのルーツを大切にし、かつドイツ代表のユニホームを着る彼は私たち全員の手本です」

その数秒後、立ちあがって舞台にのぼり、ジャケットのボタンを留める僕の姿を観た視聴者は、さぞ落ちつきはらっていると思ったことだろう。でも階段を六段のぼってナーザン・エジケスの隣に立つ、その一段ごとがちょっとした試練だった。スタジアムのトンネルから姿をあらわす僕は、ボールを追うのを待ちかねている獰猛《どうもう》なライオンだ。舞台への階段をのぼる僕は、おびえた子ネコだ。

ありがたいことに、自然体のナーザンがすぐさま僕を落ちつかせてくれた。左腕をつかんで支え、隣にいると教えてくれる。すべてうまくいくだろう。ナーザンはバンビ賞のトロフィーを渡し、投げキスをしてくれた。

会場の人々が立ちあがり、スタンディングオベーションをする。拍手が鳴り響く。突然、音がはっきり聞こえるようになった。幸せそうな人々の表情が見える。ウェイトリフターにしてオリンピック金メダリストのマティアス・シェタイナーがいる。得点を決め、スタジアムに響き渡る歓声を聞くのと似ている。

「最初に、バンビ賞受賞という名誉にあずかったことに御礼申し上げます」と、自分が言うのが聞こえる。言葉がなかば自動的に口から転がり出す。「僕はとても幸せです。融和とは全体の一部になることとです。そこに参加しながらも、自分のアイデンティティを失わないことです。融和とは双方向のリスペクトを意味します——両方というのが、とりわけ大事なのです。多民族の共生はより新しく、より色彩豊かなドイツ連邦の誕生につながるでしょう」それから僕はドイツ語、トルコ語、スペイン語、英語で『ありがとう』と言った。「ダンケシェーン。テシェッキュルレル。グラシアス。サンキュー」

僕の受賞スピーチは三十二秒で終わった。一度わずかにつっかえたけれど、誰も気づかなかったと思う。トロフィーを手にステージを下りるのはなんともおかしな気分だった。誇らしかったけれど、受賞にふさわしいのはサミ・ケディラもおなじだっただろう。ケディラの母親はドイツ人、父親はチュニジア人で、北チュニジアのハマメットで出会ったという。けれど僕と同様にケディラはドイツ生まれで、バーデン＝ビューテンベルクのフェルバッハ＝エッフィンゲンで育った。そして僕と同様、社会に溶けこんでいる。

僕はそれほど長いこと話さなかったし、大げさなことも言わなかった。でもスピーチの内容はちゃんと考えぬいたものだった。美辞麗句を並べたりしないで、自分の信じる言葉を口にしたのだ。今でも僕は自分の言ったことを信じている。

融和はいいことだ。融和は重要なことだ。それが二〇一四年W杯準決勝、ブラジルを七対一で下した試合のようであってほしいと思う。僕たちは完全に調和していて、一本ずつのパスが機能していた。試合を支配していたのはエゴではなく、ともに戦うという意思だった。隣人がどこから来ていようと、社会もそんなふうに機能するべきなのだ。力を合わせれば、必ずうまくいく。

# 謝辞

感謝の気持ちを示すのに、大げさな言葉は必要ないだろう。多くの人の手助け、信頼、サポートがなければ僕はどこにもたどり着けなかった。僕の人生のベスト二十二は次のとおりだ。

母ギュリザル、父ムスタファ、兄ムトゥル、上の妹ネシェ、下の妹ドゥイギュ。従兄セルダル。父方の祖母ミュネッヴェル、母方の祖母ハニフェ。チーム・エジルのラマザン、エルカン、バルシュ、エルダル、フーベルト。代理人ドクター・エルクト・ソウト。ジョゼ・モウリーニョ、ヨアヒム・レーヴ、ノルベルト・エルゲルト。セルヒオ・ラモスとサミ・ケディラ。ヴェルネル・キック、ミヒャエル・クルム、ベルガーフェルト中等学校の担任クリスティアン・クラッベ。控え選手に著作権エージェントのラルス・シュルツ＝コザック、共著者カイ・プソッタ、アドバイザーのラモナ・イェーガー。

できるならこのメンバーでチームをつくって、「猿の檻」で対戦したい。すべてが始まったあの場所で。僕がのびのびとボールを蹴りながら、サッカーと恋に落ちたあの場所で。地面は灰と砂利で、金属のフェンスしかなかったけれど、僕にとっては世界で最も美しいピッチだった。縦五十〜六十メートル、横三十メートル程度のでこぼこの空き地だ。ボールがピッチの外に出ることはなく、いつも跳ねかえってきた。凍った地面で両手をすりむかないよう、冬場はみんな転倒に気をつけていた。誇張でもなんでもなく、僕は「猿の檻」でプレーした十二年間で三千ゴールは決めた。

誰がどちらのチームにいてもかまわない。どのポジションでプレーするかも重要ではない。勝ち負けは二の次だ。きっと特別なフレンドリーマッチになるだろう。僕にとって心から大切な仲間たちとの試合だ。本当にありがとう。みんなには、どれだけ感謝しても足りない。

# メスト・エジル　個人成績

クラブチーム

| | | 国内リーグ戦 | | 国内カップ戦 | | UEFA 杯／CL | |
|---|---|---|---|---|---|---|---|
| 年 | チーム | 出場 | 得点 | 出場 | 得点 | 出場 | 得点 |
| 2006-2007 | シャルケ04 | 19 | 0 | 1 | 0 | 1 | 0 |
| 2007-2008 | | 11 | 0 | 1 | 1 | 4 | 0 |
| 2007-2008 | ヴェルダー・ブレーメン | 12 | 1 | 0 | 0 | 2 | 0 |
| 2008-2009 | | 28 | 3 | 5 | 2 | 14 | 0 |
| 2009-2010 | | 31 | 9 | 5 | 0 | 8 | 2 |
| 2010-2011 | | 0 | 0 | 1 | 0 | 0 | 0 |
| 2010-2011 | レアル・マドリード | 36 | 6 | 6 | 3 | 11 | 1 |
| 2011-2012 | | 35 | 4 | 5 | 0 | 10 | 2 |
| 2012-2013 | | 32 | 9 | 8 | 0 | 10 | 1 |
| 2013-2014 | | 2 | 0 | 0 | 0 | 0 | 0 |
| 2013-2014 | アーセナル FC | 26 | 5 | 5 | 1 | 8 | 1 |
| 2014-2015 | | 22 | 4 | 4 | 1 | 5 | 0 |
| 2015-2016 | | 35 | 6 | 1 | 0 | 8 | 2 |
| 2016-2017 | | 33 | 8 | 2 | 0 | 8 | 4 |
| | 通算 | 322 | 55 | 44 | 8 | 89 | 13 |

ドイツ代表

| | 国際 A マッチ | |
|---|---|---|
| 年 | 出場 | 得点 |
| 2009 | 7 | 1 |
| 2010 | 14 | 2 |
| 2011 | 9 | 5 |
| 2012 | 13 | 6 |
| 2013 | 9 | 3 |
| 2014 | 10 | 1 |
| 2015 | 8 | 0 |
| 2016 | 13 | 3 |
| 2017 | 4 | 1 |
| 通算 | 87 | 22 |

[著者略歴]

**メスト・エジル**(Mesut Özil)

1988年10月15日、ドイツ、ノルトライン=ヴェストファーレン州ゲルゼンキルヒェン生まれ。サッカー選手。ポジションはMF。ブンデスリーガのシャルケ04、ヴェルダー・ブレーメン、さらにはリーガ・エスパニョーラのレアル・マドリードを経て、現在はプレミアリーグのアーセナルFCに所属。高いテクニックと広い視野、類い希なるパスセンスの持ち主でアシストを量産。ジョゼ・モウリーニョをして"世界最高の10番"と言わしめた。ドイツ代表でも活躍し、2014年のブラジルW杯ではチームの司令塔として優勝に貢献している。

[訳者略歴]

**小林 玲子**(こばやし れいこ)

1984年生まれ。国際基督教大学教養学部卒業。早稲田大学院英文学修士。主な訳書に『君はひとりじゃない　スティーヴン・ジェラード自伝』(東邦出版)、『人生はジャイアントキリング!　ジェイミー・ヴァーディ自伝』(日本文芸社)、『クリエイターになりたい!』(柏書房)、『世界一おもしろい国旗の本』(河出書房新社)などがある。

カバー写真　adidas / Willy Iffland

# メスト・エジル 自伝

2018(平成30)年 6 月15日　初版第1刷発行

著者　メスト・エジル
訳者　小林 玲子
発行者　錦織圭之介
発行所　株式会社 東洋館出版社
〒113-0021　東京都文京区本駒込5-16-7
営業部　TEL 03-3823-9206／FAX 03-3823-9208
編集部　TEL 03-3823-9207／FAX 03-3823-9209
振替　00180-7-96823
URL　http://www.toyokan.co.jp

装幀　水戸部 功
印刷・製本　藤原印刷株式会社

ISBN978-4-491-03537-6 / Printed in Japan

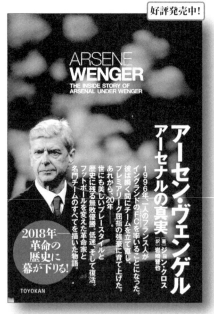